20
24

Maici
Barboza
dos Santos
COLOMBO

EMANCIPAÇÃO

UM ESTUDO SOBRE A CAPACIDADE CIVIL DE ADOLESCENTES

Dados Internacionais de Catalogação na Publicação (CIP) de acordo com ISBD

C718e   Colombo, Maici Barboza dos Santos
              Emancipação: um estudo sobre a capacidade civil de adolescentes / Maici
         Barboza dos Santos Colombo. - Indaiatuba, SP : Editora Foco, 2024.

              192 p. : 16cm x 23cm.

              Inclui bibliografia e índice.

              ISBN: 978-65-6120-075-2

              1. Direito. 2. Direito da criança. I. Título.

2024-671
                                           CDD 342.17   CDU 342.726

Elaborado por Vagner Rodolfo da Silva - CRB-8/9410

Índices para Catálogo Sistemático:

1. Direito da criança 342.17

2. Direito da criança 342.726

2024

Maici
Barboza
dos Santos
COLOMBO

EMANCIPAÇÃO

UM ESTUDO SOBRE
A CAPACIDADE CIVIL DE
ADOLESCENTES

2024 © Editora Foco

Autora: Maici Barboza dos Santos Colombo
Diretor Acadêmico: Leonardo Pereira
Editor: Roberta Densa
Assistente Editorial: Paula Morishita
Revisora Sênior: Georgia Renata Dias
Capa Criação: Leonardo Hermano
Diagramação: Ladislau Lima e Aparecida Lima
Impressão miolo e capa: META BRASIL

DIREITOS AUTORAIS: É proibida a reprodução parcial ou total desta publicação, por qualquer forma ou meio, sem a prévia autorização da Editora FOCO, com exceção do teor das questões de concursos públicos que, por serem atos oficiais, não são protegidas como Direitos Autorais, na forma do Artigo 8º, IV, da Lei 9.610/1998. Referida vedação se estende às características gráficas da obra e sua editoração. A punição para a violação dos Direitos Autorais é crime previsto no Artigo 184 do Código Penal e as sanções civis às violações dos Direitos Autorais estão previstas nos Artigos 101 a 110 da Lei 9.610/1998. Os comentários das questões são de responsabilidade dos autores.

NOTAS DA EDITORA:

Atualizações e erratas: A presente obra é vendida como está, atualizada até a data do seu fechamento, informação que consta na página II do livro. Havendo a publicação de legislação de suma relevância, a editora, de forma discricionária, se empenhará em disponibilizar atualização futura.

Erratas: A Editora se compromete a disponibilizar no site www.editorafoco.com.br, na seção Atualizações, eventuais erratas por razões de erros técnicos ou de conteúdo. Solicitamos, outrossim, que o leitor faça a gentileza de colaborar com a perfeição da obra, comunicando eventual erro encontrado por meio de mensagem para contato@editorafoco.com.br. O acesso será disponibilizado durante a vigência da edição da obra.

Impresso no Brasil (4.2024) – Data de Fechamento (3.2024)

2024
Todos os direitos reservados à
Editora Foco Jurídico Ltda.
Rua Antonio Brunetti, 593 – Jd. Morada do Sol
CEP 13348-533 – Indaiatuba – SP

E-mail: contato@editorafoco.com.br
www.editorafoco.com.br

Ao Vitório.

AGRADECIMENTOS

Quanto esforço humano contém um livro? Essa obra me mostra o quanto somos, até certo ponto, autônomos e interdependentes ao mesmo tempo. Meu nome está lançado na capa, sou autora. Mas essas páginas não contêm apenas meu esforço e dedicação, que não foram poucos. Trazem também a energia de muitas pessoas, que, de alguma forma, ajudaram para que as ideias avançassem, aprimorassem, ocupassem uma página, um livro.

Agradeço à minha orientadora, Professora Heloísa Helena Barboza, por quem sinto imensa gratidão por me guiar generosamente nessa jornada com uma "orientação-presente" (em todos os sentidos). Aprendi e sigo aprendendo muito com a senhora.

Agradeço com o coração repleto de alegria à querida amiga Marília Pedroso Xavier, a quem eu tanto admiro e por quem tenho tanto orgulho de seguir lado a lado, vibrando sempre com sua ascensão.

Agradeço à Professora Milena Donato Oliva, que foi determinante para a escolha do meu tema de pesquisa (que me acompanha até hoje) e ao Professor Eduardo Nunes de Souza, que teceu importantes considerações ao meu trabalho, além, claro das memoráveis aulas a que eu tive o privilégio de assistir na UERJ.

Agradeço a, Bia Capanema, Cássio Rodrigues, Diego Brainer e Marcos de Souza por terem sido e por ainda serem tão positivamente presentes na minha vida acadêmica. Na pessoa de vocês, aproveito para agradecer a todos os amigos que fiz na UERJ, pela verdadeira rede de apoio e solidariedade que construímos juntos e juntas durante o curso.

Agradeço as amizades da Danielle Bouças, da Lívia Teixeira Leal, da Elisa Cruz, da Jacqueline Lopes Pereira e da Nida Hatoum com muito respeito e admiração. Saibam que vocês são, para mim, referências como pesquisadoras e como pessoas.

Um agradecimento merece uma digressão: em abril de 2023 eu recebi da Professora Cintia Muniz de Souza Konder uma dúvida sobre emancipação civil levada em aula pelos seus alunos da Faculdade Nacional de Direito (FND) da UFRJ, onde tive o prazer de lecionar como Professora Substituta anos antes. A minha dissertação, que estava adormecida com tantos problemas que enfrentamos no período pandêmico, despertou na minha memória. Lembro com carinho o entusiasmo das nossas reflexões. Foi nesse momento que retomei o meu trabalho e iniciei a revisão, atualização e ampliação para publicação. Preferi relatar esse episódio para manifestar o meu sincero agradecimento à Cintia, mas também para registrar o quanto a relação dialógica entre estudantes e docentes pode ser profícua em um ambiente respeitoso.

Também em um ambiente de ensino respeitoso, pude contar com a ajuda do Professor Eduardo Tomasevicius Filho, a quem desde já agradeço pela leitura atenta do meu trabalho e pelas considerações feitas, sempre com a generosidade e gentileza que lhe são peculiares.

Agradeço à minha família e aos meus amigos, explicando que foi essa a razão da minha ausência em tantos momentos em que eu gostaria de estar presente na vida de vocês: minha mãe, Dna. Zezé, meu pai, "Seu Barbozinha", minha irmã, Juliane e minha irmã socioafetiva Natália Ortiz. Especialmente, agradeço ao Luís Carlos Colombo, pelo apoio incondicional a todos os meus sonhos, mesmo aqueles que até eu mesma achava mais intangíveis.

Tendo sido resultado da minha dissertação de mestrado, defendida em 2019, agradeço à Universidade do Estado do Rio de Janeiro (UERJ), que tão bem me acolheu por meio de seu corpo docente, discente e funcionários, a quem rendo minhas sinceras homenagens. Enquanto estive na instituição como aluna, testemunhei o esforço de toda a comunidade acadêmica contra o sucateamento do ensino público, assumindo a defesa da Instituição em contextos políticos nada favoráveis. Espero, sinceramente, que as oportunidades de acessar um ensino de qualidade, como as que eu vivenciei, sejam acessíveis a quem assim desejar e que haja o devido respeito e valorização, inclusive com remuneração digna, àqueles que se dedicam a todos os níveis de ensino.

LISTA DE ABREVIATURAS E SIGLAS

CC – Código Civil
CDPD – Convenção Internacional sobre os Direito da Pessoa com Deficiência
CEEDC – Convenção Europeia sobre o Exercício dos Direitos das Crianças
CF – Constituição Federal
CGJ – Corregedoria Geral de Justiça
CJF – Conselho da Justiça Federal
CLT – Consolidação das Leis do Trabalho
CPC – Código de Processo Civil
CSDC – Convenção sobre os Direitos da Criança
CVM – Comissão de Valores Mobiliários
ECA – Estatuto da Criança e do Adolescente
EPD – Estatuto da Pessoa com Deficiência
LDB – Lei de Diretrizes e Bases da Educação
LRP – Lei de Registros Públicos
MEC – Ministério da Educação e Cultura
OMS – Organização Mundial da Saúde
STF – Supremo Tribunal Federal
STJ – Superior Tribunal de Justiça
TRT – Tribunal Regional do Trabalho

PREFÁCIO

O Código Civil se propõe a tratar das principais, se não das fundamentais, relações existenciais e patrimoniais no âmbito privado. O conjunto de normas que contém atualmente procura dar consecução aos princípios constitucionais, ao estabelecer os direitos e deveres entre as pessoas naturais e jurídicas, como ali conceituadas. De modo resumido é possível dizer que a Lei Civil regulamenta, em grande parte, a vida em sociedade, no seu cotidiano.

Como natural decorrência dessa vocação, as disposições do Código Civil desafiam constantemente os doutrinadores e tribunais, os quais têm a incumbência de mantê-las aptas a acompanhar as cada vez mais rápidas transformações sociais. Essa tarefa se torna árdua à medida que as normas, pensadas e estabelecidas há duas décadas, se distanciam de um dia a dia movido por relações mais voláteis, como é próprio para uma "era das incertezas" que se prolonga e potencializa neste início do século XXI.

Bastante compreensível, portanto, o esforço continuado dos intérpretes do Código Civil, no âmbito judicial e extrajudicial, que se debruçam sobre situações pontuais, quando não sobre um conjunto de normas, para conferir-lhes a indispensável efetividade em tempos tão diversos da época de sua concepção. Constata-se, contudo, que alguns institutos são preteridos, não obstante sua inegável importância, como livros que ficam no canto da estante, sem que haja alguma explicação razoável para esse "esquecimento".

Observe-se, desde logo, que o fato de não serem objeto de análise pelos intérpretes não significa sua pacificação ou imunidade aos efeitos das constantes e céleres alterações da sociedade. Se é certo que alguns institutos envelheceram e praticamente perderam a aplicação prática, exatamente por não mais encontrarem, em alguns casos, função que justifique sequer sua permanência no texto legal, outros, ao contrário, foram reativados e ganharam relevância em decorrência da transformação social.

Um dos exemplos mais expressivos desses institutos esquecidos é a emancipação, tema da presente obra. A busca da origem etimológica do termo indica bem sua dimensão: do latim *emancipatione*, pode ser entendido como aquele que não está mais preso pela mão do outro. É exatamente desse aspecto que se cuida, ou dito em outras palavras: a emancipação se refere à "cessação da incapacidade" para os menores, que se desprendem da mão protetora de seus pais.

Impõe-se realçar, antes de qualquer outra consideração sobre a obra *Emancipação: Um estudo sobre a capacidade civil dos adolescentes*, dois aspectos: i) a coragem da jovem autora de enfrentar tema que apresenta crescente complexidade e ii) sua habilidade técnica para realizar uma análise jurídica contemporânea do antigo instituto, à qual se aliou uma fina habilidade para capturar a real e indeclinável função da emancipação à luz dos princípios constitucionais.

A abordagem inicial coloca o debate no campo apropriado: o da infância e adolescência no direito privado brasileiro. Embora o Estatuto da Criança e do Adolescente (Lei 8.069/1990) – ECA seja anterior ao vigente Código Civil e tenha sido, de certo modo, preterido pelo legislador no processo de atualização do projeto de 1975 que lhe deu origem, é imperativo, por força de norma constitucional, que qualquer estudo sobre "menores" tome como fundamento o ECA.

Não se trata apenas de uma questão terminológica de substituir a expressão "menores" por "crianças e adolescentes", mas principalmente de reconhecê-los como sujeitos de direito, ainda que sejam pessoas absoluta ou relativamente incapazes, na letra dos artigos 3º e 4º, do Código Civil. Este é o grande salto promovido pela Constituição da República e efetivado pelo ECA, que não pode ser desconsiderado em qualquer situação, especialmente jurídica, que envolva crianças e adolescentes.

Com rigor metodológico, Maici Barboza dos Santos Colombo, delineou seu estudo e dirigiu suas considerações aos adolescentes, num momento em que esses clamam por uma regulamentação adequada à realidade atual, na qual sua participação na sociedade, quer no campo existencial, quer no negocial, evoluiu de modo intenso, acompanhando o ritmo da sociedade.

Ao contrário do que possa parecer à primeira leitura, não se trata de retirar através da emancipação a proteção legalmente conferida aos adolescentes, o que seria um contrassenso em face do ECA, mas sim de pôr em debate a conveniência ou não da definição da capacidade civil a partir da idade, critério adotado pelo Código Civil. Esse aspecto de vital importância fica bem definido nas palavras da autora que de início esclarece ser inafastável a tutela do ECA, "mesmo aos adolescentes emancipados," bem como encontrar a emancipação "limites no melhor interesse do adolescente."

O maior mérito da presente obra reside em não apenas colocar a questão nos devidos termos, como acima indicado, mas principalmente em apresentar a conciliação de situações aparentemente antagônicas: a cessação da incapacidade e a proteção do adolescente. Com base no artigo 12 da Convenção Internacional sobre os Direitos da Criança,[1] dispositivo poucas vezes invocado, a autora resolve o aparente problema. Com perspicácia, demonstra que a função precípua da emancipação no direito brasileiro contemporâneo é ser o instrumento de viabilização da atuação jurígena do adolescente que tenha condições de exercer essa capacidade progressiva.

A partir dessa perspectiva foi realizado o exame das bases legais de cabimento da emancipação civil, mantendo-se permanente diálogo entre o Código Civil, o ECA e demais normas que tratam da proteção infantojuvenil. A autora não descurou, porém, da verificação aprofundada do perfil estrutural da emancipação, para realizar uma apreciação crítica das duas espécies de emancipação previstas na lei brasileira: a voluntária e a legal ou tácita.

As considerações tecidas pela autora ganham maior consistência quando se tem em conta a pesquisa por ela realizada, verdadeiro corte histórico, a qual sustenta o "olhar retrospectivo" que é apresentado ao leitor, para se chegar aos aspectos conceituais e analíticos de cada um dos diferentes casos de cabimento da emancipação. Essa releitura feita sob o filtro dos princípios constitucionais é um verdadeiro presente para o leitor.

Por fim, Maici Barboza dos Santos Colombo enfrenta talvez a modalidade mais desafiadora da emancipação: a voluntária. Destaca a autora, dentre os problemas existentes, a participação do adolescente no ato emancipatório e as reverberações da autoridade parental sobre a emancipação, para retomar a perspectiva funcional, defendida ao longo da obra, e revelar sua importância para a proteção e defesa dos interesses dos adolescentes.

Sobre a presente obra, *Emancipação: Um estudo sobre a capacidade civil dos adolescentes*, certamente muito ainda haveria para se dizer. Contudo, não se deve furtar do leitor o prazer da leitura que, além de ser de todo agradável, sem dúvida revelará outras as substanciosas contribuições contidas no presente estudo, que se inscreve dentre os de leitura obrigatória para todos que têm interesse no tema aqui tratado.

Rio de Janeiro,

Novembro de 2023.

Heloisa Helena Barboza

---

1. Convenção de 1989, ratificada pelo Brasil em 1990, Art. 12, 1. Os Estados Partes devem assegurar à criança que é capaz de formular seus próprios pontos de vista o direito de expressar suas opiniões livremente sobre todos os assuntos relacionados a ela, e tais opiniões devem ser consideradas, em função da idade e da maturidade da criança.

APRESENTAÇÃO

Na sensível e emocionante poesia "Pedro, meu filho", Vinícius de Moraes, com sua peculiar genialidade, parece ter bem captado o sentimento dos pais e mães que amam e querem proteger seus filhos desde a mais tenra idade quando disse "[...] muitas noites, me debrucei sobre o teu berço e verti sobre teu pequenino corpo adormecido as minhas mais indefesas lágrimas de amor, e pedi a todas as divindades que cravassem na minha carne as farpas feitas para a tua".

Quiséramos nós que todos os lares brasileiros fossem assim imbuídos de ternura e cuidado. Para pesar coletivo, a realidade brasileira tem matizes bem distintas e dramáticas. Em um país com dimensões continentais e assolado pelas mais diversas mazelas, crianças e adolescentes são simplesmente abandonados à própria sorte. Isso quando não são vitimadas dentro do contexto da própria família. O mandamento normativo de prioridade absoluta e proteção integral de crianças e adolescentes parece até utopia. Por tudo isso, é urgente a tarefa doutrinária de reconstruir bases sólidas para a salvaguarda de tais direitos.

Nesse contexto, o Direito Civil brasileiro contemporâneo merece crítica e reflexão. Em relação aos adolescentes, é bastante evidente a necessidade de repensar institutos que não encontram mais congruência com a realidade fática atual. Sem dúvida, é o caso da emancipação, tanto em sua feição legal quanto voluntária. Dotada de uma lógica de "tudo ou nada", a emancipação, da forma que está prevista, pode mais vulnerabilizar do que proteger em alguns casos (em clara oposição à sua função teleológica). Assim, é chegado o momento de reconstruir essa categoria jurídica de modo que haja efetiva congruência entre sua vocação e seus efeitos.

Pois bem, para enfrentar essa complexa tarefa, seria necessário alguém com uma competência verdadeiramente extraordinária. Quando recebi o convite para escrever estas linhas, encarei-o como uma dupla missão. Não só a de apresentar o livro que o leitor tem em mãos. Mas também a de apresentar sua Autora, Maici Barbosa dos Santos Colombo. Apresentar no sentido mais próprio da palavra mesmo: por à vista. Por à vista o livro que li e por à vista a Autora que conheço.

Conheci Maici em meados de 2015. Fomos colegas na disciplina oferecida pelo Professor Doutor José Fernando Simão no Programa de Pós Graduação em Direito da USP. Enquanto eu estava me doutorando, Maici era aluna especial (o que significa um estudante que ainda não ingressou no mestrado ou no doutorado, mas que se submete a um processo seletivo para poder acompanhar, na condição de ouvinte, o conteúdo lecionado). Contrariando a definição regimental, Maici demonstrou seu pendor acadêmico desde os primeiros dias da disciplina, pois logo que requereu ao Professor a sua participação na apresentação dos temidos seminários sobre os temas muito polêmicos daquela cadeira chamada "Direito de Família: Diálogos". Para deleite da turma, Maici teve um desempenho memorável. Soube bem separar o joio do trigo e apresentou corajosamente limites que devem ser respeitados na formação do vínculo parental em razão do afeto. Naquela oportunidade tive a certeza de que o futuro acadêmico de Maici seria brilhante. Nascia então uma amizade de duas colegas que comungavam, sobretudo, três coisas: paixão pelo Direito Civil, sonhos acadêmicos ousados e muita disposição para alcançá-los.

No final daquele mesmo ano, o destino reservou um grande desafio. Era chegada a hora de derrotar o minotauro do meu labirinto: abrira-se concurso para o cargo de professor da Faculdade de Direito da UFPR (minha *alma mater*). A oportunidade levou-me a realizar grandes esforços em prazo exíguo. Precisei antecipar a escrita e a defesa de minha tese, reduzindo o prazo em dois anos (!). Paralelamente, precisei estudar com afinco os mais de trinta pontos do extenso programa do concurso. Pude contar com o apoio e os préstimos de Maici ao longo da extenuante, mas exitosa, preparação. Pude encerrar aquele ano de 2015 com sentimento de dever cumprido e vitória. Registro meu sincero agradecimento à Autora que, com sua gentileza e conhecimento, auxiliou-me na preparação para o concurso. Gratidão é uma dívida que não prescreve nem decai. O mundo acadêmico é, por vezes, caracterizado como ambiente hostil e predatório. Quero que o leitor saiba o quanto Maici é alguém especial e generosa que sabe que a verdadeira ciência se constrói em conjunto e com diálogo.

A vocação de Maici para a pesquisa levaram-na, desde cedo, aos mais altos patamares que um estudioso pode almejar. O mestrado de Maici foi feito na Universidade Estadual do Rio de Janeiro, em um dos mais reconhecidos programas de pós-graduação do país. Penso que não poderia ter tido uma orientadora melhor: Professora Heloisa Helena Barboza, civilista de escol, um verdadeiro farol para todos nós. Sua sabedoria infinita e humildade são realmente notáveis. Foi também na capital carioca que Maici tornou-se professora substituta na Universidade Federal do Rio de Janeiro, granjeando destaque entre seus colegas e alunos. Tenho tido a grata satisfação de ver Maici se destacando em congressos, publicações e na sua advocacia privada. Destaco, também, sua atual jornada de doutoramento na USP, aproximando novamente nossas histórias e afinidades. A Autora recentemente se tornou mãe do pequeno Vitório, uma experiência que certamente só enriquecerá seu olhar já sensível e lúcido.

A Autora brinda-nos com a versão ampliada de sua dissertação de mestrado, agora intitulada "Emancipação para quem? Um estudo sobre a emancipação civil de adolescentes". O tema é pouco explorado na doutrina. É tido por alguns, inclusive, como anacrônico. Casos recentes de ampla repercussão midiática (por todos, mencionamos a desconcertante situação vivida pela atriz Larissa Manoela) tem refutado esse equívoco. A presente obra subverte esse cenário, analisando detalhadamente a temática, demonstrando a atualidade e a pujança do instituto. Uma das mais significativas contribuições da Autora, em meu sentir, é interpretar a emancipação como um meio à promoção progressiva dos adolescentes.

A nova chave interpretativa trazida por Maici, que alia teoria e prática, estimula o repensar da tradicional e simplista dicotomia capaz/incapaz, apontando a insuficiência da disciplina dada pelo Código Civil de 2002 ao instituto. Esse pensamento está alinhado com normativas internacionais, como a Convenção sobre Direitos da Criança, e internas, como o Estatuto da Criança e do Adolescente.

O trabalho não poderia chegar a público em momento mais adequado. Os debates atuais sobre a reforma do Código Civil, naquilo que toca à disciplina da capacidade e da emancipação, serão imensamente enriquecidos pela visão técnica e humanizada que Maici tem nesta obra. Ganham todos aqueles que almejam uma sociedade mais livre, justa e solidária. Desejo ao leitor uma ótima leitura!

23 de fevereiro de 2024.

Marília Pedroso Xavier

SUMÁRIO

AGRADECIMENTOS VII

LISTA DE ABREVIATURAS E SIGLAS IX

PREFÁCIO XI

APRESENTAÇÃO XV

INTRODUÇÃO XXI

1. INFÂNCIA E ADOLESCÊNCIA NO DIREITO PRIVADO BRASILEIRO: DE "MENORES" A SUJEITOS DE DIREITO 1

    1.1 Infância e participação 1

    1.2 A criança e o adolescente no direito brasileiro: de objetos de tutela a sujeitos de direito 6

    1.3 Uma nova identidade para o poder familiar: a emergência da autoridade parental 13

    1.4 Capacidade civil e estatuto jurídico da pessoa 18

        1.4.1 Capacidade e personalidade 18

        1.4.2 A idade na determinação do estado pessoal 33

        1.4.3 A condição evolutiva da criança e do adolescente e a autonomia progressiva 43

2. A EMANCIPAÇÃO CIVIL NO ORDENAMENTO JURÍDICO BRASILEIRO ... 51

    2.1 Aspectos conceituais e históricos da emancipação civil 51

        2.1.1 Emancipação civil: um olhar retrospectivo 51

        2.1.2 Emancipação no direito romano 56

        2.1.3 Natureza jurídica da emancipação no direito brasileiro 61

2.2 Espécies de emancipação 64

2.2.1 Emancipação expressa 64

    2.2.1.1 Aspectos gerais 64

    2.2.1.2 Emancipação voluntária... 65

    2.2.1.3 A falta de um dos pais na emancipação por escritura pública 68

    2.2.1.4 Emancipação judicial 82

2.2.2 Emancipação tácita ou legal 88

    2.2.2.1 Aspectos gerais 88

    2.2.2.2 Serviço militar... 90

    2.2.2.3 Casamento 91

    2.2.2.4 Colação de grau em ensino superior 97

    2.2.2.5 Exercício de emprego público efetivo 98

    2.2.2.6 Estabelecimento civil ou comercial ou relação de emprego com economia própria 101

3. A EMANCIPAÇÃO VOLUNTÁRIA À LUZ DA TUTELA CONSTITUCIONAL DO ADOLESCENTE 113

3.1 Perfil funcional da emancipação civil na dogmática civil-constitucional... 113

3.2 A proteção do adolescente na emancipação voluntária..................... 121

3.2.1 Autoridade parental como fundamento da emancipação voluntária 121

3.2.2 Natureza jurídica e participação do adolescente 128

3.3 Controle da motivação da emancipação e responsabilidade dos pais 138

3.3.1 Situações de abuso no exercício da autoridade parental 138

3.3.2 O dissenso entre os pais sobre a concessão da emancipação e possibilidade de ação judicial 143

3.4 Efeitos da emancipação civil e proteção do adolescente emancipado 147

CONCLUSÃO... 155

REFERÊNCIAS 159

INTRODUÇÃO

Em 1985, A *House of Lords* enfrentou o caso da Senhora Gillick. Mãe de cinco filhas, todas com idade inferior a dezesseis anos, ela se insurgiu contra orientação emanada do Departamento de Saúde e Seguridade Social britânico, que permitia a prescrição de métodos contraceptivos a meninas na faixa etária de suas filhas, ainda que sem o consentimento dos pais, decorrente apenas da confidencialidade da relação médico-paciente. Gillick alegava que a orientação violava os direitos dos pais sobre os filhos, além de estimular a relação sexual precoce.

A decisão da *House of Lords* foi emblemática: rejeitou os argumentos da demandante e manteve a orientação do Departamento de Saúde. Na decisão proferida, determinou-se que o médico verificasse, concretamente, se o paciente com idade inferior a dezesseis anos possuía discernimento suficiente para compreender o tratamento recomendado.

Em 2017, Larissa Manoela, conhecida atriz-mirim, à época com dezesseis anos de idade, foi questionada ao comparecer sozinha em uma festa noturna. A adolescente então respondeu que havia sido emancipada pelos pais, buscando justificar a sua liberdade de frequentar ambientes inapropriados para crianças e adolescentes desacompanhados. Anos depois e já adulta, a jovem protagoniza discussões acerca da administração de bens fundada na autoridade parental, levantando suspeitas de malversação sobre seu patrimônio.

Ambos os casos trazem à tona os desafios jurídicos para a compreensão da capacidade civil definida a partir da idade e, por isso, justificam a relevância do tema para o direito civil contemporâneo.

De um lado, a Corte britânica reconhece a possibilidade de haver concretamente discernimento nas adolescentes, independentemente de capacidade civil. De outro lado, no Brasil do século XXI, um instrumento de aquisição antecipada da capacidade civil é utilizado sem plena consciência a respeito de seu conceito e consequências.

Ambos os casos revelam também que o modelo de incapacidade civil etária transcende a subsunção legal das normas do Código Civil que classificam em absolutamente incapazes as pessoas com menos de dezesseis anos e relativamente incapazes aquelas entre dezesseis e dezoito anos.

Esse complexo sistema cede um modesto espaço à emancipação civil, que apesar de seu potencial para a proteção dos interesses de crianças e adolescentes, segue incompreendida e pouco explorada.

Desse modo, o trabalho foi desenvolvido a partir da seguinte reflexão: a *emancipação civil pode ser considerada um instrumento de adequação da capacidade civil etária, nos termos da Convenção Internacional sobre os Direitos da Criança?*

Essa questão central norteou a releitura da emancipação civil prevista no art. 5º, parágrafo único do Código Civil, atendendo-se à dimensão histórico-relativa do instituto, de forma crítica, sistemática e científica e verificando sua compatibilidade com o ordenamento jurídico, com as demandas sociais contemporâneas e com os interesses e valores juridicamente relevantes que interferem na compreensão do instituto.

Contudo, imprescindível o alerta ao leitor: este trabalho não representa uma ode à emancipação civil, tampouco se defenderá a cessação de outros meios de proteção em razão do alcance da capacidade plena.

Assim como uma pessoa idosa não perde a sua capacidade civil por efeito da proteção estatutária, a tutela do Estatuto da Criança e do Adolescente é inafastável, mesmo aos adolescentes emancipados.

Além disso, a emancipação civil encontrará sempre limites no melhor interesse do adolescente. No entanto, o ponto de partida para compreender o cabimento e a função da emancipação civil no direito brasileiro contemporâneo é a capacidade progressiva da criança e do adolescente, consagrada no art. 12 da Convenção Internacional sobre os Direitos da Criança. Desse modo, a emancipação civil surge como um instrumento de viabilização da atuação jurígena do adolescente que tenha condições de exercê-la.

Como objetivo geral, perseguiu-se a compreensão conceitual da emancipação civil, com foco em suas hipóteses legais de cabimento. Pretendeu-se estabelecer um diálogo entre a normativa do Código Civil e os demais diplomas destinados à proteção da criança e do adolescente, com a finalidade de se alcançar resultados consentâneos com a abordagem protecionista dos direitos humanos adotada em âmbito internacional.

Especificamente, buscou-se compreender também a origem da disciplina legal da emancipação civil no direito brasileiro e a razão pela qual foram eleitos os critérios legais para as hipóteses de cabimento contidas no Código Civil vigente.

Adotou-se como metodologia interpretativa o direito civil-constitucional, cujas premissas consistem: a) no reconhecimento de que a Constituição, sempre e antes de tudo, é um ato normativo que contém disposições preceptivas, b) na argumentação sobre normas princípios, cuja aplicação não assume a forma silogística da subsunção, mas aquela da otimização ao realizar o preceito, segundo sua hierarquia, mas também segundo a razoável ponderação em relação ao caso concreto; c) na consciência de que a ideia de sociedade e de ética pressuposta deve ser relevante e que, dessa forma, no ordenamento positivo, penetram valores e princípios historicamente caracterizados.

A pesquisa está estruturada em três capítulos. Tendo em vista que a emancipação civil afeta a incapacidade etária, o primeiro capítulo intitulado *"Infância e adolescência no direito privado brasileiro: de 'menores' a sujeitos de direitos"*, dedica-se ao estudo dos efeitos da menoridade no direito privado. De forma mais ampla, aborda-se a situação jurídica da infância e da adolescência no ordenamento civil-constitucional e as repercussões da doutrina da proteção integral na remodelação do direito de família. Adiante, trata-se especificamente das consequências da menoridade na capacidade civil e, por fim, da condição evolutiva da criança e do adolescente para subsidiar a ressignificação da incapacidade etária.

No segundo capítulo (*"A emancipação civil no ordenamento jurídico brasileiro"*) o estudo volta-se ao perfil estrutural da emancipação, isto é, ao seu conceito a partir da previsão legal de sua estrutura. Nessa parte são tratadas de forma crítica e contextualmente situadas as espécies de emancipação previstas pelo legislador civil brasileiro. Dividiu-se entre as hipóteses de emancipação voluntária, que dependem de um ato específico voltado à aquisição da capacidade plena antes da maioridade civil e as hipóteses de emancipação legal ou tácita, que decorrem *ex lege* independentemente da vontade dirigida de qualquer interessado.

Na emancipação voluntária acentua-se a triangulação de interesses: do adolescente, dos titulares da autoridade parental ou do tutor, e de terceiros, o que justifica o recorte e o aprofundamento dedicados a essa modalidade. Por isso, o terceiro e derradeiro capítulo, intitulado *"A emancipação voluntária à luz da tutela constitucional da criança e do adolescente"* retoma o instituto sob a perspectiva funcional segundo a dogmática civil-constitucional. Entre os problemas enfrentados, destacam-se a participação do adolescente no ato emancipatório e as reverberações da autoridade parental sobre a emancipação.

Os resultados foram alcançados predominantemente por meio de pesquisa bibliográfica e documental, com algumas menções à legislação estrangeira de países que seguem a tradição-romano germânica e preveem a emancipação em seus ordenamentos jurídicos, como Espanha, Itália, Portugal, França e Argentina, todavia, sem a pretensão de empreender-se um estudo comparativo.

1
INFÂNCIA E ADOLESCÊNCIA NO DIREITO PRIVADO BRASILEIRO: DE "MENORES" A SUJEITOS DE DIREITO

1.1 INFÂNCIA E PARTICIPAÇÃO

Do ponto de vista abstrato e assumindo-se o direito civil brasileiro a partir do Código Civil de 1916,[1] inquestionavelmente as crianças são sujeitos de direito: gozam da condição formal de titulares de direitos e obrigações, detentoras de capacidade jurídica de gozo.[2] Podem também ser proprietárias, contratantes, herdeiras. Contudo, sob uma perspectiva adultocêntrica e paternalista, as crianças eram emudecidas e substituídas na prática dos atos da vida civil, sejam de natureza patrimonial ou existencial. Sequer eram ouvidas ou consideradas, porque seus destinos confundiam-se com os interesses dos adultos ao seu redor.

Juridicamente, a idade, critério meramente quantitativo, define os lindes da infância: aos dezoito anos o indivíduo é recebido na vida adulta, segundo o consenso internacional para determinar a incidência das normas protetivas de direitos humanos a esse grupo vulnerável.[3]

---

1. A fase do não reconhecimento da criança e do adolescente como sujeitos de direitos "corresponde, cronologicamente, ao [período] do Brasil Colônia. Nele, a criança não era reconhecida como uma categoria genérica sobre a qual seria possível deduzir algum direito universal." (AMARAL, Cláudio do Prado. *Curso de direito da infância e da adolescência*. São Paulo: EdUsp, 2020. p. 49).
2. "Elemento subjetivo das relações jurídicas são os sujeitos de direito. Sujeito de direito é quem participa da relação jurídica, sendo titular de direitos e deveres." (AMARAL, Francisco. *Direito civil*: introdução. 9. ed. São Paulo: SaraivaJur, 2017. p. 320).
3. No âmbito da Convenção sobre os Direitos da Criança, não há distinção sobre crianças e adolescentes, encerrando-se a infância aos dezoito anos, segundo o art. 1: "Para efeito da presente Convenção, considera-se como criança todo ser humano com menos de 18 anos de idade, salvo quando, em conformidade com a lei aplicável à criança, a maioridade seja alcançada antes)". No ECA, no entanto, determina o art. 2º que "[c]onsidera-se criança, para os efeitos desta Lei, a pessoa até doze anos de idade incompletos, e adolescente aquela entre doze e dezoito anos de idade". Neste trabalho, quando a referência se der especificamente aos maiores de doze anos, será utilizado o termo adolescente, podendo o termo infância, de acordo com os critérios internacionais, ser adotado para referência genérica a todos que contarem com menos de dezoito anos.

Contudo, nas palavras de Allisson James: "os conceitos de infância não são universais, mas histórica e culturalmente localizados".[4]

Não há uma infância, mas sim *infâncias* que são socialmente construídas e percebidas, diferentemente, a depender do espaço e do tempo. Isso significa que ao se estabelecer faixas etárias para a definição da infância (e, no direito brasileiro, para a adolescência), ampara-se em um suposto padrão de desenvolvimento biológico comum das crianças, que não é homogêneo e não contempla as especificidades socioculturais do contexto no qual está inserido.

Segundo Sarmento, sob o ponto de vista sociológico, o fator determinante para a existência da infância reside no condicionamento das interações sociais com as demais categorias geracionais, o que revela uma condição de dependência:

> [...] a infância depende da categoria geracional constituída pelos adultos para a provisão de bens indispensáveis à sobrevivência dos seus membros, e essa dependência tem efeitos na relação assimétrica relativamente ao poder, ao rendimento e ao *status* social que têm os adultos e as crianças, sendo essa relação transversal (ainda que não independente) das distintas classes sociais. Por outro lado, o poder de controle dos adultos sobre as crianças está reconhecido e legitimado, não sendo verdadeiro o inverso, o que coloca a infância – independentemente do contexto social ou da conjuntura histórica – numa posição subalterna face à geração adulta.[5]

Assim, a infância é caracterizada pela desigualdade de *status* social e pela assimetria de poderes em relação aos adultos: "[e]xiste infância na medida em que historicamente a categoria etária foi constituída como diferença e que essa diferença é geradora de desigualdade"[6] e uma desigualdade que as coloca sob dependência e dominação dos adultos.

Estabelecido o conteúdo relacional da infância, compreende-se, assim como James, que "a maneira como as crianças são percebidas e a forma como a sociedade as trata, terá influência sobre as suas experiências de serem crianças".[7]

A questão, portanto, situa-se em refletir sobre como as crianças têm sido percebidas e tratadas socialmente no âmbito do exercício efetivo de seus direitos. E, nesse aspecto, o paternalismo tem legitimado a *substituição* e, portanto, a *exclusão* das crianças do cenário decisório tanto individual como político, assim

---

4. JAMES, Allison. Conceitos de infância, criança e agência. *O Social em Questão*, v. 1, n. 20, p. 32, 2009.
5. SARMENTO, Manuel Jacintho. Sociologia da infância: correntes e confluências. In: SARMENTO, Manuel Jacintho; GOUVEA, Maria Cristina Soares de (Org.). *Estudos da infância*: educação e práticas sociais. Rio de Janeiro: Vozes, 2008. p. 22.
6. SARMENTO, Manuel Jacintho. Sociologia da infância: correntes e confluências. In: SARMENTO, Manuel Jacintho; GOUVEA, Maria Cristina Soares de (Org.). *Estudos da infância*: educação e práticas sociais. Rio de Janeiro: Vozes, 2008. p. 22.
7. JAMES, Allison. Conceitos de infância, criança e agência. *O Social em Questão*, v. 1, n. 20, p. 33, 2009.

como também tem legitimado a *construção* do conteúdo concreto do princípio do melhor interesse, apenas conforme a concepção dos adultos do que seja esse melhor interesse.[8]

A partir dessas premissas sociológicas, é possível concluir que "[a]s crianças são e devem ser vistas como atores na construção e determinação das suas próprias vidas sociais, das vidas que as rodeiam e das sociedades em que vivem." Ao estabelecer esse paradigma da investigação sociológica da infância, Sarmento é categórico: "[a]s crianças não são sujeitos passivos de estruturas e processos sociais".[9]

Trata-se de reconhecer às crianças e aos adolescentes a agência, ou seja, a "ação participativa", o que significa "vê-las como atores sociais competentes, como pessoas que possuem opinião sobre o mundo e o reconhecimento de que essas opiniões podem ser distintas das dos adultos"[10] e, principalmente, que devem ser levadas em consideração.

No âmbito do direito internacional dos direitos humanos, a participação das crianças nos assuntos que lhes concernem é assegurada conforme o seu grau de entendimento e maturidade,[11] de modo que variam o grau e a forma como as crianças se manifestam. Nas palavras de James, contudo:

> Estas diferenças podem estar relacionadas à idade das crianças, ou seja, cada faixa etária apresenta um conjunto de competências em função de suas experiências de vida e/ou competência cognitiva. Mas referem-se também às ideias preconcebidas que os adultos possuem sobre as crianças e a sua decisão de incluí-las ou não como participantes.[12]

O estudo da capacidade civil etária envolve justamente a reflexão sobre a concepção que os adultos possuem sobre as crianças e, consequentemente, os limites de sua atuação jurígena.

---

8. MIGUEL, Luis Felipe. Autonomia, paternalismo e dominação na formação das preferências. *Opinião Pública*, Campinas, v. 21, n. 3, p. 609, dez. 2015.
9. SARMENTO, Manuel Jacintho. Sociologia da infância: correntes e confluências. In: SARMENTO, Manuel Jacintho; GOUVEA, Maria Cristina Soares de (Org.). *Estudos da infância*: educação e práticas sociais. Rio de Janeiro: Vozes, 2008. p. 24.
10. JAMES, Allison. Conceitos de infância, criança e agência. *O Social em Questão*, v. 1, n. 20, p. 38, 2009.
11. CSDC, art. 12: 1. "Os Estados-Partes assegurarão à criança que estiver capacitada a formular seus próprios juízos o direito de expressar suas opiniões livremente sobre todos os assuntos relacionados com a criança, levando-se devidamente em consideração essas opiniões, em função da idade e maturidade da criança. 2. Com tal propósito, se proporcionará à criança, em particular, a oportunidade de ser ouvida em todo processo judicial ou administrativo que afete a mesma, quer diretamente quer por intermédio de um representante ou órgão apropriado, em conformidade com as regras processuais da legislação nacional."
12. JAMES, Allison. Conceitos de infância, criança e agência. *O Social em Questão*, v. 1, n. 20, p. 39, 2009.

É importante deixar claro que a perspectiva desenvolvimentista não é totalmente ignorada no estabelecimento das expectativas sociais sobre a infância. Entretanto, é a construção social, e não a biologia, que determina o seu conceito. E isso é reconhecido até mesmo nos estudos sob aquela perspectiva:

> A divisão do ciclo de vida em períodos de desenvolvimento é uma construção social: um conceito ou prática que pode parecer natural e óbvio àqueles que o aceitam, mas que, na realidade, é uma invenção de determinada cultura ou sociedade. Não há nenhum momento objetivamente definível em que uma criança se torna adulta ou um jovem torna-se velho. De fato, o próprio conceito de infância pode ser visto como uma construção social.[13]

A missão de estabelecer o âmbito de atuação da criança de acordo com o ordenamento jurídico torna-se ainda mais desafiadora ao se considerar as transições pelas quais a sociedade tem passado na compreensão da função da criança nas relações sociais, o que será explorado mais adiante. Mas a mudança é perceptível. Com o movimento de especificação do sujeito no âmbito dos direitos humanos e reconhecimento das vulnerabilidades concretas, a infância ganhou *locus* privilegiado no redimensionamento de sua função na sociedade.

É importante observar que entre a exclusão e a inclusão há inúmeras possíveis gradações que, em uma sociedade adultocêntrica, são definidas conforme a percepção dos adultos sobre as competências adquiridas em cada faixa etária. Isso revela a complexidade do tratamento jurídico da infância no contexto atual: quando, como e em que medida garantir a participação das crianças?

Pode parecer paradoxal garantir a participação da criança e, ainda assim, assegurar-lhe proteção. A tarefa é ainda mais complexa quando se considera que as infâncias podem ser vividas com expectativas sociais distintas a depender do contexto socioeconômico e cultural em que se inserem. Note-se a problematização de James:

> Se, em algumas culturas, as crianças são proibidas de acessarem certas partes do mundo social adulto sob a justificativa da "proteção", enquanto em outro lugar, por contraste, o potencial das crianças como trabalhadoras e contribuintes ativos para o orçamento familiar é bem-vindo e encorajado, então as explicações de "infância" não podem ser colonizadas, como têm sido, somente por modelos teóricos da psicologia ocidental.[14]

Essas diferenças podem ser notadas até em um mesmo país ou em uma mesma região, a partir de variáveis como a condição socioeconômica, a raça, o gênero, a natureza da atividade permitida ou proibida à criança.

---

13. MARTORELL, Gabriela; PAPALIA, Diane E.; FELDMAN, Ruth Duskin. *O mundo da criança*: da infância à adolescência. Trad. M. Pinho. 13. ed. Porto Alegre: AMGH, 2020. p. 6.
14. JAMES, Allison. Conceitos de infância, criança e agência. *O Social em Questão*, v. 1, n. 20, p. 35, 2009.

Admite-se, por exemplo, que uma criança seja artista remunerada, que participe de programas televisivos, que seja atleta profissional, mas não se admite igualmente que trabalhe na indústria. São esses limites socialmente construídos que devem ser avaliados ao se tratar da garantia dos direitos das crianças e dos adolescentes, sobretudo no estudo da capacidade civil etária.

Mas, atenção: *participar não significa necessariamente decidir*. Em uma democracia participativa, por exemplo, cujos representantes da vontade popular são regularmente eleitos, são comumente utilizados instrumentos de participação direta dos cidadãos, como os referendos, os plebiscitos, a iniciativa popular. Mas nem sempre o tomador da decisão estará vinculado a seguir o que lhe é apresentado, como nos casos das consultas públicas. Em uma gestão política democrática, em que constantemente decisões são tomadas em nome de toda a sociedade, a oportunidade de se manifestar sobre o tema é uma forma de participação. A oitiva dos interessados pode mudar o rumo da decisão, apresentando considerações positivas ou negativas sobre o tema ou realçando circunstâncias que não pareciam relevantes sob o ponto de vista do decisor.

O desafio de concretizar o direito à participação social de crianças e adolescentes levou o Conselho da Europa a editar a Recomendação 2 de 2012, na qual definiu a participação como o direito aos meios, ao espaço, às oportunidades e, quando necessário, ao suporte para livremente expressar seus pontos de vistas, serem ouvidos e contribuir na tomada de decisão em questões que os afetam, tendo suas visões efetivamente levadas em consideração conforme sua idade e maturidade.[15]

Portanto, não é absurdo assumir a participação das crianças como um pressuposto para a concretização de seus direitos e com isso não se está a defender sua desproteção, tampouco que sejam tratadas analogamente aos adultos. Ao se propugnar pela oportunidade de ouvi-las não se pretende defender que todas, indistintamente, poderão sempre definir sobre os rumos de suas próprias vidas. A vulnerabilidade persiste. Tratá-las indistintamente como adultos poderia ser tão cruel quanto emudecê-las.

---

15. Recomendação 2/2012 do Comitê de Ministros do Conselho da Europa sobre a participação de crianças e jovens com idade inferior a 18 anos: "*Section I – Definitions [...] 'participation' is about individuals and groups of individuals having the right, the means, the space, the opportunity and, where necessary, the support to freely express their views, to be heard and to contribute to decision making on matters affecting them, their views being given due weight in accordance with their age and maturity.*" (Disponível em: https://search.coe.int/cm/Pages/result_details.aspx?ObjectID=09000016805cb0ca. Acesso em: 02 ago. 2023).

A ideia de participação contempla a integração efetiva da criança à vida em sociedade. Não como coadjuvantes, mas como protagonistas de suas próprias histórias. Falar em participação, nas palavras de Natália Fernandes:

> [...] numa acepção imediata, é falar de uma actividade espontânea, que etimologicamente se caracteriza como a acção de fazer parte, tomar parte em, mas é também falar de um conceito multidimensional que faz depender tal acção ou tomar parte, de variáveis como o contexto onde se desenvolve, as circunstâncias que o afectam, as competências de quem o exerce ou ainda as relações de poder que o influenciam.[16]

A interpretação do direito à participação, portanto, pressupõe que, antes de simplesmente ouvi-las, haja uma disposição da sociedade em compreendê-las sob o seu próprio ponto de vista. Haverá situações em que o direito de decidir lhes será franqueado, como, segundo a legislação brasileira, nos casos de colocação em família substituta (art. 28, ECA). Em outros, a sua intervenção deve ser garantida no processo decisório, o que contribuirá na composição concreta do princípio do melhor interesse.

1.2 A CRIANÇA E O ADOLESCENTE NO DIREITO BRASILEIRO: DE OBJETOS DE TUTELA A SUJEITOS DE DIREITO

A mudança de paradigma sobre a compreensão da infância que reconhece à criança a condição de sujeito de direitos não diz respeito à concepção formalista de elemento subjetivo da relação jurídica, mas à transformação sociológica sobre a admissão da atuação e da consideração da criança na sociedade, enquanto sujeitos ativos e participativos.

Sob o ponto de vista jurídico, a Constituição Federal de 1988 revelou a inadequação desse formalismo jurídico modernista, pautado na abstração do sujeito de direito e na desconsideração de reflexões políticas ou sociais no universo jurídico.[17] Inaugurou-se, a partir de então, uma ordem jurídica centrada na dignidade humana, personalista e solidarista,[18] que não se satisfaz com a igualdade

---

16. SOARES, Natália Fernandes. *Infância e direitos*: participação das crianças nos contextos de vida – representações, práticas e poderes. 2005. 492 f. Tese (Doutoramento em estudos da criança) – Universidade do Minho – Minho, 2005. p. 116.
17. Confira-se HESPANHA, António Manuel. *Cultura Jurídica Europeia*: síntese de um milénio. Coimbra: Almedina, 2017. p. 422 e PERLINGIERI, Pietro. *O direito civil na legalidade constitucional*. Trad. Maria Cristina de Cicco. Rio de Janeiro: Renovar, 2008. p. 92-98.
18. Ao fixar como fundamento da República a dignidade humana (art. 1º, III) e como objetivo, a construção de uma sociedade justa e solidária (art. 3º, I), a Constituição Federal de 1988 instaurou um ordenamento jurídico personalista e solidarista. Personalista, segundo Perlingieri, porque "[o] princípio da tutela da pessoa, como supremo princípio constitucional, funda a legitimidade do ordenamento e a soberania do Estado" e solidarista porque "[a] pessoa é inseparável da solidariedade: ter cuidado com o outro

formal de sujeitos abstratos e se dedica à garantia da igualdade substancial, que contempla os fatores de vulneração[19] dos sujeitos concretos.

Como reflexo disso, o diploma constitucional de 1988 impôs à família, à sociedade e ao Estado a obrigação de assegurar os direitos fundamentais da criança e do adolescente, com absoluta prioridade.[20] Eis, então, o marco normativo brasileiro de adoção do paradigma garantista da doutrina da proteção integral,[21] antecipando o que seria consagrado na Convenção Internacional sobre os Direitos da Criança (CSDC), aprovada pela Organização das Nações Unidas (ONU) pouco depois, em 1989, e promulgada pelo Brasil em 1990 (Decreto 99.710/1990).

A doutrina da proteção integral visa a assegurar a todas as crianças e adolescentes a satisfação de suas necessidades, nos seus aspectos gerais, independentemente de sua situação jurídica.[22] A proteção integral ocorre por meio não apenas da garantia de *direitos de proteção* (direito ao nome, identidade, nacionalidade, não discriminação, proteção contra a violência e maus-tratos), mas também da garantia de *direitos de provisão* (alimentos, habitação, educação) e *direitos de*

---

faz parte do conceito de pessoa." (PERLINGIERI, Pietro. *O direito civil na legalidade constitucional.* Trad. Maria Cristina de Cicco. Rio de Janeiro: Renovar, 2008. p. 460-461).

19. Heloísa Helena Barboza e Vitor Almeida explicam que a vulnerabilidade é uma condição ontológica de todo ser humano, dado o risco de ser ferido, existente em qualquer pessoa. No entanto, determinadas circunstâncias agravam essa vulnerabilidade ínsita ao ser humano e, por isso, exigem, ao lado da tutela geral (abstrata) da dignidade humana, uma tutela específica (concreta), que permita a efetivação de uma igualdade substancial. A esse respeito: "Se todas as pessoas são vulneráveis, é preciso estar atento a situações substanciais específicas, para que se identifique a tutela concreta a ser aplicada. Não basta em muitos casos invocar a tutela geral, implícita na Constituição da República, que protege todas as pessoas humanas em sua inerente vulnerabilidade. É indispensável verificar as peculiaridades das diferentes situações de cada grupo, como vem sendo feito com as crianças e adolescentes, com os consumidores e com a pessoa idosa." (BARBOZA, Heloísa Helena; ALMEIDA, Vitor. A tutela das vulnerabilidades na legalidade constitucional. In: TEPEDINO, Gustavo; TEIXEIRA, Ana Carolina Brochado; ALMEIDA, Vitor (Coord.). *Da dogmática à efetividade do direito civil*: anais do Congresso Internacional de Direito Civil Constitucional – IV Congresso do IBDCivil. Belo Horizonte: Fórum, 2017. p. 40).

20. Constituição Federal, art. 227. "É dever da família, da sociedade e do Estado assegurar à criança, ao adolescente e ao jovem, com absoluta prioridade, o direito à vida, à saúde, à alimentação, à educação, ao lazer, à profissionalização, à cultura, à dignidade, ao respeito, à liberdade e à convivência familiar e comunitária, além de colocá-los a salvo de toda forma de negligência, discriminação, exploração, violência, crueldade e opressão."

21. "Se a história constitucional brasileira pode se vangloriar da presença permanente da Declaração de Direitos e Garantias Individuais do Cidadão, a Constituição de 88, além de enumerá-los exaustivamente, no art. 5º, introduz na Doutrina Constitucional a declaração especial dos Direitos Fundamentais da Infanto-Adolescência, proclamando a 'Doutrina Jurídica da Proteção Integral' e consagrando os direitos específicos que devem ser universalmente reconhecidos." (PEREIRA, Tânia da Silva. *Direito da criança e do adolescente*: uma proposta interdisciplinar. 2. ed. rev. e atual. Rio de Janeiro: Renovar, 2008. p. 19).

22. CAVALIERI, Alyrio. Direito do menor: um direito novo. *Revista da Faculdade de Direito da Universidade Federal de Minas Gerais*, v. 27, n. 21, p. 392, maio 1979.

participação (nas decisões sobre a própria vida e instituições nas quais atua).[23] Contrapõem-se a ela as doutrinas do direito penal do menor e da situação irregular. Na primeira, o "menor" somente é considerado pelo direito enquanto pratica alguma infração e na segunda, quando se encontra em uma situação irregular, de patologia jurídico-social.[24]

Antes de 1988, portanto, o olhar jurídico para a criança era dirigido quando em situações desviantes. Em um primeiro momento as crianças deixam a total invisibilidade para serem alvo de ações assistenciais-caritativas: "as crianças e os adolescentes eram indistintamente denominados menores e eram tratados como objetos de proteção dos pais e do Estado, sendo juridicamente 'protegidos' pelo Código Civil ou pelo Código de Menores".[25] O "menor" que importava para a lei era apenas aquele em situação de abandono ou delinquência. Nas palavras de Elisa Cruz, "percebemos [a criança] num não lugar para o direito, porque ela não representa nenhum papel relevante. O ingresso no ordenamento jurídico se faz pela condição de filho ou menor [...]".[26]

O paradigma da situação irregular é fruto da fase tutelar visível nos Códigos de Menores de 1927 (Mello Matos) e 1979. Nas palavras de Claudio Amaral, esse período foi caracterizado "por uma visão mais objetificada que subjetivizada de crianças e adolescentes".[27] Nesse contexto, os "menores" eram considerados como meros objetos de tutela e, dessa forma, suas vontades não eram juridicamente consideradas, fazendo-se jus à origem etimológica do termo "infância", do latim

---

23. SARMENTO, Manuel Jacinto; PINTO, Manuel. As crianças e a financia: definindo conceitos delimitando o campo. In: PINTO, M.; SARMENTO, M. (Coord.). *As crianças*: contextos e identidades. Braga: Centro de Estudos da Criança da Universidade de Minho, 1997. p. 19.

24. Atribui-se ao civilista argentino Ubaldino Calvento a formulação das três doutrinas sobre o tratamento jurídico da infância, apresentada no I Congresso Ibero-Americano de Juízes de Menores realizado em 1979 na Nicarágua. São elas: "1ª – Doutrina da proteção integral – partindo dos Direito (*sic*) das crianças, reconhecidos pela ONU, a lei asseguraria a satisfação de todas as necessidades das pessoas de menor idade, nos seus aspectos gerais, incluindo-se as pertinentes à saúde, educação, recreação e profissionalização etc. 2ª – Doutrina do Direito Penal do Menor – somente a partir do momento em que o menor pratique um ato de delinquência interessa ao direito. 3ª – Doutrina intermédia da situação irregular – os menores são sujeitos de direito quando se encontrarem em estado de patologia social, definida legalmente." (CAVALIERI, Alyrio. Direito do menor: um direito novo. *Revista da Faculdade de Direito da Universidade Federal de Minas Gerais*, v. 27, n. 21, p. 392, maio 1979).

25. TEIXEIRA, Ana Carolina Brochado; VIEIRA, Marcelo de Mello. Construindo o direito à convivência familiar de crianças e adolescentes no Brasil: um diálogo entre as normas constitucionais e a Lei 8.069/1990. *Civilistica.com*, Rio de Janeiro, v. 4, n. 2, p. 2, 2015. Disponível em: http://civilistica.com/construindo-o-direito-a-convivencia-familiar/. Acesso em: 23 out. 2018.

26. CRUZ, Elisa Costa. *Guarda parental*: releitura a partir do cuidado. Rio de Janeiro: Processo, 2021. p. 23.

27. AMARAL, Cláudio do Prado. *Curso de direito da infância e da adolescência*. São Paulo: EdUsp, 2020. p. 56.

infans, "mudo, sem fala",[28] No direito romano esse termo era utilizado para se referir às crianças que ainda não podiam falar.[29]

Embora ainda distante do ideal de proteção concebido atualmente, o Código Mello Matos, instituído pelo Decreto 17.943-A de 1927, assim conhecido pela atuação do juiz de menores José Cândido de Albuquerque Mello Mattos, autor do projeto, representou um importante passo na consideração da criança pelo ordenamento jurídico, tirando-as da invisibilidade que as relegava a uma condição juridicamente semelhante à dos adultos, inclusive para fins criminais.[30] O Código se mostrou fruto de um movimento, também internacional, no sentido de diferenciação do tratamento jurídico da criança e do adolescente, pois pouco antes, em 1924, a Liga das Nações adotou a Declaração de Genebra sobre os Direitos da Criança, enunciando que:

> Todas as pessoas devem às crianças: meios para seu desenvolvimento; ajuda especial em momentos de necessidade; prioridade no socorro e assistência; liberdade econômica e proteção contra exploração; e uma educação que instile consciência e dever social.[31]

Mas a preocupação do Código Mello Matos era ainda o "menor" em situação irregular, aquele que estivesse em abandono ou delinquência, para quem o tratamento legal era rigoroso:

- não eram considerados sujeitos de direitos;
- não tinham assegurado o devido processo legal como garantia que precedia a imposição de medidas judiciais;
- sofriam pena de privação de liberdade pela institucionalização em orfanatos, escolas, hospitais etc., sob o pretexto de serem protegidos.[32]

O Código de Menores de 1979 manteve-se sob o espectro da doutrina da situação irregular, ampliando as técnicas de "controle social, objetivando conter a violência e a delinquência juvenil".[33]

---

28. INFANS. In: LEITE, J. F. Marques; JORDÃO, A. J. Novaes. *Dicionário latino vernáculo*. Rio de Janeiro: Labor Vincit, 1944. p. 239. No mesmo sentido: INFÂNCIA. In: BUENO, Francisco de Silveira. *Grande dicionário etimológico-prosódico da língua portuguêsa*. São Paulo: Saraiva, 1965. v. 4. p. 1920.
29. ARIÈS, Phillipe. *História social da criança e da família*. Trad. Dora Flaksman. 2. ed. Rio de Janeiro: LTC, 2015. p. 6.
30. AMARAL, Cláudio do Prado. *Curso de direito da infância e da adolescência*. São Paulo: EdUsp, 2020. p. 57.
31. UNICEF. *História dos direitos da criança*. Disponível em: https://www.unicef.org/brazil/historia-dos--direitos-da-crianca. Acesso em: 05 jul. 2023.
32. AMARAL, Cláudio do Prado. *Curso de direito da infância e da adolescência*. São Paulo: EdUsp, 2020. p. 59.
33. AMARAL, Cláudio do Prado. *Curso de direito da infância e da adolescência*. São Paulo: EdUsp, 2020. p. 61.

Entre as várias mudanças axiológicas promovidas pela Constituição Federal de 1988, a valorização da infância e da adolescência também repercutiu no sistema jurídico brasileiro,[34] seguindo as movimentações que se operavam no âmbito internacional dos direitos humanos.

A ruptura do paradigma da situação irregular é contemplada pelo Estatuto da Criança e do Adolescente (Lei 8.069/1990) que pormenorizou e reforçou a tutela constitucional, a partir do reconhecimento da condição peculiar da criança e do adolescente como pessoas em desenvolvimento,[35] recrudescendo a doutrina constitucional da proteção integral. Elucidou também a distinção entre crianças e adolescentes conforme o critério etário: considera-se criança a pessoa com menos de doze anos de idade e, adolescente, aquela entre doze anos completos e dezoito anos incompletos.[36]

Passa-se então à compreensão da criança e do adolescente não como um objeto passivo de proteção, submetido ao poder dos pais, mas como sujeitos ativos de direitos fundamentais[37] e, principalmente, segundo a expressão de Stefano Rodotà, como pessoas constitucionalizadas,[38] garantindo-se lhes a participação no processo decisório sobre os assuntos a elas concernentes, de acordo com o grau de maturidade e do estágio de desenvolvimento pessoal.

---

34. Constituição Federal, art. 227. "É dever da família, da sociedade e do Estado assegurar à criança, ao adolescente e ao jovem, com absoluta prioridade, o direito à vida, à saúde, à alimentação, à educação, ao lazer, à profissionalização, à cultura, à dignidade, ao respeito, à liberdade e à convivência familiar e comunitária, além de colocá-los a salvo de toda forma de negligência, discriminação, exploração, violência, crueldade e opressão."

35. ECA, art. 6º: "Na interpretação desta Lei levar-se-ão em conta os fins sociais a que ela se dirige, as exigências do bem comum, os direitos e deveres individuais e coletivos, e a condição peculiar da criança e do adolescente como pessoas em desenvolvimento."

36. ECA, art. 2º: "Considera-se criança, para os efeitos desta Lei, a pessoa até doze anos de idade incompletos, e adolescente aquela entre doze e dezoito anos de idade."

37. "Como 'sujeitos de direitos', ou seja, titulares de Direitos Fundamentais, crianças e adolescentes deixam de ser tratados como objetos passivos, passando a ser, como os adultos, titulares de 'Direitos Fundamentais'". (PEREIRA, Tânia da Silva. *Direito da criança e do adolescente*: uma proposta interdisciplinar. 2. ed. rev. e atual. Rio de Janeiro: Renovar, 2008. p. 26).

38. Segundo Rodotà, "[p]ode-se dizer que se passa da concepção kelseniana do sujeito como 'unidade personificada de normas', da própria pessoa física totalmente resolvida como 'unidade de deveres e direitos', à pessoa como caminho para a recuperação integral da individualidade e para a identificação dos valores fundantes do sistema, portanto, de uma noção que predizia indiferença e neutralidade para que que impõe atenção pela forma como o direito entra na vida, e se faz assim trâmite de um diferente conjunto de critérios de referência". No original: "*Si può dire che si passa dalla considerazione kelseniana del soggetto come 'unità personificata di norme', dalla stessa persona fisica tutta risolta in 'unità di doveri e diritti', alla persona come via per il recupero integrale dell'individualità e per l'identificazione dei valori fondativi del sistema, dunque da una nozione che predicava indifferenza e neutralità ad una che impone attenzione per il modo in cui il diritto entra nella vita, e si fa così tramite di un diverso insieme di criterio di riferimento.*" (RODOTÀ, Stefano. *Dal soggetto alla persona*. Napoli: Editoriale Scientifica, 2007. p. 25).

Seguindo essa linha, a CSDC, enquanto tratado internacional de direitos humanos com *status* supralegal, segundo decidido pelo STF,[39] entre outros direitos, preceituou o respeito à liberdade de expressão da criança e do adolescente, devendo-se sempre proporcionar a oportunidade de serem ouvidos em todo processo judicial ou administrativo que os afete, quer diretamente, quer por intermédio de um representante ou órgão apropriado.[40]

A criança e o adolescente, antes emudecidos, ganharam então voz e visibilidade. Seguindo a dogmática civil-constitucional, consagra-se o princípio do melhor interesse,[41] já previsto na Declaração sobre os Direitos da Criança de

---

39. A Constituição Federal de 1988 previu no art. 5º, § 2º que "[o]s direitos e garantias expressos nesta Constituição não excluem outros decorrentes do regime e dos princípios por ela adotados, ou dos tratados internacionais em que a República Federativa do Brasil seja parte." Contudo, para o reconhecimento da hierarquia constitucional, a Emenda Constitucional 45/2004 acrescentou a exigência do §3º: "Os tratados e convenções internacionais sobre direitos humanos que forem aprovados, em cada Casa do Congresso Nacional, em dois turnos, por três quintos dos votos dos respectivos membros, serão equivalentes às emendas constitucionais." Diante disso, em emblemático julgamento do Recurso Extraordinário 466.343-1, que tratava sobre a hierarquia normativa do Pacto de San José da Costa Rica, o Supremo Tribunal Federal firmou o entendimento segundo o qual os tratados de direitos humanos que não passaram pelo rito de aprovação do art. 5º, §3º gozam *status* supralegal, enquanto a hierarquia de emenda constitucional fica reservada apenas àqueles aprovados pelo quórum qualificado. Como a Convenção sobre os Direitos da Criança é anterior à exigência do §3º, ela não foi aprovada com o quórum especial, razão pela qual, conforme o entendimento atualmente adotado pelo STF, se depreende o seu *status* supralegal. Sobre o tema: RAMOS, André de Carvalho. *Curso de direitos humanos.* 4. ed. São Paulo: Saraiva, 2017. p. 478 e SARLET, Ingo Wolfgang. Considerações a respeito das relações entre a Constituição Federal de 1988 e os tratados internacionais de direitos humanos. *Revista do TST*, Brasília, v. 77, n. 4, p. 162-185, out./dez. 2011.
40. CSDC, art. 12: 1. "Os Estados-Partes assegurarão à criança que estiver capacitada a formular seus próprios juízos o direito de expressar suas opiniões livremente sobre todos os assuntos relacionados com a criança, levando-se devidamente em consideração essas opiniões, em função da idade e maturidade da criança. 2. Com tal propósito, se proporcionará à criança, em particular, a oportunidade de ser ouvida em todo processo judicial ou administrativo que afete a mesma, quer diretamente quer por intermédio de um representante ou órgão apropriado, em conformidade com as regras processuais da legislação nacional."
41. Heloísa Helena Barboza recorda que a inexistência de previsão expressa do princípio do melhor interesse no Estatuto da Criança e do Adolescente não é justificativa para sua refutação. Em seus dizeres, a autora afirma que "não merece prosperar a crítica dos menoristas, no sentido de ter o Estatuto abandonado o princípio do melhor interesse da criança. Ao contrário, em lugar da cláusula genérica – bem-estar – e em lugar dos interesses, foram expressos os direitos da criança e do adolescente em sede constitucional (art. 227 da CF), ao se estabelecer como dever da família, da sociedade e do Estado assegurar-lhes, com absoluta prioridade, o direito à vida, à saúde, à alimentação, à educação, ao lazer, à profissionalização, à cultura, à dignidade, ao respeito, à liberdade e à convivência familiar e comunitária, além de colocá-los a salvo de toda forma de negligência, discriminação, exploração, violência, crueldade e opressão." E artigos 4º e 5º do Estatuto, com ligeiras alterações de redação, repetem a fórmula constitucional." E conclui que: "[r]azoável, por conseguinte, afirmar-se que a doutrina da proteção integral, de maior abrangência, não só ratificou o princípio do melhor interesse da criança como critério hermenêutico como também lhe conferiu natureza constitucional, como cláusula genérica que em parte se traduz através dos direitos fundamentais da criança e do adolescente expressos no texto da Constituição Federal." (BARBOZA, Heloísa Helena. O princípio do melhor interesse da criança e do adolescente. Congresso Brasileiro de Direito de Família – A família na travessia do milênio, 2., 2000, Belo Horizonte. *Anais...* Belo Horizonte: Del Rey, 2000. v. 1. p. 201-213. p. 206).

1959, e reforçado na CSDC, segundo o qual "[t]odas as ações relativas às crianças, levadas a efeito por instituições públicas ou privadas de bem-estar social, tribunais, autoridades administrativas ou órgãos legislativos, devem considerar, primordialmente, o interesse maior da criança".[42]

Essa mudança de tratamento jurídico da infanto-adolescência reverberou sobre o direito de família, desconstruindo-se a relação de sujeição antes reservada à criança e ao adolescente frente a seus pais e substituindo-a por um processo dialógico destinado ao livre desenvolvimento da personalidade do filho. Nesse processo, a participação da criança e do adolescente consolida a função emancipatória da relação paterno-materno-filial, no sentido de estimular a aquisição da autonomia responsável pelos filhos durante a infância e adolescência.[43]

Conforme ressaltado por Ana Carolina Brochado Teixeira, não se poderia dizer, contudo, que durante a menoridade, os filhos já sejam independentes porquanto não são ainda capazes de responder pelos próprios atos e por isso não podem usufruir plenamente do direito fundamental à liberdade, embora já façam jus a uma "liberdade vigiada",[44] cuja amplitude se estende conforme aumenta o grau de discernimento.[45]

O alerta é pertinente, pois o desenvolvimento da própria personalidade se dá de forma gradativa e a proteção especial implica o reconhecimento dessa con-

---

42. CSDC, art. 3.1. "Vale esclarecer que o texto original da Convenção se refere a *best interest*, de modo que a tradução brasileira para "maior interesse" está eivada de equívoco que merece ser reparado, eis que o critério é qualitativo (melhor interesse) e não quantitativo (maior interesse)."

43. A relevância da autonomia para o livre desenvolvimento da personalidade é assim destacada por Maria Celina Bodin de Moraes: "O primeiro requisito para o livre e pleno desenvolvimento da personalidade humana é o fato de a pessoa ser dotada de discernimento e vontade própria, ou, em uma palavra, de autonomia. O agir livre e autônomo tem sido associado ao adequado desenvolvimento humano pelas mais diversas áreas do conhecimento, sendo uma vinculação amplamente aceita e propalada por autores das mais variadas correntes de pensamento. Pouco se comenta, porém, que é no âmbito familiar que o indivíduo começa a desenvolver sua personalidade de modo saudável e a construir a autonomia de que precisará futuramente, no meio social, para a condução de uma sociedade democrática – que se revelará igualmente fundamental para a sua existência digna." (MORAES, Maria Celina Bodin de. A nova família, de novo: estruturas e função das famílias contemporâneas. *Pensar*, Fortaleza, v. 18, n. 2, p. 595, maio/ago. 2013. Disponível em: http:// http://periodicos.unifor.br/rpen/article/view/2705. Acesso em: 23 out. 2018).

44. TEIXEIRA, Ana Carolina Brochado. Autoridade parental. In: TEIXEIRA, Ana Carolina Brochado; RIBEIRO, Gustavo Pereira Leite (Coord.). *Manual de direito das famílias e das sucessões*. Rio de Janeiro: Processo, 2017. p. 230-231.

45. TEIXEIRA, Ana Carolina Brochado. Autoridade parental. In: TEIXEIRA, Ana Carolina Brochado; RIBEIRO, Gustavo Pereira Leite (Coord.). *Manual de direito das famílias e das sucessões*. Rio de Janeiro: Processo, 2017. p. 230-231.

dição como fator de discriminação lícita[46] para justificar a redução da liberdade da pessoa protegida.[47]

É indispensável, porém, que o processo educativo seja dialógico, que melhor propicie a aquisição de responsabilidade pelo filho e, assim, favoreça o exercício da autonomia, em grau tão maior quanto seja a sua maturidade concreta.

Alcança-se, assim, uma importante premissa para a compreensão da emancipação civil: a *agência*, segundo os termos da sociologia, ou o *direito à participação* enquanto reconhecido direito humano, exigem a reconstrução da situação jurídica da criança e do adolescente, especialmente quanto a seu estatuto familiar e individual, ou seja, quanto à sua posição nas relações jurídicas de família e com terceiros, por meio da capacidade civil.

1.3 UMA NOVA IDENTIDADE PARA O PODER FAMILIAR: A EMERGÊNCIA DA AUTORIDADE PARENTAL

A partir de seu perfil estrutural, o poder familiar pode ser conceituado como "o conjunto de direitos e deveres atribuídos aos pais, em relação à pessoa e aos bens dos filhos não emancipados, tendo em vista a proteção destes".[48] O conceito dado por Silvio Rodrigues destaca a finalidade e, com isso, a função precípua do poder familiar: a proteção dos filhos, o que converge com a normativa protecionista instaurada, sobretudo a partir da Constituição Federal de 1988.

Permeará também o conteúdo do poder familiar as diretrizes fixadas pela CSDC, de tal modo que a proteção especial da criança e do adolescente implica reconhecê los como sujeitos de direitos fundamentais e garantir-lhes a participação nas decisões que os envolvam, de acordo com o grau de maturidade.[49] A relação paterno-materno-filial ganha, então, um perfil dinâmico, que,

---

46. Refere-se ao reconhecimento de uma desigualdade de fato que permite o tratamento jurídico diferenciado, portanto, legitima a redução do direito fundamental à liberdade das crianças e adolescentes. Nesse sentido: "O princípio da igualdade supera a posição formal da paridade de tratamento para realizar a igualdade substancial: quando existe desigualdade de fato, não existe espaço para a paridade de tratamento." (PERLINGIERI, Pietro. *O direito civil na legalidade constitucional*. Trad. Maria Cristina de Cicco. Rio de Janeiro: Renovar, 2008. p. 480).

47. Segundo Tânia da Silva Pereira: "[...]a proteção pressupõe uma desigualdade (um é mais forte que o outro) e uma redução real da liberdade do ser humano protegido: ele deve ater-se às instruções que o protetor lhe dá e é defendido contra terceiros (outros adultos e autoridade pública) pelo protetor." (PEREIRA, Tânia da Silva. O reconhecimento dos direitos fundamentais da criança e adolescente no sistema jurídico brasileiro. In: MATOS, Ana Carla Harmatiuk (Org.). *A construção dos novos direitos*. Porto Alegre: Nuria Fabris, 2008. p. 316).

48. RODRIGUES, Silvio. *Direito civil*: direito de família. 27. ed. São Paulo: Saraiva, 2002. p. 398.

49. Corrobora essa afirmação a lição de Ana Carolina Brochado Teixeira, para quem: "[a]ntes predominantemente hierárquica e patriarcal, a relação paterno/materno-filial transmuta-se para uma perspectiva dialogal, ou seja, é perpassada pela compreensão mútua e pelo diálogo, pois a criança e o

segundo Gustavo Tepedino, implica o decréscimo progressivo da intervenção dos pais sobre o discernimento e a vontade dos filhos conforme o estágio de desenvolvimento da criança ou do adolescente supera a falta de maturidade própria de cada idade.[50]

O protagonismo da criança e do adolescente na família afasta o poder familiar de suas raízes históricas associadas a *patria potestas* do direito romano, que representava a legitimação do poder do *pater* no âmbito familiar.

No direito brasileiro pré-codificado, a influência romana perdurava na formação da família considerada legítima, submetendo os filhos-famílias, ou seja, aqueles nascidos de justas núpcias, ao poder do pai.[51] Naquele momento, a função do então pátrio poder se traduzia em uma afirmação de hegemonia da figura masculina e na delimitação da família legítima. Filhos oriundos de relações não matrimoniais não eram considerados filhos-famílias e, assim, não estavam submetidos ao pátrio poder.

A concentração de poderes ao homem chefe da família, herança do direito pré-codificado, que perdurou no Código Civil de 1916,[52] estabelecia uma relação familiar hierarquizada perante filhos e cônjuge. Além disso, o interesse dos filhos não era considerado de forma preponderante, como aponta Fachin:

---

adolescente – valorizados que foram como protagonistas da família – também se tornaram sujeitos ativos no âmbito da própria educação." (TEIXEIRA, Ana Carolina Brochado. Autoridade parental. In: TEIXEIRA, Ana Carolina Brochado; RIBEIRO, Gustavo Pereira Leite (coord.). *Manual de direito das famílias e das sucessões*. Rio de Janeiro: Processo, 2017. p. 228).

50. "Assim, a relação entre pais e filhos apresenta-se, na atualidade, como processo dialógico, que substitui o anterior estado de subordinação no qual o filho figurava como sujeito passivo de mecanismo autoritário – estático e unilateral – de transmissão de informações. Torna-se indispensável, portanto, que a relação parental seja examinada em seu perfil dinâmico, no âmbito do processo educacional, de modo a que os filhos possam, aos poucos, libertar-se da vulnerabilidade inerente ao natural déficit de maturidade que lhes é característico, decrescendo-se, progressivamente, em consequência, o grau de intervenção dos pais sobre o seu discernimento e sua vontade, supridos, em intensidade variada, durante a incapacidade." (TEPEDINO, Gustavo. A tutela constitucional da criança e do adolescente: projeções civis e estatutárias. In: SARMENTO, Daniel; IKAWA, Daniela; PIOVESAN, Flávia. *Igualdade, diferença e direitos humanos*. Rio de Janeiro: Lumen Juris, 2008. p. 872).

51. SILVA, Marcos Alves da. *Do pátrio poder à autoridade parental*. Rio de Janeiro: Renovar, 2002. p. 41.

52. "Na perspectiva do sistema antigo, o direito à paternidade era um direito limitado, restrito. O que significava que alguém podia ser filho do ponto de vista biológico, mas não alcançava seu *status* jurídico de filho, não tendo, portanto, direitos subjetivos inerentes a essa condição. O artigo 1605 do Direito das Sucessões, era uma prova clara disso: os filhos adotivos recebiam a metade daquilo que cabia aos demais a título de herança, dependendo do momento em que a adoção se realizava. Os 'unilaterais' passavam por um tratamento diferenciado no plano do direito à sucessão, e, obviamente, os espúrios estavam excluídos do direito sucessório pelo artigo 358, uma vez que não poderiam ser alçados à condição de filhos." (FACHIN, Luiz Edson. *Teoria crítica do direito civil*. 3. ed. Rio de Janeiro: Renovar, 2012. p. 210-211).

> [...] quando se dizia que o filho extramatrimonial não podia ser reconhecido, levava-se em conta, também, um interesse: o interesse do marido como chefe da sociedade conjugal e, via de consequência, da instituição matrimonial, emergindo a concepção transpessoal da família.[53]

Esse paradigma foi superado na concepção contemporânea. Atualmente, se compreende o poder familiar como "um poder-dever posto no interesse exclusivo do filho e com a finalidade de satisfazer as suas necessidades existenciais, consideradas mais importantes, conforme prevê a cláusula geral de tutela da pessoa humana".[54]

Além disso, a família se democratizou[55] a partir da imposição de igualdade de gênero e na filiação, consagradas na Constituição Federal de 1988.[56] Passa-se a uma concepção eudemonista de família, em que importam os interesses de cada um de seus membros, invertendo-se a lógica de proteção da família enquanto instituição, tutelável em si e para si.[57]

As mudanças socioculturais que afetam o conteúdo do poder familiar são também reveladas pelas mudanças de nomenclatura. Enquanto o Código Civil de 1916 empregava a expressão pátrio poder, o Código Civil de 2022 emprega a expressão *poder familiar*, que melhor exprime a concepção democratizada de família, não apenas pela dignificação dos filhos na Constituição Federal de 1988, mas também pela igualdade na relação conjugal contemplada também constitucionalmente.[58]

Até mesmo a expressão *poder familiar* é criticada em doutrina.[59] Por isso, sob a inspiração do direito francês, caminha-se para a adoção de outra terminologia com referência à relação paterno/materno-filial: *autoridade parental*.[60] Assim,

---

53. FACHIN, Luiz Edson. *Teoria crítica do direito civil*. 3. ed. Rio de Janeiro: Renovar, 2012. p. 213.
54. MORAES, Maria Celina Bodin de. Danos morais em família? Conjugalidade, parentalidade e responsabilidade civil. *Na medida da pessoa humana*. Rio de Janeiro: Renovar, 2010. p. 447-448.
55. "Ora, a família democrática nada mais é do que a família em que a dignidade de seus membros, das pessoas que a compõem, é respeitada, incentivada e tutelada. Do mesmo modo, a família 'dignificada', isto é, abrangida e conformada pelo conceito de dignidade humana é necessariamente, uma família democratizada." (MORAES, Maria Celina Bodin. A família democrática. *Na medida da pessoa humana*. Rio de Janeiro: Renovar, 2010. p. 214).
56. Arts. 226, § 5º e 227, § 6º, respectivamente.
57. FACHIN, Luiz Edson. *Teoria crítica do direito civil*. 3. ed. Rio de Janeiro: Renovar, 2012. p. 213.
58. A igualdade de gêneros foi contemplada na Constituição Federal no art. 5º, I e, especialmente nas relações familiares, no art. 226, §5º.
59. Por todos: FACHIN, Luiz Edson. Do *pater familias* à autoridade parental. *Revista do Advogado*, v. 31, n. 112, p. 99-103, jul. 2011.
60. Para Villela: "Novas designações para o clássico instituto do pátrio poder procuram expressar o empenho dominante com o seu efetivo conteúdo. A lei francesa 70-459, de 4 de junho de 1970, é, sob esse aspecto, verdadeiramente paradigmática: substitui a antiga expressão *puissance paternelle* do Code Napoléon, tradução literal da *patria potestas* do direito romano, por *autorité parentale*. Aqui não só se denota a dupla atribuição da função no adjetivo *parental*, comum de pai e mãe, por oposição a *paternel*, só relativo a pai-varão. Igualmente se depõe o termo *poder*, em favor de *autoridade*. Ora, *autoridade* é um

seriam afastados os resquícios de autoritarismo arraigados no termo "poder", além de melhor exprimir o titular dessa autoridade, que não é a família em si, mas sim os pais.[61]-[62]

Para além da nomenclatura, é importante reconhecer que o conteúdo da autoridade parental ou do poder familiar – como denominado pela lei – sofreu substancial alteração diante da ordem constitucional e das normas protetivas da infância e da adolescência, cuja força transformadora e cogente há de ser reconhecida.

Heloísa Helena Barboza afirmou que "o Estatuto *se aplica a toda e qualquer criança ou adolescente*, impondo consequente e necessária interpretação de *todas* as normas relativas aos menores de idade à luz dos princípios ali estabelecidos".[63] Imprescindível, diante disso, a conformação do direito privado com a proteção deferida às crianças e aos adolescentes pela Constituição e pelas demais normas protetivas.[64]

---

conceito dominado pela idéia de função e na sua linhagem evangélica toma o sentido mais profundo de dom e serviço." (VILLELA, João Baptista. *Liberdade e família*. Belo Horizonte: Edição da Faculdade de Direito da UFMG, 1980. p. 29).

61. Ao explicar a adoção da expressão "autoridade parental", Ana Carolina Brochado Teixeira afirma que: "Decerto, poder familiar é mais adequado do que pátrio poder, embora ainda não seja a expressão mais recomendável. No entanto, poder sugere autoritarismo, supremacia e comando, ou seja, uma concepção diferente do que o ordenamento jurídico pretende para as relações parentais. Já a expressão familiar não sugere que sua titularidade caiba apenas aos pais, mas que seja extensivo a toda a família. Não obstante autoridade também contenha traços de poder, traduz, de forma preponderante, uma relação de ascendência; é a força da personalidade de alguém que lhe permite exercer influências sobre os demais, sua conduta e reflexões." (TEIXEIRA, Ana Carolina Brochado. Autoridade parental. In: TEIXEIRA, Ana Carolina Brochado; RIBEIRO, Gustavo Pereira Leite (Coord.). *Manual de direito das famílias e das sucessões*. Rio de Janeiro: Processo, 2017. p. 226).

62. Em sentido contrário, Giselle Groeninga a partir de fundamentos psicanalíticos, defende a utilização da expressão "poder familiar". Para a autora, a carga semântica negativa atribuída ao termo "poder" é injustificada, pois o poder não é necessariamente despótico, autoritário. Para ela, o poder na família é exercido dinâmica e dialeticamente, em relações de complementaridade. Sobre isso: "A expressão Poder Familiar encerra possibilidades mais amplas que a autoridade a que os filhos estão submetidos; também traduz a potência afetiva que caracteriza uma família. O Poder Familiar encerra a noção de potência da ligação afetiva, que abarca também o dever de solidariedade e cuidado que caracteriza as relações familiares, *vis-à-vis* outras instituições. Estas devem, no plano público e político, proteger a família e prestar-lhe assistência." (GROENINGA, Giselle Câmara. *Direito à convivência entre pais e filhos*: análise interdisciplinar com vistas à eficácia e sensibilização de suas relações no poder judiciário. 2011. 260 f. Tese (Doutorado em Direito) – Faculdade de Direito, USP. São Paulo, 2011. p. 98). Apesar das justas razões expostas pela autora, adota-se nesse trabalho a expressão "autoridade parental" em sentido jurídico, a fim de reforçar a constitucionalização do conteúdo do vínculo jurídico entre pais e filhos.

63. BARBOZA, Heloísa Helena. O Estatuto da Criança e do Adolescente e a disciplina da filiação no Código Civil. In: PEREIRA, Tânia da Silva. *O melhor interesse da criança*: um debate interdisciplinar. Rio de Janeiro: Renovar, 2000. p. 104.

64. Segundo Heloísa Helena Barboza: "[n]essa linha, o Código Civil sofreu direta interferência da Lei 8.068/90, acarretando não só a derrogação de alguns de seus dispositivos, mas especialmente im-

Isso porque as diversas fontes que revelam normas endereçadas à criança e ao adolescente se inter-relacionam e compõem o ordenamento jurídico, que é uno, complexo[65] e fincado na legalidade constitucional. Sendo assim, o sentido do sistema jurídico se deduz não apenas do conteúdo de uma norma, mas sim confrontando-se cada uma com as demais e verificando-se a sua coerência constitucional.[66] Trata-se de reconhecer que "[a] unidade interna não é um dado contingente mas, ao contrário, é essencial ao ordenamento, sendo representado pelo complexo de relações e de coligações efetivas e potenciais entre as normas individuais e entre os institutos".[67]

É por essa razão que não somente se justifica, mas se impõe uma interpretação sistemática das normas jurídicas vigentes no ordenamento brasileiro acerca da proteção da infância e da adolescência, a fim de identificar as suas necessárias conexões. E por isso também que o conteúdo do poder familiar – *rectius*, autoridade parental, se constitucionalizou, passando a ser referenciado na proteção dos filhos incapazes pela idade, enquanto pessoas vulneráveis, mais do que na posição jurídica ocupada pelos pais.

Desse modo, a criança e o adolescente tornam-se coprotagonistas das relações familiares, com direito à participação conforme sua idade e maturidade concreta, a despeito da incapacidade civil absoluta ou relativa. A autoridade parental se remodela a partir do cuidado enquanto valor jurídico[68] e não mais por

---

pondo nova interpretação a outros. Vale dizer: o Estatuto da Criança e do Adolescente é lei especial que ao disciplinar a proteção integral à criança e ao adolescente, atingiu necessariamente as relações familiares regulamentadas pelo Código Civil, que devem se amoldar à nova doutrina." (BARBOZA, Heloísa Helena. O Estatuto da Criança e do Adolescente e a disciplina da filiação no Código Civil. In: PEREIRA, Tânia da Silva. *O melhor interesse da criança*: um debate interdisciplinar. Rio de Janeiro: Renovar, 2000. p. 109).

65. Adota-se a metodologia civil-constitucional de Pietro Perlingieri, para quem "o ordenamento, por mais complexo que seja, independentemente do tipo de complexidade que o caracterize, só pode ser uno, embora resultante de uma pluralidade de fontes e componentes." (PERLINGIERI, Pietro. *O direito civil na legalidade constitucional*. Trad. Maria Cristina de Cicco. Rio de Janeiro: Renovar, 2008. p. 201). Para o conceito de sistema jurídico, cf. CANARIS, Claus-Wilhelm. *Pensamento sistemático e conceito de sistema na ciência do direito*. 2. ed. Lisboa: Calouste Gulbenkian, 1996.

66. Nas palavras do autor: "Se o critério de fundação do sistema é decididamente conteudístico, fruto, portanto, da elaboração, das coligações, entre um instituto e outro, o sentido do sistema se deduz não no esplêndido isolamento das relações do intérprete com o conteúdo de cada norma, mas sempre confrontando cada norma com todas as outras, verificando a sua coerência constitucional." (PERLINGIERI, Pietro. *O direito civil na legalidade constitucional*. Trad. Maria Cristina de Cicco. Rio de Janeiro: Renovar, 2008. p. 627).

67. PERLINGIERI, Pietro. *O direito civil na legalidade constitucional*. Trad. Maria Cristina de Cicco. Rio de Janeiro: Renovar, 2008. p. 628.

68. TEIXEIRA, Ana Carolina Brochado; NEVARES, Ana Luiza Maia; VALADARES, Maria Goreth Macedo; MEIRELES, Rose Melo Vencelau. O cuidado com o menor de idade na observância da sua vontade. In: PEREIRA, Tânia da Silva; OLIVEIRA, Guilherme de. *O cuidado como valor jurídico*. Rio de Janeiro: Forense, 2008. p. 335-356.

um poder senhorial, inaugurando-se uma nova ética no tratamento de crianças e adolescentes no seio familiar.

As profundas mudanças sobre a compreensão das potencialidades das crianças e dos adolescentes que atingem o âmago do poder familiar, a ponto de renovar a sua rotulação para autoridade parental, exigem também uma melhor compreensão sobre o regime de incapacidades civis e seus meios de suprimento, o que será desenvolvido em seguida.

1.4 CAPACIDADE CIVIL E ESTATUTO JURÍDICO DA PESSOA

1.4.1 Capacidade e personalidade

Será que todas as pessoas são iguais perante a lei? Diante do *caput* do artigo 5º da Constituição Federal de 1988, a resposta afirmativa parece óbvia. Mas a realidade não é tão certa assim. Refletindo sobre a pessoa enquanto categoria jurídica, assinala Judith Martins-Costa: "[é] uma noção incômoda porque nos obriga a lidar com a complexa realidade física, psíquica, espiritual e contingencial dos seres humanos, com a sua concreta desigualdade".[69]

A pessoa como conceito jurídico abstrato e geral, se por um lado reforça o princípio da igualdade formal, de outro desconsidera a individualidade inerente a cada ser humano.[70] Ainda nos dizeres de Martins-Costa: "[p]or detrás da ficção jurídica temos as pessoas de corpo, mente e alma e os seus interesses, patrimoniais, extrapatrimoniais e existenciais, ligados à esfera da personalidade humana [...]".[71]

A insuficiência da igualdade formal na promoção da dignidade humana ensejou então a construção normativa da igualdade substancial, que, sem

---

69. MARTINS-COSTA, Judith. Capacidade para consentir e esterilização de mulheres tornadas incapazes pelo uso de drogas: notas para uma aproximação entre a técnica jurídica e a reflexão bioética. In: MARTINS-COSTA, Judith; MOLLER, Letícia Ludwig (Org.). *Bioética e responsabilidade*. Rio de Janeiro: Forense, 2009. p. 314.

70. Em estudo sobre o princípio da igualdade na perspectiva do direito italiano, Giorgio del Vecchio afirma: "Podemos indagar-nos, depois disso, que coisa significam as fórmulas constantemente repetidas: 'A lei é igual para todos' e 'Todos os cidadãos são iguais perante a lei'. Evidentemente, se entendidas ao pé da letra, essas fórmulas, e especialmente a primeira, levaria (sic) às conseqüências mais absurdas, como se um tratamento igual devesse ser dispensado aos inocentes e aos culpados, às crianças e aos adultos. Mas, elas querem realmente significar que no Estado não há ninguém superior às leis (*legibus solutus*) e que estão abolidos antigos privilégios, por exemplo, a favor da nobreza hereditária, devendo todos os cidadãos ser considerados no mesmo pé." (VECCHIO, Giorgio del. Igualdade e desigualdade perante a justiça. *Revista da Faculdade de Direito da Universidade de São Paulo*, v. 61, p. 39, 1966).

71. MARTINS-COSTA, Judith. Capacidade para consentir e esterilização de mulheres tornadas incapazes pelo uso de drogas: notas para uma aproximação entre a técnica jurídica e a reflexão bioética. In: MARTINS-COSTA, Judith; MOLLER, Letícia Ludwig (Org.). *Bioética e responsabilidade*. Rio de Janeiro: Forense, 2009. p. 314.

excluir a primeira,[72] prevê o tratamento jurídico isonômico mais adequado à pluralidade das culturas e das formas de ser de cada pessoa.[73] Por isso, o princípio da igualdade – formal e material – assume a função de evitar qualquer disparidade injustificada no acesso a bens e oportunidades da vida,[74] o que configura a premissa necessária para a compreensão das noções de pessoa, personalidade e capacidade jurídica.

Segundo o conceito técnico-jurídico, *capacidade de direito* é a aptidão para ser sujeito de direitos concedida pela ordem jurídica.[75] Trata-se de atributo que não depende da consciência ou da vontade do indivíduo.[76] Quem detém essa aptidão é considerado *pessoa* e, consequentemente, está apto a figurar em relações jurídicas.[77]

Sob o ponto de vista estrutural, *capacidade de direito* e *personalidade* se confundem, pois ambas as noções se referem à possibilidade de ser sujeitos de

---

72. A igualdade formal não é supérflua, ao contrário, ela integra o princípio da igualdade, ao lado da igualdade material, em uma relação de complementaridade. Contra o pretenso antagonismo entre as noções de igualdade formal e material, afirma Perlingieri: "A igualdade dita formal, que teve o seu berço no iluminismo francês, é hoje, um patrimônio comum das sociedades civis. Isto não obstante seria ingênuo pensar que a sua tradução em norma possa parecer supérflua; e isto porque em parte ainda deve ser realizada, e também porque sempre corre perigo a cada período de crise de valor do homem." (PERLINGIERI, Pietro. *O direito civil na legalidade constitucional*. Trad. Maria Cristina de Cicco. Rio de Janeiro: Renovar, 2008. p. 483).

73. Maria Celina Bodin de Moraes elucida: "Logo se iria verificar, contudo, que essa espécie de igualdade, apenas formal, era insuficiente para atingir o fim desejado, isto é, não privilegiar nem discriminar, uma vez que as pessoas não detêm idênticas condições sociais, econômicas ou psicológicas. Adotou-se, então, normativamente, uma outra forma de igualdade, a chamada igualdade substancial, cuja medida prevê a necessidade de tratar as pessoas, quando desiguais, em conformidade com a sua desigualdade; essa passou a ser a formulação mais avançada da igualdade de direitos." (MORAES, Maria Celina Bodin de. *Danos à pessoa humana*: uma leitura civil-constitucional dos danos morais. Rio de Janeiro: Renovar, 2009. p. 86).

74. Para Perlingieri: "A igualdade, na realidade, deve ser entendida não como regra absoluta, garantia de uniformidade no resultado, mas como parâmetro da razão justificadora da disciplina, de forma a compatibilizar esta última com todo o sistema normativo e a permitir interpretar os regulamentos individuais segundo justiça, evitando qualquer disparidade injustificada no acesso a bens ou a oportunidades da vida." (PERLINGIERI, Pietro. *O direito civil na legalidade constitucional*. Trad. Maria Cristina de Cicco. Rio de Janeiro: Renovar, 2008. p. 497).

75. Por todos: MARTINS-COSTA, Judith. Capacidade para consentir e esterilização de mulheres tornadas incapazes pelo uso de drogas: notas para uma aproximação entre a técnica jurídica e a reflexão bioética. In: MARTINS-COSTA, Judith; MOLLER, Letícia Ludwig (Org.). *Bioética e responsabilidade*. Rio de Janeiro: Forense, 2009. p. 314.

76. "A criança, mesmo recém-nascida, o deficiente mental ou o portador de enfermidade que desliga o indivíduo do ambiente físico ou moral, não obstante a ausência de conhecimento da realidade, ou a falta de reação psíquica, é uma pessoa, e por isso mesmo dotado de personalidade, atributo inseparável do homem dentro da ordem jurídica, qualidade que não decorre do preenchimento de qualquer requisito psíquico e também dele inseparável." (PEREIRA, Caio Mário da Silva. *Instituições de direito civil*. 29. ed. Rio de Janeiro: Forense, 2016. v. 1. p. 181).

77. Por todos: MARTINS-COSTA, Judith. Capacidade para consentir e esterilização de mulheres tornadas incapazes pelo uso de drogas: notas para uma aproximação entre a técnica jurídica e a reflexão bioética. In: MARTINS-COSTA, Judith; MOLLER, Letícia Ludwig (Org.). *Bioética e responsabilidade*. Rio de Janeiro: Forense, 2009. p. 314.

direitos.[78] Nada obstante seja possível encontrar em doutrina, ainda que menos frequentemente, diferenciação entre ambas afirmando-se que personalidade é um valor que se materializa na capacidade.[79]

Mas outro sentido pode ser dado à *personalidade,* de acordo com a perspectiva funcional,[80] na qual se identifica a sua inerência à dignidade humana. Essa acepção emerge da repersonalização do direito civil[81] a partir dos valores constitucionais, em que se confere prevalência à tutela das situações existenciais sobre as patrimoniais. Logo, a equiparação da pessoa natural e da pessoa jurídica revelou-se inadequada, uma vez que a segunda, embora seja também sujeito de direitos e detentora de personalidade jurídica, obviamente não goza da proteção decorrente da dignidade que é exclusiva da pessoa natural. Por isso, esse outro sentido de *personalidade* reserva-se tão somente à pessoa natural.[82-83]

---

78. Sobre os conceitos de capacidade e personalidade, anote-se que a polissemia da palavra *personalidade,* em determinada acepção, confunde-a com o conceito de capacidade de direito ou de gozo: "É que a personalidade, a rigor, pode ser considerada sob dois pontos de vista. Sob o ponto de vista dos atributos da pessoa humana, que a habilita a ser sujeito de direito, tem-se a personalidade como capacidade, indicando a titularidade das relações jurídicas. É o ponto de vista estrutural (atinente à estrutura das situações jurídicas subjetivas), em que a pessoa, tomada em sua subjetividade, identifica-se como o elemento subjetivo das situações jurídicas. De outro ponto de vista, todavia, tem-se a personalidade como conjunto de características e atributos da pessoa humana, considerada como objeto de proteção por parte do ordenamento jurídico." (TEPEDINO, Gustavo. A tutela da personalidade no ordenamento civil-constitucional. *Temas de direito civil.* Rio de Janeiro: Renovar, 2008. p. 29).

79. AMARAL, Francisco. *Direito civil*: introdução. 9. ed. São Paulo: SaraivaJur, 2017. p. 321.

80. Refere-se aqui à função sociojurídica do instituto situado no contexto da legalidade constitucional: a personalidade superou a sua concepção meramente estrutural quando a Constituição Federal deferiu à pessoa humana especial tutela jurídica decorrente de sua dignidade inerente. Por isso, a personalidade atrelada à pessoa natural exerce a função sociojurídica de proteção da dignidade e, assim, perpassa a concepção estrutural atribuída pela doutrina tradicional de mera "aptidão para ser sujeito de direitos". Segundo Perlingieri, "[n]a individuação da natureza dos institutos concorrem estrutura e função, mas é esta última, como síntese dos efeitos essenciais e característicos, produzidos ainda que de forma diferida, a tipificar a *fattispecie*." (PERLINGIERI, Pietro. *O direito civil na legalidade constitucional.* Trad. Maria Cristina de Cicco. Rio de Janeiro: Renovar, 2008. p. 118).

81. Sobre o tema, ensina Pietro Perlingieri: "Com o termo, certamente não elegante, de 'despatrimonialização' individualiza-se uma tendência normativo-cultural: evidencia-se que no ordenamento fez-se uma opção, que lentamente vai se concretizando, entre personalismo (superação ao individualismo) e patrimonialismo (superação da patrimonialidade fim a si mesma, do produtivismo, antes, e do consumismo, depois, como valores)." (PERLINGIERI, Pietro. *O direito civil na legalidade constitucional.* Trad. Maria Cristina de Cicco. Rio de Janeiro: Renovar, 2008. p. 121).

82. Nesse sentido: "Note-se que, a rigor, há dois sentidos técnicos para o conceito de personalidade. O primeiro confunde-se com a noção de capacidade de gozo, associando-se à qualidade para ser sujeito de direito, conceito aplicável tanto às pessoas físicas quanto às jurídicas. O segundo, por outro lado, traduz o conjunto de características e atributos da pessoa humana, considerada como objeto de proteção prioritária pelo ordenamento, sendo peculiar, portanto, à pessoa natural." (TEPEDINO, Gustavo; OLIVA, Milena Donato. Personalidade e capacidade na legalidade constitucional. In: MENEZES, Joyceane Bezerra de. *O direito das pessoas com deficiência psíquica e intelectual nas relações privadas.* Rio de Janeiro: Processo, 2016. p. 232).

83. Adotando-se esse sentido de personalidade, foi aprovado o Enunciado 286 das IV Jornadas de Direito Civil promovidas pelo CJF: "Os direitos da personalidade são direitos inerentes e essenciais à pessoa humana, decorrentes de sua dignidade, não sendo as pessoas jurídicas titulares de tais direitos."

Assim, todas as pessoas naturais, não importa a idade ou a condição mental, têm personalidade (em ambos os sentidos) e, consequentemente, possuem também *capacidade de direito* ou *de gozo*, ou seja, podem ser titulares de direitos e obrigações, além de terem reconhecida a dignidade humana. Todos são, nesse sentido, juridicamente capazes, como efeito imediato do princípio da igualdade formal.[84] Por ser qualidade inafastável e imutável,[85] a capacidade de direito exprime o aspecto estático[86] da capacidade civil e constitui-se pressuposto de todos os direitos: basta ser pessoa natural[87] para necessariamente ser dotado dessa capacidade.

A *capacidade de fato*, também designada *capacidade de exercício, de agir,* ou *negocial* é a outra dimensão da capacidade jurídica, cuja base é o reconhecimento de que nem todas as pessoas, em razão de circunstâncias pessoais, estão aptas ao exercício pessoal ou imediato dos direitos dos quais são titulares por força da capacidade de direito.[88]

Para Tepedino, Barboza e Moraes, a capacidade de fato consiste na "aptidão para utilizar os direitos na vida civil, exercendo-os por si mesmo, sem necessi-

---

84. MIRANDA, Pontes de. *Tratado de direito privado*: parte geral. Atualização de Judith Martins-Costa, Gustavo Haical e Jorge Cesar Ferreira da Silva. São Paulo: Ed. RT, 2012. t. 1. p. 249.

85. "A capacidade abstrata, essa que constitui o conteúdo da personalidade, todo homem a tem inalterada desde o momento em que nasce até o momento em que morre. [...] De sorte que a capacidade jurídica não se altera. Entretanto, da capacidade jurídica, da capacidade de ter direitos, deve distinguir uma outra, que é a capacidade de exercer o direito." (DANTAS, San Tiago. *Programa de direito civil*. Rio de Janeiro: Rio, 1977. v. 1. p. 172).

86. STANZIONE, Pasquale. *Capacità e minore età nella problematica della persona umana*. Camerino: Jovene, 1975. p. 265.

87. Adotando-se a premissa que se julga mais consentânea com o direito civil personalista, de que a personalidade da pessoa natural é decorrência da sua dignidade humana, escapa a essa concepção a titularidade de direitos das pessoas jurídicas. Assume-se, em razão disso, a lição de Perlingieri, sobre subjetividade, mais adequada à noção de pessoa jurídica: "A subjetividade é juridicamente relevante sempre que a norma a ela fizer referência para reconhecer ou atribuir a entidades as mais diversas, a idoneidade para exercer a função de ponto de referência subjetivo de interesses e de atividades." (PERLINGIERI, Pietro. *O direito civil na legalidade constitucional*. Trad. Maria Cristina de Cicco. Rio de Janeiro: Renovar, 2008. p. 714). No mesmo sentido, menciona-se também: "A subjetividade, dessa forma, indica uma qualidade, a aptidão para ser sujeito de direito – correspondendo ao conceito de capacidade de gozo –, ao passo que a capacidade de fato consiste na intensidade de seu conteúdo, sendo, por isso mesmo, considerada a medida da subjetividade. Por conseguinte, a subjetividade, não já a personalidade, pode ser atribuída às pessoas jurídicas." (TEPEDINO, Gustavo; OLIVA, Milena Donato. Personalidade e capacidade na legalidade constitucional. In: MENEZES, Joyceane Bezerra de. *O direito das pessoas com deficiência psíquica e intelectual nas relações privadas*. Rio de Janeiro: Processo, 2016. p. 234).

88. Segundo Del Vecchio: "A dignidade do ser humano é substancialmente *igual* em tôdas as fases de sua vida. Mas varia muito a sua capacidade real, e seria contra a razão não levar isso em conta, devido a uma aplicação falsa do conceito de igualdade." (VECCHIO, Giorgio del. Igualdade e desigualdade perante a justiça. *Revista da Faculdade de Direito da Universidade de São Paulo*, v. 61, p. 29-30, 1966).

dade de assistência ou representação".[89] Noção semelhante é apresentada por Amaral, para quem a capacidade de fato é a "aptidão para a prática dos atos da vida civil e para o exercício dos direitos, como efeito imediato da autonomia que as pessoas têm".[90]

Por isso, a capacidade jurídica bifurca-se, por um lado, na capacidade abstrata de ter direitos (capacidade de gozo) e, por outro, na capacidade concreta de exercê-los pessoalmente (capacidade de fato). A primeira é estática e está presente em todas as pessoas; e a segunda é dinâmica, elástica, podendo ser maior ou menor conforme exigências do ordenamento jurídico.[91]

Por limitar a atuação pessoal, a incapacidade de fato é excepcional, não se presume[92] e depende da verificação de alguma das causas expressamente previstas na lei. O Código Civil de 2002, com a redação dada pela Lei 13.146/2015 (Estatuto da Pessoa com Deficiência – EPD), determina que são absolutamente incapazes as pessoas menores de 16 anos de idade e são relativamente incapazes as pessoas entre 16 e 18 anos incompletos, os ébrios habituais, os viciados em tóxicos, as pessoas que não podem se exprimir e os pródigos.[93]

---

89. TEPEDINO, Gustavo; BARBOZA, Heloísa Helena; MORAES, Maria Celina Bodin de. *Código Civil interpretado conforme a Constituição da República*. 3. ed. rev. e atual. Rio de Janeiro: Renovar, 2014. v. 1. p. 5.

90. AMARAL, Francisco. *Direito civil*: introdução. 9. ed. São Paulo: SaraivaJur, 2017. p. 331.

91. Para Judith Martins-Costa: "Sendo uma insustentável ficção considerar que à igualdade das pessoas corresponderia identidade de *capacidade de atuação* na ordem jurídica, já se distinguira entre a capacidade jurídica e a capacidade de exercício, a primeiro constituindo uma capacidade altamente abstrata e altamente geral (conceito geral-abstrato), a outra sendo dotada de alguns *elementos de especificação* (como a idade e o estado de saúde). Esses elementos de especificação, elaborados na Idade Média, haviam sobrevivido à abstração moderna e, ainda hoje, explicitamente ou não, 'nos sorriem a cada esquina normativa." (MARTINS-COSTA, Judith. Capacidade para consentir e esterilização de mulheres tornadas incapazes pelo uso de drogas: notas para uma aproximação entre a técnica jurídica e a reflexão bioética. In: MARTINS-COSTA, Judith; MOLLER, Letícia Ludwig (Org.). *Bioética e responsabilidade*. Rio de Janeiro: Forense, 2009. p. 314).

92. Ao contrário, presume-se a capacidade até que se prove o contrário. Nesse sentido: "Assim, presume-se sempre a capacidade da pessoa para poder livremente exercer os seus direitos e contrair obrigações até que se prove ser ela incapaz em relação a todos ou alguns dêsses direitos ou obrigações." (SANTOS, J. M. de Carvalho. *Repertório enciclopédico do direito brasileiro*. Rio de Janeiro: Borsoi, 1947. v. 6. p. 386).

93. Deve-se reconhecer a influência de Teixeira de Freitas sobre a construção da teoria das incapacidades civis, sobretudo na gradação em incapacidade absoluta e relativa, nada obstante o Código Civil por ele elaborado não tenha entrado em vigor no direito brasileiro. Invoca-se, contudo, a lição do jurista baiano: "A incapacidade civil, comprehensiva tão sómente de todos os estados, em que as pessoas são incapazes de obrar por si mesmas, – em que só podem obrar representadas por outrem, – carece ainda de um derradeiro traço, para que a sua noção fique perfeitamente determinada. Ou as pessoas são absolutamente incapazes de obrar, e seus actos não produzem effeito em caso algum. Ou, sendo incapazes até certo ponto, seus actos podem ter valor em certas circumstancias, e debaixo de certas condições. Há pois uma incapacidade absoluta, e uma incapacidade relativa; como, por exemplo, no primeiro caso a dos menores impúberes, no segundo caso a dos menores adultos." (FREITAS, Augusto Teixeira de. *Nova apostila à censura do senhor Alberto de Moraes Carvalho ao Projecto de Codigo Civil Portuguez*. Rio de Janeiro: Laemmert, 1859. p. 129).

A distinção entre absoluta ou relativamente incapazes, historicamente, se vincula ao reconhecimento da variabilidade de comprometimento do discernimento a depender da causa da incapacidade. Desse modo, as pessoas consideradas sem discernimento pela lei eram[94] qualificadas como absolutamente incapazes, sendo-lhes vedada a prática pessoal de todos os atos da vida civil. Por outro lado, havendo um mínimo de discernimento, a incapacidade seria relativa, atingindo apenas determinados atos ou a maneira de os exercer.

O discernimento aparece então como noção central da teoria tradicional das incapacidades e, segundo Martins-Costa, "significa, em suma, a possibilidade conferida – ou não – a cada pessoa para decidir com base em distinções, em avaliação de consequências, em ponderação de fatos, circunstâncias e valores".[95] Prossegue a jurista concluindo que "[d]o discernimento nasce a compreensão, a imputabilidade (pressuposto à atribuição da responsabilidade) e, por consequência, a responsabilidade, motivo pelo qual o sujeito autônomo é *sujeito responsável*".[96]

Para Ana Carolina Brochado Teixeira, o discernimento, como capacidade de entender e de querer, é condição material imprescindível para a validade da manifestação de vontade, pois "demonstra independência de vontade, sem atuação de forças externas ou vícios de consentimento".[97] Acrescenta ainda que o discernimento é necessário para que a pessoa possa agir segundo o seu melhor interesse.[98]

---

94. A utilização do pretérito imperfeito se justifica pelo crescente reconhecimento de juridicidade das manifestações de vontade dos absolutamente incapazes. Nesse sentido, o Enunciado 138 das Jornadas de Direito Civil, que reforça a relevância jurídica da manifestação de vontade dos menores de dezesseis. A própria qualificação como absolutamente incapaz tem sido revista, como demonstram as alterações promovidas pelo Estatuto da Pessoa com Deficiência. Essas questões serão tratadas ao longo do presente capítulo.

95. MARTINS-COSTA, Judith. Capacidade para consentir e esterilização de mulheres tornadas incapazes pelo uso de drogas: notas para uma aproximação entre a técnica jurídica e a reflexão bioética. In: MARTINS-COSTA, Judith; MOLLER, Letícia Ludwig (Org.). *Bioética e responsabilidade*. Rio de Janeiro: Forense, 2009. p. 320.

96. MARTINS-COSTA, Judith. Capacidade para consentir e esterilização de mulheres tornadas incapazes pelo uso de drogas: notas para uma aproximação entre a técnica jurídica e a reflexão bioética. In: MARTINS-COSTA, Judith; MOLLER, Letícia Ludwig (Org.). *Bioética e responsabilidade*. Rio de Janeiro: Forense, 2009. p. 320.

97. TEIXEIRA, Ana Carolina Brochado. *Saúde, corpo e autonomia privada*. Rio de Janeiro: Renovar, 2010. p. 160-161.

98. Constatou-se uma divergência sobre a compreensão do discernimento segundo Judith Martins-Costa e Ana Carolina Brochado Teixeira. Para a primeira, o discernimento é o cerne da teoria das incapacidades, enquanto para a segunda, o discernimento é elemento distinto da capacidade de agir (esta adequada aos atos de natureza patrimonial). Ambas compartilham a ideia de insuficiência da capacidade civil como critério de validade das situações existenciais, mas, para corrigir isso, Martins-Costa propõe uma terceira espécie de capacidade, a qual denomina de capacidade para consentir, enquanto Teixeira defende o discernimento como critério de validade das situações existenciais.

Segundo assevera Maria Celina Bodin de Moraes, "o discernimento provém de uma característica da condição humana, se não a mais importante, a que melhor define a nossa espécie: a racionalidade".[99] De acordo com a autora, "[q] uando temos discernimento, temos autonomia para decidir o que queremos".[100] Essa última proposição mostra que, na visão de Bodin de Moraes, existe uma relação entre autonomia e discernimento.

Contudo, na doutrina tradicional, o discernimento é associado não diretamente a uma noção de autonomia, que, à época, estava ainda vinculada ao paradigma liberal-individualista,[101] mas sim ao conceito de capacidade natural,[102] entendido como a efetiva consciência e o querer.[103] O fundamento da incapacidade jurídica de fato residiria, portanto, na incapacidade natural de se reger de forma independente por ausência ou déficit de discernimento.[104] Apesar disso,

---

99. MORAES, Maria Celina Bodin de. Uma aplicação do princípio da liberdade. *Na medida da pessoa humana*: estudos de direito civil-constitucional. Rio de Janeiro: Renovar, 2010. p. 192.

100. MORAES, Maria Celina Bodin de. Uma aplicação do princípio da liberdade. *Na medida da pessoa humana*: estudos de direito civil-constitucional. Rio de Janeiro: Renovar, 2010. p. 192.

101. "O pensamento kantiano, inserido dentro do movimento Iluminista, foi transposto para o domínio do direito sob a concepção de uma liberdade formal, de índole individualista, voluntarista e patrimonialista, que, por sua vez, neste âmbito implicava a autonomia da vontade." (ALMEIDA, Vitor. *A capacidade civil das pessoas com deficiência e os perfis da curatela*. Belo Horizonte: Fórum, 2019. p. 151).

102. "Admite-se ainda a existência de uma incapacidade natural. Tal é a incapacidade de entender e de querer, que não está judicialmente declarada. Verifica-se, com maior frequência, quando o insano mental não está interditado, quer porque sua enfermidade ainda não foi reconhecida, quer porque o seu processo de interdição não foi instaurado. A doutrina aponta um paralelismo constante entre a capacidade legal de agir e a capacidade natural, e procura superar, desse modo, o problema da coordenação entre os regimes diversos a que se sujeita. A coincidência existe na medida em que a incapacidade legal subsiste nas hipóteses nas quais há normalmente incapacidade de entender e querer, mas a capacidade natural pode faltar sem haver incapacidade legal, como acontece quando o doente mental não está interditado." (GOMES, Orlando. *Introdução ao direito civil*. 10. ed. Rio de Janeiro: Forense, 1988. p. 177).

103. "Como resulta do exposto, às várias incapacidades totais ou parciais declaradas na lei não corresponde sempre uma incapacidade natural da pessoa: quer dizer: uma condição subjetiva psíquica que, por falta de maturidade do sendo ou por debilidade ou enfermidade mental, minore ou tolha completamente a consciência e o querer. Só para algumas ela se pressupõe, como sucede na menoridade, na interdição judicial e na inabilitação. Assim, quem é declarado incapaz pela lei não é necessàriamente (*sic*) também naturalmente incapaz." (RUGGIERO, Roberto de. *Instituições de direito civil*. São Paulo: Saraiva, 1957. v. 1. p. 394).

104. "*En este sentido, la atribución de la capacidad jurídica, como 'dimensión estática y necesaria de la personalidad' y con ella de la posibilitad jurídica de hacer frente a los propios asuntos a través de la propia actuación, se revela como 'cauce ordinario de desarrollo de la personalidad', de manera que 'allí donde tal capacidad de autogobierno se verifica, allí mismo debe reconocerse, y en esa misma medida, la capacidad de obrar'. A partir de lo cual, la consideración de la capacidad natural como substratum o presupuesto de la capacidad de obrar puede ser defendida, para nuestro Derecho, en línea de principio [...].*" (AGUIRRE, Carlos Martínez de. La protección jurídico-civil de la persona por razón de la menor edad. *Anuario de derecho civil*, Madrid, n. 4, p. 1401, 1992). Tradução livre: "Nesse sentido, a atribuição de capacidade jurídica, como uma 'dimensão estática e necessária da personalidade' e, com ela, da possibilidade jurídica de enfrentar os próprios assuntos através da própria atuação, revela-se como "canal comum de desenvolvimento da personalidade", de modo que 'onde tal capacidade de autogoverno é verificada, deve ser reconhecida, e nessa medida, a capacidade de agir'. A partir disso, a consideração da capacidade

constata-se que o critério para a incapacidade de fato nem sempre se pautou na concreta inaptidão da pessoa[105] além de ter revelado compreensões preconceituosas sobre grupos sociais tidos como indesejáveis ou "anormais".[106]

Contemporaneamente, Vitor Almeida preocupa-se com a distinção entre *capacidade* e *autonomia*.[107] Embora ambas sejam avaliadas, em certa medida, segundo o discernimento, a autonomia se fundamenta na dignidade humana ao envolver a possibilidade de realizar escolhas sobre a vida, notadamente no âmbito existencial.[108] Assim, a autonomia não poderia ser condicionada pela capacidade civil, ou seja, "é possível restringir a capacidade, mas não a autonomia".[109]

De maneira geral, nota-se presente na doutrina civil-constitucional a finalidade de apartar a capacidade civil da aptidão concreta para a prática de atos

---

natural como substrato ou pressuposto da capacidade de agir pode ser defendida, para nossa Lei, em linha de princípio."

105. Exemplifica-se com o art. 6º, II do Código Civil de 1916, o qual previa a incapacidade relativa da mulher casada, disposição que permaneceu vigente até a promulgação da Lei 4.121/1962 (Estatuto da Mulher Casada), nada obstante não pendesse sobre ela qualquer redução da capacidade "natural".

106. Gabriel Schulman aduz que as incapacidades civis não operaram no direito tradicional uma função apenas de avaliação das condições intelectivas de manifestação e compreensão, mas também de mecanismo para o reconhecimento jurídico ou rejeição de determinados grupos. Veja-se: "O raciocínio que fundamenta as incapacidades pressupõe a premissa de que o incapaz preexiste e o direito comparece para socorrê-lo. A inclusão de personagens como a mulher, o indígena, o usuário de drogas e o pródigo como incapazes fragilizam sobremaneira a argumentação da função estritamente protetiva e apontam para um sistema também voltado à exclusão. Em outras palavras, não se rejeita o tratamento diferenciado a certas pessoas, entretanto, a concepção do incapaz como algo natural, exige um repensar. *O que se assevera é que o raciocínio usualmente apresentado é uma inversão, tendo em conta que a figura jurídica do incapaz não existe antes do direito, é por ele estabelecido, mesmo quando haja boas intenções em tal medida. Primeiro se criam os incapazes, depois é que surge sua proteção.* Diante desta ordem de ideias, à luz de uma perspectiva crítica, rejeita-se a falsa neutralidade da construção tradicional, a exigir o repensar sobre as potencialidades das pessoas, bem como, em que medida não é a sociedade que é a incapaz de conferir o devido acesso a todos. Não se defende aqui que a curatela deva ser extinta, ou que seja, *per si*, absurda. O que se desafia é a compreensão de neutralidade das escolhas e das consequências do regime das incapacidades." (SCHULMAN, Gabriel. *A internação forçada de adultos que fazem uso abusivo de drogas*. 2018. 368 f. Tese (Doutorado em Direito) – Faculdade de Direito, UERJ, Rio de Janeiro, 2018. p. 82).

107. "O regime de incapacidade civil no direito brasileiro sempre foi estanque e absoluto, visando particularizar determinados sujeitos desautorizados ou inabilitados a prática de, pelo menos, certos atos da vida civil. Na medida em que a autonomia privada de índole liberal se esgotava na iniciativa econômica e na liberdade contratual, ela dependia da capacidade civil plena para seu exercício, uma vez que os negócios jurídicos carecem de agentes capazes para sua validade. No entanto, com a expansão do controle jurídico da autonomia sobre situações extrapatrimoniais da vida, constatou-se que esta não se atrelava, intrinsecamente, com o regime de incapacidade forjado para relações de ordem patrimonial." (ALMEIDA, Vitor. *A capacidade civil das pessoas com deficiência e os perfis da curatela*. Belo Horizonte: Fórum, 2019. p. 160).

108. ALMEIDA, Vitor. *A capacidade civil das pessoas com deficiência e os perfis da curatela*. Belo Horizonte: Fórum, 2019. p. 158.

109. ALMEIDA, Vitor. *A capacidade civil das pessoas com deficiência e os perfis da curatela*. Belo Horizonte: Fórum, 2019. p. 159.

existenciais. Assim ocorre com a teorização da capacidade para consentir como uma categoria jurídica autônoma[110] e na distinção entre autonomia e capacidade.[111] Embora com molduras distintas, essas construções revelam a insuficiência da capacidade civil como parâmetro de habilitação jurídica do sujeito à prática pessoal e válida de todo e qualquer ato da vida civil.

Também o recurso teórico à concepção de capacidade natural adotada por parte da doutrina[112] expressou uma preocupação com a justificação dos casos de não correspondência entre o discernimento concreto do indivíduo e a (in)capacidade civil. A edificação da autonomia privada assentada no princípio da dignidade humana, em sua vertente de liberdade pessoal, demonstra um passo adiante: não apenas há uma preocupação com a justificação dessa não correspondência como também se busca a aplicação de uma disciplina jurídica diferenciada para a autonomia e para a capacidade civil. Segundo a lição de Vitor Almeida:

> Desse modo, capacidade e autonomia são conceitos que funcionam como promotores do livre agir na vida social, projetando a vontade e os desejos individuais merecedores de tutela na legalidade constitucional para a construção da personalidade de cada pessoa, tendo, portanto, funções próximas, eles são distintos em sua estrutura e avaliação. A capacidade pode ser restringida a partir de rígidas hipóteses impostas por lei. A autonomia é dinâmica, por essência, e assegurada a todas as pessoas, embora possa ter restrições de ordem individual ou social, sua modulação é avaliada no caso concreto e sua preservação, na máxima medida, é justificada com base na intrínseca dignidade da pessoa humana. Com efeito, pode-se dizer que a autonomia é um dos componentes que preenchem o conteúdo da capacidade, na medida em que a lei considera que a pessoa plenamente capaz atingiu seu ápice de desenvolvimento pessoal e maturidade intelectual para tomar as próprias decisões no campo patrimonial e existencial, como condutor da sua vida, sem, por conseguinte, absolutamente autônomo para se autogovernar.[113]

Em síntese, a incapacidade natural não deixa de fundamentar a incapacidade jurídica na medida em que a projeção legal das causas de incapacidade deve se aproximar ao máximo das efetivas limitações de discernimento. A autonomia, por outro lado, é avaliada casuisticamente e assegurada a todas as pessoas, independentemente de serem incapazes, pois representa o poder do indivíduo de fazer

---

110. MARTINS-COSTA, Judith. Capacidade para consentir e esterilização de mulheres tornadas incapazes pelo uso de drogas: notas para uma aproximação entre a técnica jurídica e a reflexão bioética. In: MARTINS-COSTA, Judith; MOLLER, Letícia Ludwig (Org.). *Bioética e responsabilidade*. Rio de Janeiro: Forense, 2009. *Passim*.

111. ALMEIDA, Vitor. *A capacidade civil das pessoas com deficiência e os perfis da curatela*. Belo Horizonte: Fórum, 2019. Passim.

112. Na doutrina brasileira, Cf.: GOMES, Orlando. *Introdução ao direito civil*. 10. ed. Rio de Janeiro: Forense, 1988. Passim. Na doutrina estrangeira, Cf.: RUGGIERO, Roberto de. *Instituições de direito civil*. São Paulo: Saraiva, 1957. v. 1. Passim.

113. ALMEIDA, Vitor. *A capacidade civil das pessoas com deficiência e os perfis da curatela*. Belo Horizonte: Fórum, 2019. p. 163-164.

livres escolhas sobre a própria vida, no limite de atuação que não comprometa a sua proteção.[114]

De todo modo, reconhecer a capacidade *de direito* à pessoa incapaz *de fato* torna imprescindível a superação da impossibilidade – total ou parcial – de exercício pessoal de direitos e deveres, viabilizando-se a defesa de seus interesses por intermédio de terceiros. Caso contrário, o efeito da incapacidade de fato seria semelhante à negativa do próprio direito, pois de nada serviria ser titular de um direito sem poder exercê-lo.[115] Por isso, conforme a lição de San Tiago Dantas, "[a] incapacidade se supre sempre do seguinte modo: colocando ao lado do incapaz alguém que decida por ele ou, então, que decida em colaboração com ele".[116] Quando a incapacidade for absoluta, portanto, defere-se ao incapaz um representante que o substituirá nos atos da vida civil. Quando, ao contrário, for relativa, ser-lhe-á deferido um assistente, para atuação conjunta. A atuação direta da pessoa incapaz à revelia de seu representante ou assistente eiva o ato por ela praticado de invalidade,[117-118] podendo ser nulo, no caso de incapacidade absoluta,[119] ou anulável, no caso de incapacidade relativa.[120]

Assim, Silvio Rodrigues afirma que a representação e a assistência são formas de proteção dedicadas às pessoas incapazes, pois as colocam sob a orientação de uma pessoa capaz, que são os pais, tutores ou curadores, que as representam ou assistem.[121] Além disso, as incapacidades servem para incluir no tráfego jurídico pessoas consideradas inaptas pela lei para assumir responsabilidades patrimo-

---

114. ALMEIDA, Vitor. *A capacidade civil das pessoas com deficiência e os perfis da curatela*. Belo Horizonte: Fórum, 2019. p. 160.
115. Nos dizeres de San Tiago Dantas: "De maneira que se vê é, então esta situação: o homem é capaz de ter direitos, mas não é capaz de praticar os atos que conduzem a adquirir, a perder, ou a modificá-los. Distinguir a capacidade de direitos da capacidade de exercício é coisa fundamental. Ninguém pode enganar-se neste ponto; isto é uma conta de somar do Direito civil. Como, porém, resolver o problema? Pouco adiantaria ter capacidade de direito e não ter a capacidade de exercício, porque é através desta que se adquirem, modificam ou perdem os direitos subjetivos. De maneira que, ao lado da incapacidade do exercício se tem que olhar os meios técnicos de que o direito se vale para suprir a incapacidade." (DANTAS, San Tiago. *Programa de direito civil*. Rio de Janeiro: Rio, 1977. v. 1. p. 173).
116. DANTAS, San Tiago. *Programa de direito civil*. Rio de Janeiro: Rio, 1977. v. 1. p. 173.
117. Código Civil, art. 104: "A validade do negócio jurídico requer: I – agente capaz; [...]".
118. A respeito das invalidades negociais, Cf. SOUZA, Eduardo Nunes de. *Teoria geral das invalidades do negócio jurídico*: nulidade e anulabilidade no direito civil contemporâneo. São Paulo: Almedina, 2017.
119. Código Civil, art. 166: "É nulo o negócio jurídico quando: I – celebrado por pessoa absolutamente incapaz; [...]".
120. Código Civil, art. 171: "Além dos casos expressamente declarados na lei, é anulável o negócio jurídico: I – por incapacidade relativa do agente; [...]".
121. Nesse sentido, Silvio Rodrigues afirmou que "[...] o legislador, no intuito de proteger os incapazes, coloca-os debaixo da orientação de uma pessoa capaz (seus pais, tutores ou curadores), que os representa, ou os assiste em todos os atos da vida civil, de modo que a deficiência intelectual que apresentam é suprida ela inteligência do representante." (RODRIGUES, Silvio. *Direito civil*: parte geral. 34. ed. São Paulo: Saraiva, 2007. p. 53).

niais e que, de outra forma, não poderiam atuar nas relações jurídicas. Por isso se conclui que as incapacidades atendem também ao imperativo de segurança jurídica, neutralizando os riscos das transações negociais.[122]

Decerto, a representação não implica poder decisório absoluto do representante, desconsiderando os interesses do representado. Tanto assim que o Código Civil prevê anulabilidade do negócio jurídico celebrado em conflito de interesses com o representado, se tal fato era ou devia ser do conhecimento de quem com aquele tratou.[123] Em seguida, a lei estipula o exíguo prazo decadencial de 180 dias a contar da cessação da incapacidade para pleitear a respectiva anulação.[124]

Embora limitativo da atuação do representante, impõe-se considerar o dispositivo legal insuficiente para a defesa dos interesses da pessoa legalmente representada. Primeiramente, por considerar anulável, e não nulo, o negócio celebrado em conflito de interesses, de modo que é passível de convalidação.

---

122. "Essas refinadas distinções eram o alicerce necessário para a ordenação do *tráfego de bens* numa época em que o velho capitalismo mercantil se transformava velozmente em capitalismo industrial, o mercado se agigantando e adquirindo contornos de impessoalidade e massificação cujo auge agora vivenciamos. O que se requeria era um instrumental apto a conferir segurança às transações, afastando dos riscos do mercado, da assunção de dívidas e da disposição sobre patrimônios as pessoas inaptas para assumir *responsabilidade patrimonial*: os loucos, as crianças e os adolescentes, os surdos-mudos incapazes de exprimir vontade. Uma noção formalizada e abstrata de pessoa aliada à distinção entre uma capacidade geral (ser sujeito de direitos) e uma específica (agir na ordem civil, basicamente na ordem econômica juridicamente regrada, como o mercado) era, então, ideologicamente inevitável." (MARTINS-COSTA, Judith. Capacidade para consentir e esterilização de mulheres tornadas incapazes pelo uso de drogas: notas para uma aproximação entre a técnica jurídica e a reflexão bioética. In: MARTINS-COSTA, Judith; MOLLER, Letícia Ludwig (Org.). *Bioética e responsabilidade*. Rio de Janeiro: Forense, 2009. p. 313).
123. CC, art. 119. "É anulável o negócio concluído pelo representante em conflito de interesses com o representado, se tal fato era ou devia ser do conhecimento de quem com aquele tratou. Parágrafo único. É de cento e oitenta dias, a contar da conclusão do negócio ou da cessação da incapacidade, o prazo de decadência para pleitear-se a anulação prevista neste artigo."
124. "O representante tem o dever de proceder no interesse exclusivo do representado, sobrepondo-o aos seus. Desde que se esboce um conflito, cumpre-lhe renunciar a representação se esta for convencional, ou pedir a substituição se vier da lei. Poderá, ainda, ocorrer que, sem abdicar da representação, o representante peça a designação de outro, especificamente, para determinado negócio. Não procedendo de uma ou de outra maneira, cabe-lhe levar o fato ao conhecimento da pessoa com quem esteja tratando, presumindo-se de má-fé se omitir. Realizado o ato negocial, dentro desse conflito de interesses, é anulável, seja no caso de ter o terceiro conhecimento do fato, à vista da comunicação do representante, ou por outras vias, seja no de convencerem as circunstâncias de que ele não o ignorava. A legitimação ativa para a ação anulatória é do representado pessoalmente, ou de quem o venha a representar, e pode ser intentada após a cessação da incapacidade. Para a segurança da vida negocial, fica estabelecido prazo decadencial de seis meses, a contar da conclusão do negócio ou da cessação da incapacidade (Código Civil, art. 119 e parágrafo único). Se a pessoa com quem tratar o representante ignorava o conflito de interesses, prevalecerá o negócio praticado, por amor à sua boa-fé, mas o representante responderá perante o representado, ou seus herdeiros, pelos danos que daí provierem." (PEREIRA, Caio Mário da Silva. *Instituições de direito civil*: introdução ao direito civil – teoria geral de direito civil. São Paulo: Grupo GEN, 2022. v. 1. E-book. Disponível em: https://integrada.minhabiblioteca.com.br/#/books/9786559644469/. Acesso em: 26 set. 2023).

Além disso, exige a ciência subjetiva da contraparte a respeito do conflito de interesses. Mais dificultoso ainda: impõe prazo curtíssimo para o exercício da pretensão pelo representado.

Portanto, o modelo de intermediação de um terceiro nos atos relativos às pessoas incapazes, apesar do propósito protetivo, revela também uma ótica excludente. Para além das merecidas críticas sobre a própria qualificação da pessoa como incapaz, o modelo tradicional de suprimento da incapacidade, mediante substituição da vontade do absolutamente incapaz, além de desconsiderar qualquer manifestação potencialmente válida dessas pessoas,[125] pressupõe a cisão entre titularidade e exercício das situações jurídicas subjetivas. Essa cisão, embora compatível com as situações patrimoniais, é desafiada nas situações existenciais, nas quais nem sempre é possível transferir o exercício de um direito a terceiro, conservando-se apartado da titularidade.[126]

Portanto, se é verdade que o regime de incapacidades e os instrumentos de seu suprimento serviam à proteção do incapaz, essa proteção era compreendida sob o viés patrimonial.[127] Com a constitucionalização do direito civil, por outro lado, as situações subjetivas existenciais[128] passaram a receber mais intensa tutela jurídica, o que favoreceu a percepção de que a interposição de um terceiro no exercício dos direitos decorrentes dessas situações poderia acarretar a violação à dignidade humana do incapaz.

---

125. A respeito, pertinente a lição de Pietro Perlingieri: "O estado pessoal patológico ainda que permanente da pessoa, que não seja absoluto ou total, mas graduado e parcial, não se pode traduzir em uma série estereotipada de limitações, proibições e exclusões que, no caso concreto, isto é, levando em conta o grau e a qualidade do *déficit* psíquico, não se justificam e acabam por representar camisas-de-força totalmente desproporcionadas e, principalmente, em contraste com a realização do pleno desenvolvimento da pessoa." Em conclusão, o jurista italiano conclui: "É preciso, ao contrário, privilegiar, na medida do possível, as escolhas de vida que o deficiente psíquico é capaz concretamente de exprimir ou em relação às quais manifesta grande propensão." (PERLINGIERI, Pietro. *O direito civil na legalidade constitucional*. Trad. Maria Cristina de Cicco. Rio de Janeiro: Renovar, 2008. p. 781-782).

126. Nesse sentido se posicionam Joyceane Menezes e Ana Carolina Brochado, ao afirmarem que a "titularidade e exercício de situações existenciais não podem ser cindidas, sob pena de haver uma disfunção das mesmas, que emanam do projeto de vida pessoal de cada um." (MENEZES, Joyceane Bezerra de; TEIXEIRA, Ana Carolina Brochado. Desvendando o conteúdo da capacidade civil a partir do Estatuto da Pessoa com Deficiência. *Pensar*, Fortaleza, v. 21, n. 2, p. 577, maio/ago. 2016).

127. "Tal construção deve repercutir, significativamente, na compreensão do regime das incapacidades previsto nos arts. 3º e 4º do Código Civil. A disciplina ali prevista, por sua *ratio* voltada para a proteção do patrimônio do incapaz, mostra-se consentânea, tão somente, com as situações jurídicas patrimoniais." (TEPEDINO, Gustavo. A tutela constitucional da criança e do adolescente: projeções civis e estatutárias. In: CHINELLATO, Silmara Juny de Abreu; SIMÃO, José Fernando; FUJITA, Jorge Shiguemitsu; ZUCCHI, Maria Cristina (Coord.). *Direito de Família no novo milênio*: estudos em homenagem ao professor Álvaro Villaça Azevedo. São Paulo: Atlas, 2010. p. 417).

128. Sobre a distinção entre situações jurídicas patrimoniais e existenciais: TEIXEIRA, Ana Carolina Brochado; KONDER, Carlos Nelson. Situações jurídicas dúplices: controvérsias na nebulosa fronteira entre patrimonialidade e extrapatrimonialidade. In: TEPEDINO, Gustavo; FACHIN, Luiz Edson. *Diálogos sobre direito civil*. Rio de Janeiro: Renovar, 2012. v. 3. p. 3-24.

Diante disso, passou-se a distinguir as situações jurídicas existenciais das patrimoniais[129] conforme a função que desempenham em concreto. A liberdade para a prática de atos existenciais não deve então ser avaliada da mesma forma que a liberdade para a prática de atos com conteúdo econômico, daí a pertinência de se diferenciar a autonomia[130] patrimonial da autonomia existencial.[131] Aplicada essa premissa ao regime das incapacidades, percebe-se que a pessoa incapaz pode sê-lo por não conseguir entender e querer um ato de natureza patrimonial, o que acarretaria a ela um prejuízo econômico caso a incapacidade não fosse reconhecida; mas essa mesma pessoa pode ser minimamente capaz para se autogovernar nas questões atinentes à própria existência, como por exemplo, para o exercício de direitos da personalidade.[132] Essa distinção, portanto, revela a inadequação de se utilizar a mesma régua patrimonial para medir a autonomia existencial.

---

129. Elucidativa a lição de Perlingieri: "Afirmada a natureza necessariamente aberta da normativa, é da maior importância constatar que nesta matéria não se pode aplicar o direito subjetivo elaborado com base na categoria do ter. Na categoria do ser não existe dualidade entre sujeito e objeto, pois ambos representam o ser, e a titularidade é institucional, orgânica. Quando o objeto de tutela é a pessoa, a perspectiva deve mudar: torna-se uma necessidade lógica reconhecer, em razão da natureza especial do interesse protegido, que é exatamente a pessoa, a constituir ao mesmo tempo o sujeito titular do direito e o ponto de referência objetivo da relação." (PERLINGIERI, Pietro. *O direito civil na legalidade constitucional*. Trad. Maria Cristina de Cicco. Rio de Janeiro: Renovar, 2008. p. 764).

130. Sobre o conceito de autonomia, Ana Carolina Brochado Teixeira ensina que "consiste no autogoverno, em manifestação de subjetividade, em elaborar as leis que guiarão a sua vida e que coexistirão com as normas externas ditadas pelo Estado. Significa o reconhecimento da livre decisão individual, racional e não coagida, sobre seus próprios interesses sempre que não afete terceiros." (TEIXEIRA, Ana Carolina Brochado. *Saúde, corpo e autonomia privada*. Rio de Janeiro: Renovar, 2010. p. 168).

131. Thamis Castro apresenta os diversos critérios possíveis para se distinguir as situações existenciais das patrimoniais (p. 56-61), sintetizando, ao final: "Assim, enquanto as situações jurídicas patrimoniais devem ser funcionalizadas à realização de interesses extrapatrimoniais, as situações existenciais têm como função *direta* a realização de interesses pessoais do seu titular, especificamente a concretização dos valores da dignidade da pessoa humana. Decorre daí a diferença qualitativa da tutela da autonomia privada em ambos os casos: ao passo que a autonomia nas situações patrimoniais é protegida se e enquanto realizar interesses socialmente relevantes nem sempre coincidentes com os do titular, a autonomia na situações existenciais, ou nas mistas com função predominantemente existencial, deve ser protegida como instrumento de concretização da função pessoal da realização da dignidade humana." (CASTRO, Thamis Dalsenter Viveiros de. *Bons costumes no direito civil brasileiro*. São Paulo: Almedina, 2017. p. 61).

132. Confirmando esse raciocínio, Judith Martins-Costa afirma: "Com efeito, se operarmos a conexão entre a noção de *discernimento* (considerada como eixo da Teoria das Incapacidades) e a de *bens da personalidade humana* então poderemos perceber a existência de especificidades a tornar útil uma ideia nova, qual seja: a da ocorrência de situações em que não é apta ou suficiente a *capacidade negocial*, (assim compreendida a capacidade para deliberar acerca dos atos, atividades e negócios que impliquem avaliações econômicas ou patrimoniais), pois o que está em causa é exercício de atos atinentes ao núcleo mais irredutível da existência humana. Este núcleo está ancorado nos bens de personalidade 'por excelência', isto é, a vida e a saúde humanas." (MARTINS-COSTA, Judith. Capacidade para consentir e esterilização de mulheres tornadas incapazes pelo uso de drogas: notas para uma aproximação entre a técnica jurídica e a reflexão bioética. In: MARTINS-COSTA, Judith; MOLLER, Letícia Ludwig (Org.). *Bioética e responsabilidade*. Rio de Janeiro: Forense, 2009. p. 322).

Assim, o regime de incapacidades não pode significar o total desprezo à vontade do incapaz quanto aos atos existenciais. Nesse sentido, Perlingieri já atentava para a necessidade de graduação da insuficiência mental que conduz à incapacidade e para a heterogeneidade de sua abrangência, ao afirmar que "[a] falta de aptidão para o entender não se configura sempre como absoluta, apresentando-se, no mais das vezes, por setores ou esferas de interesses".[133] Como conclusão, o autor defende a recusa a preconceitos jurídicos que ignorem a variedade de déficit psíquicos e a flexibilidade da regulamentação do que é proibido ou permitido à pessoa considerada incapaz.[134]

Desse modo, as situações existenciais colocaram à prova o regime de incapacidades moldado nas situações subjetivas patrimoniais, para a quais foi pensado e estruturado. Por isso, os *atos da vida civil* a que se referem os artigos 3º, 4º e 5º do Código Civil e que, a princípio, alcançavam atos patrimoniais e existenciais, à luz da dogmática civil-constitucional, correspondem aos atos de natureza patrimonial. O exercício de atos de natureza existencial não poderia ser entregue ilimitadamente a terceiros, pois, a medida do consentimento não pode ser reduzida à medida da autonomia privada[135] e a ninguém cabe ser árbitro na vida alheia.[136]

Essa necessidade de critérios distintos para a validade de atos de natureza existencial foi bastante destacada na Convenção sobre os Direitos da Pessoa com Deficiência (CDPD – também chamada de Convenção de Nova Iorque), a partir da manifesta preocupação em dar efetividade aos direitos fundamentais dos quais as pessoas com deficiência são titulares. A CDPD ingressou no ordenamento jurídico brasileiro com *status* de emenda constitucional,[137] nada obstante tenha permanecido ignorada pela comunidade jurídica e pela sociedade em geral até a promulgação do Estatuto da Pessoa com Deficiência (EPD).

As previsões estatutárias da Lei 13.146/2015 minudaram e deram maior concretude aos direitos previstos na CDPD, reforçando a plena capacidade da pessoa com deficiência para a prática de atos existenciais (art. 6º) e alterando substancialmente a incapacidade como prevista no Código Civil de 2002 ao

---

133. PERLINGIERI, Pietro. *Perfis do direito civil*: introdução ao direito civil constitucional. 3. ed. Rio de Janeiro: Renovar, 2007. p. 163.
134. PERLINGIERI, Pietro. *Perfis do direito civil*: introdução ao direito civil constitucional. 3. ed. Rio de Janeiro: Renovar, 2007. p. 163.
135. RODOTÀ, Stefano. *El derecho a tener derechos*. Madrid: Editorial Trotta, 2014. p. 247.
136. RODOTÀ, Stefano. *El derecho a tener derechos*. Madrid: Editorial Trotta, 2014. p. 258.
137. A CDPD seguiu o rito de aprovação do art. 5º, § 3º da Constituição Federal, razão pela qual possui *status* constitucional. Sobre o tema, v. nota 20.

extirpar do ordenamento jurídico brasileiro qualquer referência à deficiência intelectual como causa legal de incapacidade tanto relativa, quanto absoluta.[138]

Além disso, o EPD frisou a excepcionalidade da curatela, que, se instituída, deve ser: i) proporcional às necessidades do curatelado,[139] de modo a atender a variabilidade do grau de discernimento de cada pessoa; ii) limitada aos atos de natureza patrimonial ou negocial,[140] restringindo-se os poderes do curador sobre a pessoa curatelada.[141]

Apesar de se dirigirem especialmente às pessoas com deficiência intelectual, as modificações trazidas pela CDPD e pelo EPD revelaram a remodelação do regime de incapacidades, não mais satisfeito com as soluções tradicionais que excluíam o incapaz da participação sobre os atos de sua própria vida, sobretudo os atos de natureza existencial.[142] Em suma, "consentir equivale a ser"[143] e o favorecimento às manifestações existenciais reforça a dignidade humana.

---

138. Segundo o texto revogado do Código Civil, consideravam-se absolutamente incapazes "os que, por enfermidade ou deficiência mental, não tiverem o necessário discernimento para a prática desses atos" (art. 3º, II) e, como relativamente incapazes "os que, por deficiência mental, tenham o discernimento reduzido" (art. 4º, II) e "os excepcionais, sem desenvolvimento mental completo" (art. 4º, III). Todas essas referências foram revogadas e, consequentemente não estão mais vigentes no ordenamento pátrio.

139. EPD, art. 84, § 3º: "A definição de curatela de pessoa com deficiência constitui medida protetiva extraordinária, proporcional às necessidades e às circunstâncias de cada caso, e durará o menor tempo possível."

140. EPD, art. 85: "A curatela afetará tão somente os atos relacionados aos direitos de natureza patrimonial e negocial."

141. Sobre o tema, confira-se: BARBOZA, Heloísa Helena; ALMEIDA, Vitor. A capacidade civil à luz do Estatuto da Pessoa com Deficiência. In: MENEZES, Joyceane Bezerra de (Org.). *Direito das pessoas com deficiência psíquica e intelectual nas relações privadas.* Rio de Janeiro: Processo, 2016.

142. Isso não significa que a pessoa com o discernimento prejudicado não possa ser beneficiada com mecanismos de apoio, a fim de protegê-la em situações existenciais, entendidos, portanto, como salvaguardas. Assim dispõe o art. 12.4 da CDPD: "Os Estados-Partes assegurarão que todas as medidas relativas ao exercício da capacidade legal incluam *salvaguardas apropriadas* e efetivas para prevenir abusos, em conformidade com o direito internacional dos direitos humanos. Essas salvaguardas assegurarão que as medidas relativas ao exercício da capacidade legal respeitem os direitos, a vontade e as preferências da pessoa, sejam isentas de conflito de interesses e de influência indevida, sejam proporcionais e *apropriadas às circunstâncias da pessoa,* se apliquem pelo período mais curto possível e sejam submetidas à revisão regular por uma autoridade ou órgão judiciário competente, independente e imparcial. *As salvaguardas serão proporcionais ao grau em que tais medidas afetarem os direitos e interesses da pessoa."* Com relação às situações existenciais que envolvam a saúde e o corpo da pessoa com deficiência, o Estatuto da Pessoa com Deficiência, embora tenha previsto a necessidade de participação da pessoa sob curatela na maior medida possível, permitiu o suprimento judicial de consentimento quando não for possível obtê-lo (arts. 11 e 12). Também já se levantam na doutrina posições a favor da extensão dos poderes do curador aos atos de natureza existencial e com a possibilidade de representação, excepcionalmente, para atender às necessidades da pessoa curatelada, o que é confirmado pela aprovação do enunciado 637 das Jornadas de Direito Civil promovidas pelo Conselho da Justiça Federal: "Admite-se a possibilidade de outorga ao curador de poderes de representação para alguns atos da vida civil, inclusive de natureza existencial, a serem especificados na sentença, desde que comprovadamente necessários para proteção do curatelado em sua dignidade."

143. RODOTÀ, Stefano. *Dal soggetto alla persona.* Napoli: Editoriale Scientifica, 2007. p. 45.

Portanto, os conceitos de personalidade jurídica e capacidade sofreram as influências do personalismo, recrudescendo-se a tutela da pessoa por meio desses institutos. Muito embora o propósito protetivo já estivesse presente na teoria tradicional da incapacidade civil, ao viabilizar o ingresso da pessoa incapaz no trânsito jurídico, por meio de assistente ou representante, a teoria contemporânea das incapacidades reconheceu que essa fórmula somente se adequa aos direitos subjetivos patrimoniais, mas não atende inteiramente aos atos de natureza existencial, nos quais deve ser preservada a maior autonomia possível da pessoa.[144]

É importante realçar que a incapacidade de fato cessa conforme se extingue a causa que a determinou. Se a causa for a idade, segundo o artigo 5º do Código Civil, põem termo à incapacidade etária o alcance da maioridade civil ou a verificação de alguma das hipóteses do parágrafo único, designadas de causas de emancipação, as quais descrevem ou um ato dos pais ou do juiz,[145] ou outras situações incompatíveis com a restrição da capacidade, por exigirem material-mente certo grau de maturidade.[146]

Assim, a incapacidade etária também exige atenção com relação aos seus limites, considerando-se as incursões da valorização da autonomia e da reper-sonalização das relações jurídicas.

1.4.2 A idade na determinação do estado pessoal

Segundo Eduardo Espínola, a capacidade de fato é vinculada ao estado geral da pessoa, o qual se deduz do concurso de elementos exigidos pelo direito objetivo para que se encontre a plenitude da atividade jurídica,[147] ou seja, são "os

---

144. Sobre a personalização do sujeito de direito, afirma Rodotà que "consentir equivale a ser", ressaltando a importância da participação da pessoa nos atos que lhe concernem. No contexto, o autor tratava da relação médico-paciente, cuja existencialidade é notória. (RODOTÀ, Stefano. *Dal soggetto alla persona*. Napoli: Editoriale Scientifica, 2007. p. 45).

145. Refere-se à emancipação voluntária. Cf. FARIAS, Cristiano Chaves de; NELSON, Rosenvald. *Curso de direito civil*: parte geral e LINDB. 14. ed. Salvador: JusPodivm, 2016. p. 369.

146. Trata-se da emancipação legal ou tácita: "que é concretizada quando o menor, com pelo menos 16 anos de idade, de regra, vem a praticar determinado ato reputado incompatível com a sua condição de incapaz. É que, em determinadas situações, entende-se que a prática de certos atos, por si só, implica no reconhecimento da plena capacidade, conferindo ao titular um grau de discernimento incompatível com a condição de incapaz. São atos, portanto, que colidem frontalmente com a incapacidade." (FARIAS, Cristiano Chaves de; NELSON, Rosenvald. *Curso de direito civil*: parte geral e LINDB. 14. ed. Salvador: JusPodivm, 2016. p. 370). Da lição exposta, ressalva-se apenas que a exigência do mínimo etário de 16 anos é expressa apenas nos incisos I e V do art. 5º, parágrafo único do Código Civil.

147. ESPÍNOLA, Eduardo. *Sistema do direito civil brasileiro*. 3. ed. Rio de Janeiro: Livraria Francisco Alves, 1938. v. 1. p. 342.

principaes (*sic*) aspectos que a lei considera o indivíduo, para medir o conteúdo de seus direitos".[148]-[149]

Decerto, o estado a que se referia Espínola não se identifica com a concepção oriunda do direito romano, segundo a qual o *status* do indivíduo configurava pressuposto para a capacidade jurídica.[150] Naquele sistema, eram conhecidos apenas três estados: o *libertatis*, segundo a qualificação do indivíduo como livre ou escravo; o *civitatis*, que indicava a posição do indivíduo como cidadão ou estrangeiro, e o *familiae*, que considerava a pessoa *alieni juris*, se estivesse subordinada ao *pater familias*, ou *sui juris*, se não estivesse.[151]

No direito moderno[152] a concepção de *status* alargou-se para abranger características físicas e psíquicas que influenciavam diretamente a posição jurídica do indivíduo na vida de relações, razão por que foram denominados de *status naturalis* ou estados naturais.[153] Apesar do reconhecido mérito dessa criação, uma

---

148. ESPÍNOLA, Eduardo. *Systema do direito civil brasileiro*. 3. ed. Rio de Janeiro: Livraria Francisco Alves, 1938. v. 1. p. 345.

149. "A lei considera as razões, os factores principaes (sic) dessa actividade que, por vários modos, se manifesta na cooperação humana; e em relação a eles considera a condição da *pessoa*, medindo a quantidade do poder jurídico que consente; ora, esta *condição* é a *posição* conferida à *pessoa*, como sujeito de direito, que pode querer e agir juridicamente; e *capacidade* (de agir) é a medida de tal poder, de acordo com aquella posição, com aquele *estado*." (ESPÍNOLA, Eduardo. *Systema do direito civil brasileiro*. 3. ed. Rio de Janeiro: Livraria Francisco Alves, 1938. v. 1. p. 342-343).

150. "Assim, quanto à capacidade jurídica, há três pressupostos: *status libertatis, status civitatis, status familae*. Por isso tratando do homem como sujeito de direitos, considerar-lhes-emos distintamente a posição como membro da comunidade dos homens livres, dos cidadãos e da família." (CORREIA, Alexandre; SCIASCIA, Gaetano. *Manual de direito romano*: e textos em correspondência com os artigos do Código Civil brasileiro. 2. ed. São Paulo: Saraiva, 1953. v. 1. p. 40).

151. "A doutrina romana da capacidade das pessoas físicas girava tôda ela em volta do tríplice *status*, de que a pessoa gozava: o *status libertatis*, o *status civitatis* e o *status familiae*, dos quais os dois primeiros constituíam condição essencial da capacidade jurídica e o último dava lugar à distinção entre pessoas *sui juris* e pessoas *alieni juris*, determinando nos sujeitos ao poder alheio, uma incapacidade (mais ou menos ampla segundo os vários períodos históricos) na esfera do direito privado. O estado perfeito da capacidade plena era dado pelo *pater familiae*, que além do *status libertatis* e do *status civitatis* tinha também poder soberano sôbre o grupo familiar." (RUGGIERO, Roberto de. *Instituições de direito civil*. São Paulo: Saraiva, 1957. v. 1. p. 372).

152. TRAPOTE, Jorge Castro. *La edad legal como presunción iuris tantum de capacidad em sentido técnico*. 2018. Tese (Doutorado) – Universidad de Zaragoza, Zaragoza, 2018. Disponível em: http://zaguan. unizar.es. Acesso em: 07 ago. 2018. p. 108.

153. "*Bisogna attendere il XVI secolo perché incominci a svilupparsi la dottrina che riconosce un significato tecnico-giuridico al termine persona in stretto rapporto con lo status che ogni uomo occupa. Sì che, d'ora in poi, persona indica l'uomo che, avendo uno status, prende parte alla vita giuridica. É opportuno ricordare, tuttavia, che i tre status – libertatis, civitatis, familiae – recepiti dalla tradizione romana non esauriscono più l'intera gamma delle posizioni che l'individuo può assumere nella vita di relazione. Dall'osservazione che talune caratteristiche fisiche e psichiche, qual il sesso, l'età, la salute mentale e così via, influiscono direttamente sulla posizione giuridica dell'uomo, s'individua un altro stato, cui vien dato il nome di status naturalis. Esso comprende tutte le suddette proprietà e su affianca, integrandoli, ai precedenti stati.*" (STANZIONE, Pasquale. *Capacità e minore età nella problematica della persona umana*. Camerino: Jovene, 1975. p. 20). Tradução livre: "É necessário aguardar pelo século XVI para

vez que pretendeu adaptar o conceito de *status* à realidade social da modernidade, Castro y Bravo consigna que essa escolha foi desafortunada, já que a condição natural somente tem efeito jurídico a partir de uma especial valoração, ou seja, não é qualquer condição natural que integra o estado pessoal.[154] No mesmo sentido, Cunha Gonçalves defende que o estado civil[155] é "situação jurídica que deriva das leis e nem sempre corresponde ao estado natural",[156] concluindo que "só o estado legal tem valor jurídico".[157]

Portanto, a apropriação da noção de estado pessoal como fator de definição da capacidade de fato deve observar a dimensão histórico-relativa dos conceitos jurídicos. Da mesma forma que descabe na sociedade contemporânea a concepção romanística resgatada pela pandectística, a definição moderna baseada nos estados naturais também se mostra insuficiente dada a sua excessiva amplitude. Diante disso, Castro y Bravo conceitua o estado civil como a qualidade jurídica da pessoa, conforme sua especial situação na sociedade, caracterizadora da capacidade de agir e do âmbito próprio de seu poder e responsabilidade.[158]

---

começar a desenvolver a doutrina que reconhece um significado técnico-jurídico para o termo pessoa em estreita relação com o *status* que cada homem ocupa. Assim que, de agora em diante, a pessoa indica o homem que, tendo status, participa da vida jurídica. Deve-se lembrar, no entanto, que os três *status – libertatis, civitatis, familiae –* reconhecidos pela tradição romana não esgotam mais a gama completa de posições que o indivíduo pode assumir na vida de relações. A partir da observação de que algumas características físicas e psíquicas, como sexo, idade, saúde mental e assim por diante, influenciam diretamente a posição jurídica do homem, encontramos outro estado, ao qual é dado o nome de status naturalis. Inclui todas as propriedades acima mencionadas e no topo, integrando-as aos estados anteriores."

154. *"Todo estado de la persona, para que tenga significado en el Derecho positivo, ha de ser jurídico o civil; más aún, el 'status', en nuestro Derecho no está determinado en general sólo por una condición natural, sino que requiere, en ciertos casos, una especial valoración o conversión jurídica (el loco no cambia de estado jurídico hasta su incapacitación)."* (CASTRO Y BRAVO, Federico de. *Derecho Civil de España.* Navarra: Thomson Civitas, 2008. v. 2. p. 66). Tradução livre: "Todos os estados da pessoa, para que tenham significa no Direito positivo, hão de ser jurídicos ou civis; mais ainda, o 'status', no nosso Direito, não está determinado no geral só por uma condição natural, de modo que requer, em certos casos, uma especial valoração ou conversão jurídica (o louco só muda de estado jurídico até sua incapacitação)."

155. Note-se que a utilização da expressão "estado civil" não significa apenas o estado familiar relativo à conjugalidade (solteiro, casado, divorciado, viúvo). O sentido é mais amplo, a compreender o estado individual, político e familiar.

156. GONÇALVES, Luiz da Cunha. *Tratado de direito civil.* 2. ed. atual. e aum. São Paulo: Max Limonad, 1955. v. 1. t. 1. p. 238.

157. GONÇALVES, Luiz da Cunha. *Tratado de direito civil.* 2. ed. atual. e aum. São Paulo: Max Limonad, 1955. v. 1. t. 1. p. 238.

158. *"[...] puede considerarse estado civil la calidad jurídica de la persona, por su especial situación (y consiguiente condición de miembro) en la organización jurídica, y que como tal caracteriza su capacidad de obrar y el ámbito propio de su poder y responsabilidad."* (CASTRO Y BRAVO, Federico de. *Derecho Civil de España.* Navarra: Thomson Civitas, 2008. v. 2. p. 70). Tradução livre: "[...] pode se considerar estado civil a qualidade jurídica da pessoa, por sua especial situação (e conseguinte condição de membro) na organização jurídica, e que como tal caracteriza sua capacidade de fato e o âmbito próprio de seu poder e responsabilidade."

Na doutrina brasileira, Francisco Amaral afirma que o "[e]stado civil é a qualificação jurídica da pessoa resultante de sua posição na sociedade".[159] Rubens Limongi França, por sua vez, esforça-se em diferenciar a noção de estado da noção de capacidade, esclarecendo que, entre elas, existe uma relação de causa e efeito, e não uma relação de sinonímia, ou seja, o estado enquadra a pessoa em determina posição na vida de relação, que, assim, pode ser considerada capaz ou incapaz na ordem jurídica.[160]

Clóvis Beviláqua afirma que o "estado das pessoas é o seu modo particular de existir" e considera como "situação jurídica resultante de certas qualidades inerentes à pessoa".[161] Em razão das diferenças com relação à sociedade romana, o autor afirma que não se tem mais estados superordenados, mas que ainda é possível distinguir-se o estado político, o estado de família e o estado físico.[162] Portanto, na concepção de Clóvis Beviláqua (segundo a qual os estados são limitados, embora não da mesma forma como no direito romano) a idade consiste em fator para a definição do estado físico ou individual, implicando a distinção entre maioridade e menoridade.[163]

Nessa esteira, mostra-se relevante quanto à definição de estado, o alerta feito por Perlingieri sobre o risco de que o *status*, como qualidade da pessoa, independentemente da comunidade, perca a sua utilidade prática, dada a amplitude do alcance dessa noção, que, se vista de maneira irrestrita, englobaria a titularidade de qualquer situação adquirida pelo sujeito na sua vida de relação (credor, devedor, empresário, proprietário).[164]

---

159. AMARAL, Francisco. *Direito civil*: introdução. 9. ed. São Paulo: SaraivaJur, 2017. p. 340.

160. "Com efeito, a capacidade é um dos atributos da personalidade. Está estreitamente ligada à noção de estado, mas com êste também não se confunde. O estado compreende um conjunto de fatos ligados à pessoa, em virtude dos quais a mesma pessoa se enquadra ou deixa de enquadrar-se nas diversas esferas dentro das quais se desenvolvem as relações jurídicas. Êsse enquadramento determina maior ou menor capacidade, isto é, a maior ou menor possibilidade, em abstrato de exercer os diversos direitos. Por exemplo, o estado de alienado mental determina entre outras, a incapacidade da pessoa, para firmar, por si, um contrato de compra e venda. Assim, entre o estado e a capacidade há uma relação de causa e efeito." (FRANÇA, R. Limongi. *Manual de direito civil*. São Paulo: Ed. RT, 1966. v. 1. p. 131-132).

161. BEVILAQUA, Clovis. *Teoria geral do direito civil*. 7. ed. Atualização de Achhiles Bevilaqua e Isaias Bevilaqua. Rio de Janeiro: Livraria Francisco Alves, 1955. p. 70.

162. "Não temos atualmente essa organização de estados superordenados [como no direito romano], no direito privado moderno, porque todos os homens são livres, e porque a nacionalidade não tem mais a influência decisiva de outrora, sôbre a aquisição e gôzo dos direitos civis. Mas ainda se distinguem três ordens de estado: o *político*, o de *família* e o *físico*." (BEVILAQUA, Clovis. *Teoria geral do direito civil*. 7. ed. Atualização de Achhiles Bevilaqua e Isaias Bevilaqua. Rio de Janeiro: Livraria Francisco Alves, 1955. p. 71).

163. "Quanto ao estado físico, há que se considerar a *idade* (maiores e menores), a *integridade mental* (sãos de espírito, alienados) e o sexo." (BEVILAQUA, Clovis. *Teoria geral do direito civil*. 7. ed. Atualização de Achhiles Bevilaqua e Isaias Bevilaqua. Rio de Janeiro: Livraria Francisco Alves, 1955. p. 71).

164. PERLINGIERI, Pietro. *O direito civil na legalidade constitucional*. Trad. Maria Cristina de Cicco. Rio de Janeiro: Renovar, 2008. p. 705.

Assim, propõe-se que o resgate contemporâneo da noção de estado considere a dignidade humana, elevada a princípio reitor e critério de legalidade do ordenamento jurídico, conforme o artigo 1º, III da Constituição Federal de 1988.[165] Nesse contexto, o conceito de estado pode contribuir para a consecução da igualdade material, a partir do reconhecimento de fatores que afetam o exercício de direitos por determinadas pessoas naturais, justificando o tratamento legal diferenciado,[166] funcionalizando-o à promoção da dignidade humana.

Apesar de não parecer novidade alguma, uma vez que o regime de incapacidades já era visto pela doutrina tradicional como forma de proteção, a noção apresentada endossa a sistematicidade do ordenamento jurídico ao propiciar as conexões necessárias entre a condição de vulnerabilidade tutelável por diplomas específicos de proteção e as normas do direito civil.

Em outras palavras, mesmo a concepção de proteção preexistente no código civil por meio da previsão legal das incapacidades deve ser dialogada com as demais normas protetivas dessa condição.

Especificamente quanto aos efeitos da idade na composição do complexo de direitos titularizados por uma pessoa natural, interessante indagação foi aposta por Cornu: assim como tem seus prazeres, seu espírito e seus costumes, cada idade não teria também seus próprios direitos?[167]

Caso ilustrativo sobre a relevância jurídica da idade aconteceu na Holanda. Emile Ratelband, um homem de 69 anos iniciou uma batalha judicial para alterar a sua idade em seus documentos oficiais. A sua pretensão não reside em qualquer incerteza sobre a data de seu nascimento. Segundo Ratelband, os médicos afirmam que a idade biológica dele equivale à de uma pessoa de 45 anos e por isso o holandês requer a retificação de seu registro civil. Já aposentado, com a mudança de idade deseja voltar ao trabalho e obter mais sucesso em aplicativos de relacionamento.[168]

---

165. Constituição Federal art. 1º: A República Federativa do Brasil, formada pela união indissolúvel dos Estados e Municípios e do Distrito Federal, constitui-se em Estado Democrático de Direito e tem como fundamentos: [...] III – a dignidade da pessoa humana; [...]

166. Posição semelhante é a de Pietro Perlingieri: "[a] igualdade substancial justifica estados diferenciados: do *status* como categoria abstrata e neutra chega-se a uma noção instrumental de *status*, como técnica apta a criar ou a explicar tratamentos desiguais, estatutos singulares (privilégios, dispensas e prerrogativas) e imunidades." (PERLINGIERI, Pietro. *O direito civil na legalidade constitucional*. Trad. Maria Cristina de Cicco. Rio de Janeiro: Renovar, 2008. p. 706).

167. No original: "*Comme il a ses plaisirs, son esprit et ses mœurs, chaque âge n'aurait-il pas son droit?*" (CORNU, Gérard. L'âge civil. *L'art du droit en quête de sagesse*. Paris: Presses Universitaires de France, 1998. p. 45).

168. Dutch man, 69, who "identifies as 20 years younger" launches legal battle to change age. *The telegraph*, 7 nov. 2018. Disponível em: http://telegraph.co.uk/news/2018/11/07/dutch-man-69-identifies-20-years-younger-launches-legal-battle/. Acesso em: 08 nov. 2018.

Ratelband, com isso, pretendia mudar o critério adotado pela lei para a definição da idade civil: em vez de *idade cronológica* (passar do tempo), pugnava pela prevalência da idade biológica (características físicas), que seria a idade com a qual ele se identifica.[169] Mas, postergando a sua data de nascimento, o que fazer com as relações jurídicas entabuladas nesses vinte anos que ele quer apagar de sua idade civil?

Não é por acaso, portanto, que a lei utiliza o critério cronológico para a definição da idade civil. Servindo-se da lição de Echeverría, Aguirre afirma que a idade é o tempo que uma pessoa leva vivendo, desde o seu nascimento, até a data em que ela é computada, combinando as ideias elementares de vida e de duração.[170] O termo inicial da idade civil é fixo: conta-se do registro de nascimento com vida. Por isso, nos dizeres de Gérard Cornu, a idade nada mais é do que a "expressão numérica da vida".[171]

Considerando que os indivíduos nascem física e mentalmente vulneráveis, a idade se reveste de especial importância, uma vez que ela revela também a atuação inexorável do tempo[172] sobre a pessoa.

O pensamento, a vontade, a consciência do dever e a responsabilidade pelos próprios atos são, em regra, resultado de um desenvolvimento gradual. Os atos praticados por uma pessoa são dotados de validade e, consequentemente, eficácia jurídicas somente a partir de um certo grau mínimo de maturidade.[173]

É a idade, portanto, que permite situar o indivíduo em um ponto da evolução humana natural,[174] iniciada com o nascimento e estendida durante o tempo da vida, acompanhando as nuances de cada estágio etário.

---

169. Por trás da discussão a respeito da idade, o caso revela o inconformismo do holandês com a possibilidade de mudança de gênero no registro de nascimento ao fundamentar a sua pretensão na analogia com os direitos da pessoa transgênero.

170. AGUIRRE, Carlos Martínez de. La protección jurídico-civil de la persona por razón de la menor edad. *Anuario de derecho civil*, Madrid, n. 4, p. 1416, 1992.

171. No original: *"Expression numérique de la vie".* A definição é de Gérard Cornu que, em trabalho sobre o tema, afirmou que a idade é uma unidade de medida biológica, um número de anos decorridos após o nascimento. (CORNU, Gérard. *L'âge civil. L'art du droit en quête de sagesse.* Paris: Presses Universitaires de France, 1998. p. 48).

172. Segundo Cunha Gonçalves: "Entre as causas físicas que influem no estado, nenhuma é tão geral e constante como a idade. Todo homem nasce física e mentalmente débil. A inteligência e a vontade fortificam-se à medida do crescimento do respectivo organismo." (GONÇALVES, Luiz da Cunha. *Tratado de direito civil.* 2. ed. atual. e aum. São Paulo: Max Limonad, 1955. v. 1. t. 1. p. 252).

173. *"El pensamiento, la voluntad, la conciencia del deber y de la responsabilidad de los propios actos son en el hombre el resultado de un desarrollo gradual. En consecuencia, el derecho sólo lo declara capaz de producir por su voluntad efectos jurídicos (capacidad de obrar), y en particular de formar voluntariamente las relaciones jurídicas mediante negocios jurídicos, o de responder de los actos ilícitos (responsabilidad, capacidad de imputación) cuando ha alcanzado un cierto grado de madurez."* (ENNECERUS, Ludwig. *Derecho Civil: Parte General.* Trad. Blas Pérez González e José Alguer. Barcelona: Bosch, 1935. v. 2. p. 364).

174. Parafraseia-se a lição de Gérard Cornu: *"La vie humaine étant ce qu'elle est un commencement, un développement, une fin, l'âge est primordialement un repère qui permet de situer l'homme dans sa course;*

Enquanto critério cronológico, a idade se reveste de generalidade, pois toda e qualquer pessoa a tem; e também, de elevada abstração, dada a sua impessoalidade, tendo em vista que é o passar do tempo que define a idade, e não as condições específicas de cada indivíduo. Trata-se de critério quantitativo e não qualitativo. Não por outra razão Federico de Castro y Bravo afirmou que a idade, por si só, diz bem pouco sobre a verdadeira aptidão da pessoa[175] e talvez resida nisto o inconformismo do holandês: para ele, sua idade civil não revela as suas concretas características físicas e psicológicas.

Apesar da acentuada abstração, a lei categoriza os indivíduos segundo o critério etário em maiores e menores a partir de uma determinada idade, firmando presunções *propter aetem*[176] de maturidade e, consequentemente, autorizando ou denegando juridicidade às suas manifestações. Nessa visão tradicional, a idade se assume como um fator de discriminação entre as pessoas, dando lugar a direitos,

---

l'une des coordonnées que la nature nous donne en inscrivant notre être dans la catégorie fondamentale du temps et notre vie dans un cycle." (CORNU, Gérard. L'âge civil. L'art du droit en quête de sagesse. Paris: Presses Universitaires de France, 1998. p. 48). Tradução livre: "Sendo a vida humana o que é, um começo, um desenvolvimento, um fim, a idade é primordialmente uma referência que permite situar o homem em sua raça; uma das coordenadas que a natureza nos dá inscrevendo nosso ser na categoria fundamental do tempo e nossa vida em um ciclo." No mesmo sentido, menciona-se a lição de Stanzione: "*Del resto, se il ciclo della vita si organizza in un inizio, in uno svolgimento e in una fine, è proprio l'età che consente di collocare l'uomo in un punto preciso di tale evoluzione, contribuendo inoltre all'esatta ricostruzione e valutazione di ogni evento prodotto dalla sua attività.*" (STANZIONE, Pasquale. *Capacità e minore età nella problematica della persona umana.* Camerino: Jovene, 1975. p. 262). Tradução livre: "Além disso, se o ciclo de vida se organiza em um começo, em um desenvolvimento e em um fim, é precisamente a idade que permite colocar o homem em um ponto preciso desta evolução, também contribuindo para a reconstrução e avaliação de cada evento produzido por sua atividade."

175. "*La edad, como medida de duración del vivir, es el lapso de tiempo transcurrido desde el nacimiento hasta el momento que se considere de la vida de una persona. Es la condición jurídica más general, porque atañe a toda persona y, a la vez, la más impersonal y más abstracta, por esa su misma generalidad. Estos caracteres han hecho que la consideración de la edad haya sido distinta en las diversas épocas de la Historia. La edad, por sí misma, dice bien poco sobre la verdadera aptitud de una persona [...].*" (CASTRO Y BRAVO, Federico de. *Derecho Civil de España.* Navarra: Thomson Civitas, 2008. v. 2. p. 149). Tradução livre: "A idade, como medida da duração da vida, é o período de tempo decorrido desde o nascimento até o momento em que se considera a vida de uma pessoa. É a condição jurídica mais geral, porque diz respeito a todas as pessoas e, ao mesmo tempo, às mais impessoais e abstratas, por essa mesma generalidade. Essas características fizeram com que a consideração da idade fosse diferente em diferentes períodos da história. A idade, por si só, diz muito pouco sobre a verdadeira aptidão de uma pessoa."

176. "*Lorsque le législateur attache un effet de droit à un âge déterminé et parfois à une différence d'âge, il procède toujours par voie de présomption. Mais les présomptions légales propter aetem offrent un inégal intérêt.*" Tradução livre: "Quando o legislador atribui efeito jurídico a uma certa idade e às vezes a uma diferença de idade, ele sempre procede por presunção. Mas as presunções legais *propter aetem* oferecem um interesse distinto." (CORNU, Gérard. L'âge civil. L'art du droit en quête de sagesse. Paris: Presses Universitaires de France, 1998. p. 48).

obrigações, ônus e prerrogativas distintas, conforme o estágio cronológico da vida do indivíduo.[177]

A idade civil é, portanto, um fato jurídico,[178] uma vez que mostra aptidão para a produção de efeitos jurídicos[179] em diversos âmbitos do Direito. Assim é que somente pessoas acima dos 35 anos podem assumir a presidência do país ou o governo de um estado, os ministros de estado necessariamente devem contar com mais de 21 anos[180] e somente as pessoas com mais de 25 anos podem se submeter à esterilização voluntária.[181] Esses casos refletem capacidades especiais exigidas pela lei para a prática de determinados atos, o que se tem denominado também de legitimação.[182]

Ao questionar sobre os direitos próprios de cada idade, a indagação de Cornu somente poderia ser afirmativa se levadas em consideração essas capacidades especiais, exigidas para determinados atos jurídicos. A resposta não seria a mesma se a referência for a capacidade de direito, pois toda pessoa, independentemente da idade ou do estado mental, detém essa modalidade de capacidade, simplesmente por serem pessoas naturais, dotadas de personalidade.

No âmbito do direito privado, a idade é adotada como critério de capacidade de fato. O ordenamento elege uma idade específica a partir da qual se alcança a plena capacidade para a prática dos atos da vida civil, quando então se atinge

---

177. *"L'età, in fatti, nella visione tradizionale, si atteggia a fattore di discriminazione tra gli uomini, dando luogo a classi di soggetti caratterizzate da una notevole diversità di diritti, obblighi, oneri e prerogative."* (STANZIONE, Pasquale. *Capacità e minore età nella problematica della persona umana.* Camerino: Jovene, 1975. p. 260). Tradução livre: "A idade, de fato, na visão tradicional, age como um fator de discriminação entre os homens, dando origem a classes de sujeitos caracterizados por uma considerável diversidade de direitos, obrigações, ônus e prerrogativas."

178. Sobre o fato jurídico, afirma Pontes de Miranda: "Fato jurídico é, pois, o fato ou complexo de fatos sôbre o qual incidiu a regra jurídica; portanto, o fato de que dimana, agora ou mais tarde, talvez condicionalmente, ou talvez não dimane, eficácia jurídica." (MIRANDA, Pontes de. *Tratado de direito privado*: parte geral. Atualização de Judith Martins-Costa, Gustavo Haical e Jorge Cesar Ferreira da Silva. São Paulo: Ed. RT, 2012. t. 1. p. 148). Luiz da Cunha Gonçalves, por sua vez, inclui a idade como fato jurídico necessário: "entram nesse grupo os factos pertencentes ao ciclo da vida – o nascimento, a idade, o sexo, a morte etc. que determinam condições ou situações jurídicas (estado), e que só pelo simples facto de se realizarem dão lugar a relações de direito [...]." (GONÇALVES, Luiz da Cunha. *Tratado de direito civil.* 2. ed. atual. e aum. São Paulo: Max Limonad, 1955. v. 1. t. 1. p. 359).

179. TEPEDINO, Gustavo. Esboço de uma classificação funcional dos atos jurídicos. *Revista Brasileira de Direito Civil (RBDCivil)*, Belo Horizonte, v. 1, p. 8-37, jul./set. 2014. Disponível em: https://rbdcivil. ibdcivil.org.br/rbdc/article/view/129. Acesso em: 10 dez. 2018.

180. Constituição Federal, art. 87.

181. Art. 9º, da Lei de Planejamento Familiar (9.263/1997).

182. "Da capacidade de fato distingue-se a legitimação para a prática de determinado ato. [...] Um único exemplo poderá esclarecer a distinção entre os dois conceitos: atinge-se a plena *capacidade de fato* aos 18 anos completos (CC 2002, art. 5º) mas somente terá *legitimação* para eleger-se deputado federal aos 21 anos completos (CF, art. 14, VI, c)." (TEPEDINO, Gustavo; BARBOZA, Heloísa Helena; MORAES, Maria Celina Bodin de. *Código Civil interpretado conforme a Constituição da República.* 3. ed. rev. e atual. Rio de Janeiro: Renovar, 2014. v. 1. p. 6).

a maioridade. Ao proceder dessa forma, associa-se um dado objetivo, que é a idade, à aptidão que se crê necessária para realizar determinados atos jurídicos, portanto, a um dado subjetivo.[183]

Nesse viés, a idade cronológica pode ser considerada um estado civil (individual ou pessoal), que determina automaticamente a capacidade ou incapacidade da pessoa, a partir da divisão entre maioridade e menoridade. Enquanto fator para a determinação da (in)capacidade, desde a edição do EPD, consiste no único critério possível para a incapacidade absoluta, pois somente os menores de dezesseis anos são assim considerados no ordenamento vigente.

Outros estados podem também repercutir sobre a capacidade do indivíduo, como é o caso da pessoa que não pode se exprimir, considerada pelo artigo 4º do Código Civil como relativamente incapaz, ou, da mesma forma, a prodigalidade.[184] Mas a idade legal como critério de capacidade de fato conserva a peculiaridade de independer de pronunciamento judicial para seu reconhecimento:[185] da idade, enquanto não atingido o mínimo para a capacidade plena, decorre *ex vi legis* a incapacidade absoluta ou relativa por presunção legal *propter aetem*.[186]

Portanto, a utilidade da fixação de uma idade legal para a maioridade civil se associa ao imperativo de segurança jurídica,[187] pois corrige a "impossibilidade

---

183. "*La edad es tenida en cuenta por el ordenamiento jurídico en tanto que la evolución de la vida humana entraña la aparición de cambios importantes en la persona que repercuten en su capacidad de obrar. La capacidad de entender y, por tanto, la de querer conscientemente, esencial para obrar, no es la misma evidentemente en la infancia que en la juventud o madurez. Por ello, la edad es tenida en cuenta por el Derecho porque asocia a este dato objetivo la posesión de la aptitud que cree exigible para realizar determinados actos y negocios.*" (DÍEZ-PICAZO, Luis; GULLÓN, Antonio. *Sistema de derecho civil*. 10. ed. Madrid: Tecnos, 2001. p. 226). Tradução livre: "A idade é levada em conta pelo sistema jurídico na medida em que a evolução da vida humana envolve o aparecimento de mudanças importantes na pessoa que afetam sua capacidade de agir. A capacidade de compreender e, portanto, de querer conscientemente, essencial para agir, obviamente não é a mesma na infância, na juventude ou na maturidade. Por esta razão, a idade é levada em conta pela lei porque associa a esse dado objetivo a posse da aptidão que acredita ser necessária para realizar certos atos e negócios."

184. É relevante o alerta feito por Gabriel Schulman para que o estado de incapaz não implique a criação de uma categoria de pessoas de "segunda classe": "Outra repercussão relevante a ser assinalada está na aproximação da incapacidade civil da noção de estado, vale realçar, extrapola sua função original e atribui, além da restrição aos atos da vida civil, uma etiqueta com forte impacto nas relações sociais, um *status*. [...] Uma leitura do regime das incapacidades em sua historicidade faz notar que os estigmas que circundam a incapacidade implicam que suas consequências interferem no acesso e na inclusão da pessoa curatelada (interditada)." (SCHULMAN, Gabriel. *A internação forçada de adultos que fazem uso abusivo de drogas*. 2018. 368 f. Tese (Doutorado em Direito) – Faculdade de Direito, UERJ, Rio de Janeiro, 2018. p. 81).

185. "Incapacidade automática é a resultante de menoridade. Todas as outras são dependentes de decretação judicial." (ASCENSÃO, José de Oliveira. *Direito civil*: teoria geral. 3. ed. São Paulo: Saraiva, 2010. p. 142).

186. Sobre a natureza dessa presunção, vide capítulo 3, *infra*.

187. Sobre o direito espanhol, Díez-Picazo e Gullón afirmaram: "*En el Código civil, en su redacción originaria éste es el sano criterio rector; no hay concesión de una capacidad de obrar en función de la aptitud de cada persona. Sin embargo, se está olvidando en las modernas leyes reformadoras del mismo, que se inclinan por*

de se examinar [a maturidade] em cada caso" e evitar "as incertezas de se confiar no arbítrio do juiz".[188]-[189] Evidencia-se, com isso, uma concepção abstrata e universalizante da incapacidade etária por meio da presunção de maturidade conforme a idade alcançada pelo indivíduo.[190]

Ao se considerar os patamares etários fixados em lei como *status* apto a acarretar tratamentos jurídicos distintos conforme o grau de vulnerabilidade do indivíduo, justifica-se a presunção de incapacidade da pessoa em desenvolvimento, dada a ausência de maturidade para a manifestação de vontade jurígena.[191] Mas é indispensável notar que a idade que interessa, para o regime de (in) capacidades civis, é a juventude e não a senilidade. Como bem observado por Cornu, a capacidade não se submete a um termo, a um tempo certo de validade. Ao contrário, a idade como critério de capacidade marca sempre o fim da inca-

---

una dependencia entre capacidad y amplitud concreta de la persona que se trate, prescindiendo del dato objetivo de la edad. Tal orientación parece peligrosa por arbitraria e insegura, pues deja la apreciación de la capacidad real, que se traducirá en el reconocimiento de la capacidad de obrar jurídica, a un juicio subjetivo." (DÍEZ-PICAZO, Luis; GULLÓN, Antonio. *Instituciones de derecho civil*. 2. ed. Madrid: Tecnos, 2000. p. 136. v. 1). Tradução livre: "No Código Civil, em sua redação original, esse é o critério de orientação saudável; não há concessão de capacidade para agir de acordo com a aptidão de cada pessoa. No entanto, está sendo esquecido nas modernas leis de reforma do mesmo, que são inclinadas por uma dependência entre capacidade e amplitude específica da pessoa em questão, independentemente dos dados objetivos da idade. Tal orientação parece perigosa porque é arbitrária e insegura, porque deixa a apreciação da capacidade real, que resultará no reconhecimento da capacidade de agir legalmente, em um julgamento subjetivo."

188. ESPÍNOLA, Eduardo. *Systema do direito civil brasileiro*. 3. ed. Rio de Janeiro: Livraria Francisco Alves, 1938. v. 1. p. 356.

189. No mesmo sentido: "*El cambio de vivir social, al exigir reglas fijas que den seguridad al trafico y permitan decisiones rápidas, hace que en todas las civilizaciones se agregue, a una determinada edad, la presunción de que con ella se alcanzan unas determinadas condiciones fisicopsíquicas, con lo que se da paso al fin, el requisito de una edad fijada sustituya totalmente el antiguo supuesto del desarrollo corporal o mental de la persona.*" (CASTRO Y BRAVO, Federico de. *Derecho Civil de España*. Navarra: Thomson Civitas, 2008. v. 2. p. 150). Tradução livre: "A mudança da vida social, ao exigir regras fixas que dão segurança ao trânsito e permitem decisões rápidas, significa que em todas as civilizações, em certa idade, a presunção de que com ela se alcançam certas condições físicas e psíquicas. Por fim, a exigência de uma idade fixa substitui completamente a antiga suposição do desenvolvimento corporal ou mental da pessoa."

190. "Há uma idade em que se reputa como sendo aquela em que o corpo adquire a plenitude de seu desenvolvimento; e essa idade foi pelos legisladores adoptada como sendo a da capacidade legal, estabelecendo para todos a mesma bitola, para que tão importante questão não ficasse dependente das variadas condições individuais." (GONÇALVES, Luiz da Cunha. *Tratado de direito civil*. 2. ed. atual. e aum. São Paulo: Max Limonad, 1955. v. 1. t. 1. p. 252).

191. Eduardo Espínola explica que, apesar da variação em cada indivíduo, a fixação de uma idade legal atende à segurança jurídica ao evitar as incertezas de se deixar ao juiz o exame concreto do discernimento: "[é] verdade que esse desenvolvimento varia de indivíduo a indivíduo; mas na impossibilidade de se examinar em cada caso, e afim (sic) de evitar as incertezas de se confiar no arbítrio do juiz essa apreciação, o direito objetivo estabelece uma norma geral, baseada na observação da edade em que mais commummente as faculdades psychologicas chegam a um estado satisfactorio de madureza." (ESPÍNOLA, Eduardo. *Systema do direito civil brasileiro*. 3. ed. Rio de Janeiro: Livraria Francisco Alves, 1938. v. 1. p. 356).

pacidade e nunca o começo, pois a idade avançada não retira, por si só, a força jurígena da manifestação de vontade da pessoa idosa.[192]-[193]

Outra observação importante é que a presunção da capacidade civil decorrente da idade baseia-se na superação da imaturidade intelectual a partir da maioridade civil, não se utilizando o critério da puberdade, ou seja, da maturidade física para a procriação,[194] pertinente ao direito romano.[195]

1.4.3 A condição evolutiva da criança e do adolescente e a autonomia progressiva

Em 1985, A *House of Lords* deparou com o caso da Senhora Gillick. Mãe de cinco filhas, todas com idade inferior a dezesseis anos, ela se insurgiu contra orientação emanada do Departamento de Saúde e Segurança Social britânico que permitia a prescrição de métodos contraceptivos a meninas na faixa etária de suas filhas, ainda que sem o consentimento dos pais, decorrente apenas da

---

192. Para Cornu, "[t]out le monde sait ainsi que le législateur des incapacités s'intéresse à la juvénilité, non à sénilité. Les limites d'âge que la loi établit pour frontières à la capacité sont, en réalité, les bornes d'une incapacité. Elles marquent toujours la fin, jamais le début d'une période d'incapacité. Limites inférieures et non supérieures d'âge, elles signalent des avènements, des promotions, non des déchéances, des éliminations." (CORNU, Gérard. L'âge civil. L'art du droit en quête de sagesse. Paris: Presses Universitaires de France, 1998. p. 50). Tradução livre: "todos sabem que o legislador das incapacidades está interessado na juventude, não na senilidade. Os limites de idade que a lei estabelece como fronteiras para a capacidade são, na realidade, os marcos de uma incapacidade. Eles sempre marcam o fim, nunca o começo de um período de incapacidade. Limites inferiores e não superiores de idade, eles sinalizam o advento, a promoção, não a degradação, a eliminação."

193. Nada obstante, a idade avançada pode repercutir também nos direitos da pessoa idosa. No Código Civil, a autonomia para a escolha do regime de bens do casamento à pessoa septuagenária é suprimida, fixando-se o regime de separação obrigatória como regra cogente (art. 1.641, II). O Estatuto do Idoso (Lei 10.741/2003), por outro lado, reconhece a vulnerabilidade da pessoa idosa, assim considerada aquela maior de 60 anos de idade, e estabelece direitos específicos decorrentes dessa condição. Interessante notar que nesse diploma, que também possui caráter protetivo, a idade qualifica a pessoa como idosa ao se alcançar os 60 anos, mas são estabelecidas algumas distinções, como a prioridade especial àqueles com 80 anos (art. 3º, § 2º) e direitos específicos para maiores de 65 anos de idade, como a gratuidade de transporte público (art. 39) e o recebimento de benefício social (art. 34). Contudo, o tratamento legal diferenciado não implica a redução da capacidade de fato.

194. "Nas legislações primitivas, em que predominava a animalidade, o critério da capacidade era o da maturidade sexual ou puberdade. Quem era capaz de procriar era também capaz de se administrar; e, assim, no primitivo direito romano, os homens atingiam a plena capacidade aos 14 anos e as mulheres aos 12. Com o andar dos tempos, porém, viram-se inconvenientes de se atribuir a capacidade a pessoas de tão tenra idade; e já na época imperial foi fixada para a capacidade a idade de 25 anos [...]." (GONÇALVES, Luiz da Cunha. Tratado de direito civil. 2. ed. atual. e aum. São Paulo: Max Limonad, 1955. v. 1. t. 1. p. 252).

195. "Quanto à idade, os romanos dividiam as pessoas físicas em *impúberes* e púberes. No direito clássico discutia-se quando ocorria puberdade, isto é, a capacidade de procriar, que, para os romanos, implicava, também, a plena capacidade intelectual." (ALVES, José Carlos Moreira. Direito romano. 16. ed. Rio de Janeiro: GEN, 2014. p. 131-132).

relação médico-paciente. Gillick alegava que a orientação violava os direitos dos pais sobre os filhos, além de estimular a relação sexual precoce.

A decisão da *House of Lords* foi emblemática: rejeitou os argumentos da demandante e manteve a orientação do Departamento de Saúde. Na decisão proferida, determinou-se que o médico verificasse, concretamente, se o paciente com idade inferior a dezesseis anos possuía discernimento suficiente para compreender o tratamento ministrado.

Em seu voto, Lord Scarman afirmou que o direito dos pais de determinar se o filho com menos de dezesseis anos terá um tratamento médico terminava se e quando a criança atingisse suficientes compreensão e inteligência para habilitá-la a entender integralmente o que lhe é proposto.[196]

O *leading case* conduz à teoria do "menor maduro",[197] que tem sido desenvolvida para fundamentar a possibilidade de escolhas relativas à saúde por pessoas que ainda não tenham atingido a maioridade civil, para que não fiquem à mercê de decisões heterônomas, sejam dos pais, do responsável ou do Estado.

Enquanto a idade conduz à qualificação da pessoa em capaz ou incapaz, situando-a em uma categoria preexistente altamente abstrata, a maturidade concreta tem ganhado espaço como critério para definição da capacidade de fato da criança e do adolescente. Diante disso, a doutrina contrapõe a idade legal à idade real.[198] A primeira, estabelecida pelo legislador como um limite juridicamente relevante, a partir de uma valoração abstrata, não está sujeita a variações por parte do intérprete. A segunda constitui elemento deliberadamente apreciável casuisticamente, deixando-se a sua fixação a cargo de quem deva defini-la em concreto.[199]

Essa construção doutrinária tenciona aproximar a maturidade presumida da maturidade real, pois as pessoas se desenvolvem de formas e em tempos diferentes. Na impossibilidade de atender as especificidades de cada um, a lei

---

196. No original: "*[...] the parental right to determine whether or not their minor child below the age of 16 will have medical treatment terminates if and when the child achieves a sufficient understanding and intelligence to enable him or her to understand fully what is proposed.*" (Disponível em: http://www.hrcr.org/safrica/childrens_rights/Gillick_WestNorfolk.htm. Acesso em: 18 dez. 2018).

197. O "menor maduro" é aquele capaz de compreender o alcance de uma atuação ou intervenção médica e, portanto, capaz de prestar o consentimento informado. (BLÁZQUEZ, Francisco Oliva. El menor maduro ante el derecho. *Revista EIDON*, Madrid, n. 41, p. 30, jun. 2014. Disponível em: http://www.revistaeidon.es/public/journals/pdfs/2014/41_junio.pdf. Acesso em: 07 jan. 2019).

198. CORNU, Gérard. L'âge civil. *L'art du droit en quête de sagesse*. Paris: Presses Universitaires de France, 1998. *Passim*.

199. MUNARI, Francesca Menegazzi. L'abassamento dela maggiore età nelle più recenti riforme dei paesi membri del Consiglio d'Europa. In: CRISTOFARO, Marcello de; BELVEDERE, Andrea (Coord.). *L'autonomia dei minori tra famiglia e società*. Milano: Giuffrè, 1980. p. 648.

prevê um gráfico homogêneo para a aquisição da capacidade, que se exprime em degraus. A pessoa é absolutamente incapaz até os dezesseis anos, quando então ela sobe ao próximo degrau, que é a incapacidade relativa, até que ela chegue ao último degrau, que é a plena capacidade. Contudo, o desenvolvimento pessoal não opera dessa forma. Em vez disso, um gráfico que melhor exprimiria a aquisição da maturidade real seria uma linha ascendente constante.[200]

Por meio da idade presume-se então a concreta maturidade da criança e do adolescente – ou como diz a doutrina – a sua capacidade natural.[201] Embora necessário diante da impraticabilidade de definição casuística da maturidade, esse sistema revela a substituição de uma realidade qualitativa, que é o amadurecimento, por uma realidade quantitativa, que é o simples decorrer do tempo.[202]

Diante disso, o artigo 12 da Convenção sobre os Direitos da Criança (CSDC) garantiu às pessoas menores de 18 anos, o direito de terem sua opinião levada em consideração nos assuntos que lhes digam respeito, conforme a criança esteja capacitada a formular seus próprios juízos em razão da idade e da maturidade. Essa norma introduz a maturidade concreta na avaliação da capacidade para expressar opiniões, ao mesmo tempo em que não desconsidera a (i)maturidade presumida decorrente da idade.

---

200. *"Per capire meglio la differenza tra il concetto extra-giuridico di 'maturità' e quello, giuridicamente rilevante, di 'capacità' si potrebbero tracciare due grafici. Il primo rappresentato da una semplice linea ascendente, più o meno curva; il secondo, invece, da una scala. Infatti, mentre alla 'maturità psicofisica' si arriva con un'evoluzione di tipo lineare, per lo più continua e costante, alla 'piena capacità d'agire' si arriva per gradi, seguendo un percorso predeterminato e più o meno frazionato in tappe (o scalini)."* (MUNARI, Francesca Menegazzi. L'abassamento della maggiore età nelle più recenti riforme dei pacsi membri del Consiglio d"Europa. In: CRISTOFARO, Marcello de; BELVEDERE, Andrea (Coord.). *L'autonomia dei minori tra famiglia e società*. Milano: Giuffrè, 1980. p. 647).

201. AGUIRRE, Carlos Martínez de. La protección jurídico-civil de la persona por razón de la menor edad. *Anuario de derecho civil*, Madrid, n. 4, p. 1418, 1992.

202. *"Pero que presumir la capacidad natural a partir de la edad sea razonable, no debe hacernos olvidar el hecho que, por medio de este sistema, se sustituye (utilizando las acertadas palabras de Goubeaux) una realidad cualitativa (la efectiva adquisición de la capacidad natural) por otra meramente cuantitativa (el paso del tiempo, a contar desde un momento determinado). En ese sentido, es claro que la edad no mide más que eso: el paso del tiempo en relación a la vida; y no como parece pretender Stanzione, el desarrollo físico y psíquico de esa misma persona, con respecto al que sólo puede servir como punto de referencia aproximativo, con base en id quod plerumque accidit, según he indicado."* (AGUIRRE, Carlos Martínez de. La protección jurídico-civil de la persona por razón de la menor edad. *Anuario de derecho civil*, Madrid, n. 4, p. 1418, 1992). Tradução livre: "Mas, presumir que a capacidade natural da idade é razoável, não deve nos fazer esquecer o fato de que, por meio desse sistema, uma realidade qualitativa (a aquisição efetiva da capacidade natural) é substituída (usando as palavras corretas de Goubeaux) por outra meramente quantitativa (a passagem do tempo, contando a partir de um momento específico). Nesse sentido, fica claro que a idade não mede mais do que isso: a passagem do tempo em relação à vida; e não como Stanzione parece pretender, o desenvolvimento físico e psíquico dessa mesma pessoa, com respeito àquele que só pode servir como um ponto de referência aproximado, baseado no *id quod plerumque accidit*, como indicado."

A interpretação e alcance dessa disposição normativa pode parecer nebulosa, dada a vagueza dos conceitos jurídicos por ela utilizados. Quando a criança pode ser considerada capacitada (e não necessariamente capaz) a formular seus próprios juízos?

O ECA, em certa medida, introjetou a capacidade progressiva prevista na CSDC ao distinguir crianças de adolescentes, conferindo maior grau de participação aos maiores de doze anos. Tanto assim que o consentimento expresso do adolescente, colhido em audiência, é condição para a colocação em família substituta, enquanto a participação da criança é garantida por meio da oitiva por equipe profissional (artigo 28, ECA). Ou seja, a lei considera que o maior de doze anos tem maturidade suficiente para se manifestar e até mesmo decidir sobre seu próprio destino, uma vez que a colocação em família substituta, especialmente a adoção (art. 45, ECA), exige a sua concordância.

A Convenção Europeia sobre o Exercício dos Direitos das Crianças[203] (CEEDC) adota expressamente a orientação de buscar na lei interna os elementos para se interpretar os limites e alcance da suficiência de discernimento que autoriza a criança a participar das decisões que lhes afetam.[204] Nela são também esclarecidos os direitos titularizados pelas crianças com discernimento: a) receber toda a informação pertinente; b) ser consultado e expressar a sua opinião; c) ser informado das consequências do ato.[205] Embora essa Convenção não tenha força de norma interna no direito brasileiro, tratando de direitos fundamentais, as diretrizes trazidas por ela auxiliam a interpretação do artigo 12 da CSDC e do regime de incapacidade civil etária respeitando-se o valor central da dignidade humana.

Assim, a CSDC revela o direito fundamental da criança e do adolescente à livre expressão e opinião, que é positivamente valorado e reconhecido no *caput* do artigo 227 da Constituição Federal. Portanto, sua função é primordial na interpretação e consecução da tutela prioritária da infanto-adolescência.[206]

---

203. UNIÃO EUROPEIA. *Convenção sobre o Exercício dos Direitos da Criança*. Disponível em: http://www.ciespi.org.br/media/Base%20Legis/ConvEurExercDirCri.pdf. Acesso em: 09 jan. 2019.

204. A doutrina argentina tem também defendido essas diretrizes para a interpretação do art. 12 da CSDC, da qual a Argentina é signatária. Nesse sentido: HUSSONMOREL, Rodolfo. La libre opinión del niño. In: WEINBERG, Inés M. *Convención sobre los derechos de los niños*. Buenos Aires: Rubinzal-Culzoni, 2002. p. 192.

205. Convenção sobre o Exercício dos Direitos pela Criança, art. 3º: À criança que à luz do direito interno se considere ter discernimento suficiente deverão ser concedidos, nos processos perante uma autoridade judicial que lhe digam respeito, os seguintes direitos, cujo exercício ela pode solicitar: a) Obter todas as informações relevantes; b) Ser consultada e exprimir a sua opinião; c) Ser informada sobre as possíveis consequências de se agir em conformidade com a sua opinião, bem como sobre as possíveis consequências de qualquer decisão.

206. As normas da CSDC possuem caráter materialmente fundamental e, portanto, constitucional, a despeito da tese da supralegalidade adotada pelo STF quanto aos tratados de direitos humanos anteriores à Emen-

Nessa linha, esclarece a doutrina que o conteúdo do direito à liberdade de opinião e expressão contido no artigo 12 da CSDC implica aos pais, à família e também à comunidade a incumbência de "prover as informações necessárias ao pleno conhecimento dos fatos, bem como educar as crianças para o pleno desenvolvimento de suas capacidades mentais".[207]

A incapacidade civil etária não passou ilesa a essas mudanças, tendo em vista a necessidade de conformação das normas infraconstitucionais com a orientação axiológica constitucional. A maturidade concreta passa a ter valor jurídico na tomada de decisão pelas crianças e adolescentes. Segundo Stanzione, a capacidade de discernimento não aparece como uma nova categoria dogmática, mas como uma valoração casuística da situação global do "menor" em relação a cada ato, a cada escolha existencial que ele deva fazer.[208]

É importante consignar que o termo inicial da adolescência orienta e confirma a necessidade de participação dos maiores de doze anos, mas não afasta a necessidade de participação das crianças, que devem também ser ouvidas, mesmo que por intermédio de equipe multidisciplinar. Em todos os casos, deve-se observar o melhor interesse da criança e do adolescente como princípio reitor de qualquer decisão autônoma ou heterônoma que os atinja, sobretudo em aspectos existenciais. Nesse sentido, foi aprovado o Enunciado 138 nas III Jornadas de Direito Civil promovidas pelo Conselho da Justiça Federal, segundo o qual "[a] vontade dos absolutamente incapazes, na hipótese do inc. I do artigo 3º é juridi-

---

da Constitucional 45/2004. No que tange aos direitos das crianças e dos adolescentes, constata-se que não há antinomias entre a norma constitucional e a CSDC, portanto, é viável a interpretação dialogada entre as fontes, sem com isso recorrer à estrutura hierárquica do ordenamento interno. Nesse sentido: "[...] é de se compreender que os direitos oriundos dos tratados e convenções internacionais de direitos humanos, sendo *materialmente constitucionais* se somam e equiparam aos direitos fundamentais sediados formalmente na Constituição. Todos eles, no entanto, podem e devem, por força do disposto no art. 5º, §2º CRFB, serem considerados direitos *materialmente constitucionais*." (FACHIN, Luiz Edson; GODOY, Miguel Gualano de; MACHADO FILHO, Roberto Dalledone; FORTES, Luiz Henrique Krassuski. O caráter materialmente constitucional dos tratados e convenções internacionais sobre direitos humanos. In: NOVELINO, Marcelo; FELLET, André (Coord.). *Separação de poderes*: aspectos contemporâneos da relação entre executivo, legislativo e judiciário. Salvador: JusPodivm, 2018. p. 294).

207. MONACO, Gustavo Ferraz de Campos. *A declaração universal dos direitos da criança e seus sucedâneos internacionais*. Coimbra: Coimbra Editora, 2004. p. 139.

208. No original: "*È opportuno, invece, ribadire l'utilità del ricorso alla capacità di discernimento, non come nuova categoria dogmatica, ma come valutazione casistica della situazione globale del minore in relazione al singolo atto, alla singola scelta esistenziale che questi deve compiere.*" (STANZIONE, Pasquale. Scelte esistenziale e autonomia del minore. In: AUTORINO, Gabriella; STANZIONE, Pasquale. *Diritto civile e situazione esistenziale*. Torino: G. Giappichelli, 1997. p. 216). Tradução livre: "As novas propostas que traçam classes fixas de idade, deduzindo o limite mínimo da disciplina do código civil ou das regras constitucionais, não parecem escapar às objeções formuladas na época. Ao contrário, é oportuno reiterar a utilidade do recurso à capacidade de discernimento, não como uma nova categoria dogmática, mas como uma avaliação casuística da situação geral do menor em relação ao ato único, à única escolha existencial que ele tem que fazer."

camente relevante na concretização de situações existenciais a eles concernentes, desde que demonstrem discernimento bastante para tanto".[209]

Tem-se, portanto, uma redução do domínio da incapacidade etária, mesmo absoluta, não se podendo mais tomar pela literalidade do termo "incapacidade" a necessidade de intervenções heterônomas, por meio de assistente ou representante nos atos praticados pelos adolescentes. Se decerto o estopim para a remodelação da incapacidade civil etária foram os atos existenciais, também os atos patrimoniais sofrem o influxo do direito fundamental à participação.

Quando a gestão dos bens da criança ou do adolescente estiver incumbida aos seus pais ou responsável, conforme consignou Thaís Sêco, a consideração sobre as questões patrimoniais dentro do paradigma do melhor interesse da criança e do adolescente, resolve-se, *a priori*, de forma relativamente simples, pois se verifica na preservação ou incremento patrimonial.[210] Mas nem sempre o juízo sobre o cumprimento do melhor interesse decorrerá tão facilmente.

Em recente julgamento, o STJ entendeu pelo dever dos pais de prestarem contas sobre a administração dos bens dos filhos em usufruto legal, quando o pedido se fundar no exercício disfuncional da autoridade parental.[211] Embora o usufruto legal esteja previsto no artigo 1.689 do Código Civil e tenha por justificativa a solidariedade familiar, a administração pelos pais encontra limites na função de promover os interesses da criança e do adolescente.[212] Nesse sentido,

---

209. A referida hipótese do artigo 3º, I do Código Civil era a incapacidade absoluta da pessoa menor de 16 anos, assim prevista na redação original do diploma legal, antes das modificações promovidas sobre o regime das incapacidades pelo Estatuto da Pessoa com Deficiência (Lei 13.146/2015) e que atualmente corresponde ao *caput* do mesmo artigo.

210. SÊCO, Thaís Fernanda Tenório. Por uma nova hermenêutica do direito da criança e do adolescente. *Civilistica.com*, Rio de Janeiro, v. 3, n. 2, p. 18-19, jul./dez. 2014. Disponível em: http://civilistica.com/por-uma-nova-hermeneutica-do-direito-da-crianca-e-do-adolescente/. Acesso em: 09 jan. 2019.

211. BRASIL. Superior Tribunal de Justiça. *REsp 1.623.098/MG*. Relator: Min. Marco Aurélio Bellizze. Julgamento: 13.03.2018. Órgão Julgador: Terceira Turma. Publicação: DJe 23.03.2018.

212. "Contudo, se o poder de usufruir e administrar os bens dos filhos menores não é absoluto, quais seriam seus limites e qual o meio adequado de fiscalização? Os limites são externos e internos. O limite externo é exceção a privar o titular do exercício da situação subjetiva. No caso do usufruto e administração dos bens dos filhos menores, por exemplo, constituem limites externos a exclusão de todos os bens previstos no art. 1.693 do Código Civil: os bens adquiridos pelo filho havido fora do casamento, antes do reconhecimento; os valores auferidos pelo filho maior de dezesseis anos, no exercício de atividade profissional e os bens com tais recursos adquiridos; os bens deixados ou doados ao filho, sob a condição de não serem usufruídos, ou administrados, pelos pais; os bens que aos filhos couberem na herança, quando os pais forem excluídos da sucessão. O limite interno corresponde ao exercício da situação subjetiva em conformidade com o interesse a que visa tutelar o ordenamento jurídico. Em outas palavras, os limites internos se relacionam ao exercício segundo a finalidade ou função daquela situação subjetiva. Nesse sentido, o Ministro Bellize afirma que 'esse *munus* deve ser exercido sempre visando atender ao princípio do melhor interesse do menor'. Com efeito, os poderes-deveres intrínsecos ao poder familiar são funcionalizados e, assim, somente alçam tutela, se exercidos no melhor interesse da criança." (MEIRELES, Rose Melo Vencelau. Ação de exigir contas pelo exercício do usufruto legal

o direito fundamental à participação coloca o adolescente como sujeito ativo do direito de ter conhecimento sobre a sua situação patrimonial, reforçando o seu interesse legítimo ao controle do exercício do múnus da autoridade parental.

Segundo Jean-Jacques Lemouland, o critério do discernimento permite modular a incapacidade civil da criança e do adolescente também no domínio dos atos patrimoniais conforme a natureza e gravidade do ato.[213] Desse modo, estar-se-ia reforçando a legitimidade para a prática, pelos incapazes etários, de atos correntes da vida civil, necessários à inserção da criança e do adolescente nas interações sociais,[214] o que sempre se revelou um desafio para a doutrina civil tradicional.[215-216]

Portanto, impõe-se reconhecer que a condição evolutiva da criança e do adolescente, além de atrair a aplicação de diversas normas protetivas, reduz, gradativamente, a interferência de terceiros, assistentes ou representantes, em assuntos a elas relacionados e conduz à capacitação progressiva para a prática dos atos da vida civil, existenciais ou patrimoniais.

---

e administração dos bens dos filhos: análise da decisão proferida pelo STJ no RESP 1.623.098/MG. *Revista Brasileira de Direito Civil (RBDCIVIL)*, Belo Horizonte, v. 17, p. 155-167, jul./set. 2018. Disponível em: https://rbdcivil.ibdcivil.org.br/rbdc/article/view/276. Acesso em: 10 jan. 2019).

213. *"Enfin, et comme pour les actes personnels, la nature et la gravité de l'acte ont une influence sur le degré d'autonomie. Les actes usuels ou les actes conservatoires sont des actes que le mineurs peut faire seul."* (LEMOULAND, Jean-Jacques. L'assistence du mineur, une voie possible entre l'autonomie et la représentation. *Revue Trimestrielle de Droit Civil*, v. 96, n. 1, p. 8, jan./mar. 1997). Tradução livre: "Enfim, e como para os atos pessoais, a natureza e a gravidade do ato [patrimonial] têm uma influência sobre o grau de autonomia. Os atos usuais ou os atos de conservação são os atos que os menores podem exercer sozinhos."

214. De acordo com o direito português, Ascensão afirma que "[d]epende só da capacidade natural a prática de atos da vida corrente que apenas impliquem despesas, ou disposição de bens de pequena importância (art. 127/1 b). É uma exceção muito significativa. Ninguém estranha que o menor pague o bilhete de autocarro a caminho da escola. Ou vá comprar ovos a mando da mãe. Só é relevante que naturalmente entenda o que faz." (ASCENSÃO, José de Oliveira. *Direito civil*: teoria geral. 3. ed. São Paulo: Saraiva, 2010. p. 147).

215. Sobre isso, cf. LARENZ, Karl. O estabelecimento de relações obrigacionais por meio do comportamento social típico. *Revista Direito GV*, v. 2, n. 1, p. 56-64, jan./jun. 2006; MIRANDA, Pontes de. *Tratado de direito privado*: parte geral. Atualização de Judith Martins-Costa, Gustavo Haical e Jorge Cesar Ferreira da Silva. São Paulo: Ed. RT, 2012. t. 1; e TEPEDINO, Gustavo. Esboço de uma classificação funcional dos atos jurídicos. *Revista Brasileira de Direito Civil (RBDCivil)*, Belo Horizonte, v. 1, p. 8-37, jul./set. 2014. Disponível em: https://rbdcivil.ibdcivil.org.br/rbdc/article/view/129. Acesso em: 10 dez. 2018.

216. Mais recentemente, ao propor uma análise funcional das invalidades negociais, Eduardo Nunes de Souza concluiu: "A solução prevista legislativamente para a regulação dos efeitos negociais deve ter sua adequação posta à prova à luz do caso concreto, incumbido ao julgador investigar se a disciplina legal pode conduzir a resultados contrários à axiologia do ordenamento diante de valores e interesses que estejam em jogo no ato analisado. Se for esse o caso, não se estará diante de uma quebra sistemática, pois a aplicação da integralidade da ordem jurídica ao caso concreto autoriza o intérprete a modular de forma diferenciada as consequências do reconhecimento da nulidade ou da anulação do negócio, inclusive ao ponto de considerar certo ato em concreto funcionalmente válido, a despeito de conter uma causa de invalidade, por força do equilíbrio dos interesses tangenciados." (SOUZA, Eduardo Nunes de. *Teoria geral das invalidades do negócio jurídico*: nulidade e anulabilidade no direito civil contemporâneo. São Paulo: Almedina, 2017. p. 386).

Corrobora esse entendimento o artigo 5º da Convenção sobre os Direitos da Criança ao reconhecer a evolução da capacidade de exercício da criança quanto aos direitos nela reconhecidos:

> Os Estados-Partes respeitarão as responsabilidades, os direitos e os deveres dos pais ou, onde for o caso, dos membros da família ampliada ou da comunidade, conforme determinem os costumes locais, dos tutores ou de outras pessoas legalmente responsáveis, de proporcionar à criança instrução e orientação adequadas e acordes com *a evolução de sua capacidade no exercício dos direitos reconhecidos na presente convenção.* (grifou-se)

Em estudo sobre a proteção e a autonomia da criança e do adolescente, Lygia Copi identificou que a CSDC adotou uma perspectiva intermediária entre o protecionismo e o liberacionismo, instituindo a autonomia progressiva como princípio:

> Sem mitificar as aptidões infantis, o documento internacional desestabiliza a divisão taxativa entre sujeitos plenamente autônomos e sujeitos carentes de autonomia decorrente da definição de uma idade móvel e geral que autorizaria a realização de toso os atos da vida de uma pessoa.[217]

Diante disso, tornou-se imperioso superar a rígida separação entre capacidade e incapacidade no que tange ao regime jurídico da menoridade,[218] a qual, enquanto fator cronológico para a definição da incapacidade, constitui um *status* com caráter instrumental à realização da dignidade humana. A incapacidade comporta então modulações, conforme a natureza e gravidade dos atos praticados, de modo que o regime de incapacidades etárias ganha, com a dogmática civil constitucional, novos contornos, assim como ressalta a função parental de orientar o exercício da capacidade progressiva da criança e do adolescente.

Nesse aspecto, a emancipação civil pode servir como instrumento adequado para a modulação da capacidade civil etária, atendendo-se à progressividade de sua aquisição, conforme as necessidades do caso concreto, na medida em que permite o reconhecimento da plena aptidão àqueles adolescentes que estiverem preparados para as responsabilidades próprias da condição de plenamente capazes.

---

217. COPI, Lygia Maria. *Infâncias, proteção e autonomia*. Belo Horizonte: Fórum, 2022. p. 131.

218. "É necessário superar a rígida separação, que se traduz em uma fórmula alternativa jurídica, entre minoridade e maioridade, entre incapacidade e capacidade. A contraposição entre capacidade e incapacidade de exercício e entre capacidade e incapacidade de entender e de querer, principalmente nas relações não patrimoniais, não corresponde à realidade: as capacidades de entender, de escolher, de querer, são expressões da gradual evolução da pessoa que, como titular de direitos fundamentais, por definição não transferíveis a terceiros, deve ser colocada na condição de exercê-los paralelamente à sua efetiva idoneidade, não se justificando a presença de obstáculos de direito e de fato que impedem seu exercício: o gradual processo de maturação do menor leva a um progressivo cumprimento a programática inseparabilidade entre titularidade e exercício nas situações existenciais." (PERLINGIERI, Pietro. *Perfis do direito civil*: introdução ao direito civil constitucional. 3. ed. Rio de Janeiro: Renovar, 2007. p. 260).

2
A EMANCIPAÇÃO CIVIL NO ORDENAMENTO JURÍDICO BRASILEIRO

2.1 ASPECTOS CONCEITUAIS E HISTÓRICOS DA EMANCIPAÇÃO CIVIL

2.1.1 Emancipação civil: um olhar retrospectivo

Determina o artigo 5º, parágrafo único do Código Civil que "cessará, para os menores a incapacidade" se verificado algum dos suportes fáticos descritos nos incisos: I) concessão dos pais, ou do juiz, em caso de tutela, II) casamento, III) exercício de emprego público efetivo, IV) colação de grau em ensino superior, ou, por fim, V) estabelecimento civil ou comercial, ou relação de emprego que forneça economia própria ao adolescente. Por consequência, a emancipação é definida pela doutrina majoritária, seguindo o conceito de Clóvis Beviláqua,[1] como a aquisição da plena capacidade civil antes da idade legal.[2] Essas hipóteses são, a princípio, taxativas e, portanto, não podem ser ampliadas por interpretação ou analogia.[3]

---

1. BEVILÁQUA, Clóvis. *Teoria geral do direito civil*. Campinas: RED Livros, 2001. p. 156.
2. Seguem essa definição: "Antes da maioridade o agente poderá adquirir plena capacidade pela emancipação." (VENOSA, Silvio de Salvo. *Direito civil*: parte geral. 18. ed. São Paulo: Atlas, 2018. v. 1. p. 150); "Clóvis define emancipação como a aquisição da capacidade civil antes da idade legal. Consiste, desse modo, na antecipação da capacidade civil de fato ou de exercício (aptidão para exercer, por si só, os atos da vida civil)." (GONÇALVES, Carlos Roberto. *Direito civil brasileiro*: parte geral. 14. ed. São Paulo: Saraiva, 2016. p. 134). "Ocorre que é possível a antecipação da capacidade plena, em virtude da autorização dos representantes legais do menor ou do juiz, ou pela superveniência de fato a que a lei atribui força para tanto." (GAGLIANO, Pablo Stolze; PAMPLONA FILHO, Rodolfo. *Novo curso de direito civil*: parte geral. 18. ed. São Paulo: Saraiva, 2016. p. 163). "A emancipação, a que se refere o art. 5º, parágrafo único, n. I e que consiste na aquisição da capacidade civil antes da idade legal, extingue o pátrio poder ou poder familiar (1.635, n. II), fazendo cessar igualmente a condição de pupilo na tutela (art. 1.763, n. I)." (MONTEIRO, Washington de Barros; PINTO, Ana Cristina de Barros Monteiro França. *Curso de direito civil*: parte geral. 45. ed. São Paulo: Saraiva, 2016. p. 92). "Em suma-síntese: a emancipação representa a aquisição da capacidade civil antes da idade legalmente prevista." (FARIAS, Cristiano Chaves de; NELSON, Rosenvald. *Curso de direito civil*: parte geral e LINDB. 14. ed. Salvador: JusPodivm, 2016. p. 368).
3. CHAVES, Antonio. *Tratado de direito civil*: parte geral. 3. ed. São Paulo: Ed. RT, 1982. v. 1. t. 1. p. 386.

O emancipado libera-se dos meios de suprimento da incapacidade, não mais dependendo da intervenção de terceiros – representantes ou assistentes – para a prática de atos jurídicos válidos, assim como passa a se reger independentemente de seus pais ou tutor, dada a extinção da autoridade parental ou da tutela.

Contudo, o texto legal é flagrantemente anacrônico e prevê a emancipação em situações improváveis, senão impossíveis.[4] Somada a isso, a redução da maioridade legal dos 21 para os 18 anos de idade promovida pelo Código Civil de 2002 colocou ainda mais em xeque a utilidade da emancipação. Afinal, atingir-se-ia a capacidade plena apenas dois anos antes da maioridade nas hipóteses legais mais factíveis, como a concessão dos pais, o estabelecimento civil e, atualmente, o casamento (incisos I, II e V). E se houver judicialização, ainda mais improvável alcançar-se a finalidade do instituto em tão exíguo tempo.

Na experiência sensível, no entanto, múltiplos fatores podem conduzir um adolescente à maturidade precoce: a atividade que exerce, como artistas, esportistas e, mais contemporaneamente, influenciadores digitais; ou a sua posição social, como a necessidade de trabalhar para auxiliar na composição da renda familiar ou mesmo para o próprio sustento. Para essas situações a emancipação poderia ser mais frequentemente considerada como uma oportunidade de alcançar uma melhor qualidade de vida, por meio dos estudos ou do trabalho, atendendo assim aos interesses do adolescente, sempre dentro dos limites legais e convencionais[5] sobre os direitos da criança e do adolescente.

Se a emancipação, tal como disciplinada pelo Código Civil, afasta-se sobremaneira da realidade concreta, de onde vêm esses dispositivos da lei? Por que o legislador de 2002, de forma tão parecida com o de 1916, optou por dedicar alguns incisos, de um parágrafo, de um mísero artigo à emancipação civil? Por que não preferiu extirpá-la do ordenamento jurídico?

Essas questões motivaram a pesquisa sobre os antecedentes históricos da emancipação civil e pôde-se inicialmente notar que, de fato, o Código Civil de 2002 reproduz de forma bastante parecida a disciplina do Código de 1916, mas com uma importante diferença que parece não ter sido suficientemente considerada pelo legislador: na lei posterior a maioridade civil foi reduzida dos 21 para os 18 anos.

Considerando: *i.* que as hipóteses do art. 5º, parágrafo único, I e IV exigem textualmente a idade mínima de 16 anos, *ii.* que também o casamento (inciso II)

---

4. Menciona-se, por exemplo, o exercício de emprego público efetivo ou a colação de grau em ensino superior antes dos dezoito anos de idade (incisos III e IV do parágrafo único do art. 5º, CC/2002).
5. Entre as normas de proteção das crianças e adolescentes a que se faz referência, cita-se o Estatuto da Criança e do Adolescente e a Convenção Internacional sobre os Direitos da Criança, sem prejuízo de outras de caráter nacional e internacional.

somente pode ser celebrado entre maiores de dezesseis anos por interpretação sistemática dos arts. 1.517 e 1.520 do Código Civil, e *iii.* que as demais hipóteses previstas são atualmente improváveis (exercício de emprego público efetivo e colação de grau em ensino superior – incisos III e IV respectivamente); conclui-se que a baixa incidência da emancipação se acentuou com a redução da maioridade civil, pois apenas dois anos separam o potencial emancipado da aquisição natural da capacidade plena pelo advento do termo final da menoridade.

Antes de enveredar pelos meandros do direito pré-codificado, importante o esclarecimento: do início da vigência do primeiro Código Civil brasileiro até o momento atual retrocede-se mais de um século e as mudanças políticas e sociológicas experimentadas pelo país nesse interregno são notórias. Intercalaram-se períodos democráticos e ditatoriais, com uma paulatina ascensão dos direitos humanos e seus influxos advindos do plano internacional. Na história recente do Brasil, a redemocratização forjou a Constituição republicana de 1988 e repercutiu diretamente na compreensão e aplicação do direito privado. Desse contexto, interpreta-se a emancipação civil sob a égide da doutrina protetiva da criança e do adolescente e agravam-se as disparidades entre o texto legal e a realidade social.

Essa digressão não representa uma pesquisa histórica, cuja metodologia e profundidade seriam incompatíveis com o escopo do presente trabalho, mas também não se pretendeu passar ao largo da questão que se coloca naturalmente diante das críticas até então empreendidas sobre a emancipação: se está anacrônica, para qual contexto o instituto foi pensado e disciplinado? De onde veio a ideia de se regulamentar o alcance da capacidade civil antes da maioridade?

Retornando agora ao direito pré-codificado, é necessário recordar que até a edição do Código Civil de 1916 o direito privado brasileiro, mesmo após a Independência, era disciplinado por leis esparsas e pelas Ordenações do Reino de Portugal, por força da Lei de 20 de outubro de 1823.[6] Eis então o umbral por onde atravessa o direito privado europeu ocidental em direção à formação jurídica brasileira. Partiu-se das grandes compilações lusitanas, sem prejuízo das demais leis e decretos editados até aquele momento para o desenvolvimento do corpo normativo privado brasileiro.

Certamente o estudo das fontes do direito e da formação jurídica brasileira é muito mais complexo que uma mera sequência de leis ou compilações editadas

---

6. "Declara em vigor a legislação pela qual se regia o Brazil até 25 de Abril de 1821 e bem assim as leis promulgadas pelo Senhor D. Pedro, como Regente e Imperador daquella data em diante, e os decretos das Cortes Portuguezas que são especificados." Disponível em: https://www2.camara.leg.br/legin/fed/lei_sn/anterioresa1824/lei-40951-20-outubro-1823-574564-publicacaooriginal-97677-pe.html. Acesso em: 22 jun. 2023.

e vigentes ainda no período colonial.[7] Mas, de forma bastante sintetizada, explica-se a pertinência do direito romano para a compreensão de alguns institutos jurídicos (a partir de sua influência no direito europeu, sobretudo com a Escola de Bolonha[8] e com o trabalho dos pandectistas[9]), entre os quais, a emancipação civil. O salto temporal e espacial do direito romano ao direito brasileiro é preenchido pelas influências exercidas daquele no direito português vigente no Brasil até a edição do Código Civil de 1916.[10]

Nas Ordenações Filipinas, antecedentes ao primeiro Código Civil brasileiro, a maioridade atingia-se aos 25 anos de idade.[11] No entanto, o órfão, menor de 25 anos, (se mulher, maior de 12 anos e, se homem, maior de 14 anos), poderia pedir graça ao Rei para ser havido por maior, suprindo-lhe, portanto, os anos faltantes para atingir a maioridade mediante *carta de suplemento de idade*.[12] A suplementação, nesses casos, conferia ao menor a responsabilidade pelos atos que praticava, mas não conferia poderes para alienação de bens, tampouco para aproveitar coisa deixada em contrato ou testamento mediante a exigência do alcance de idade específica.[13]

Em outra passagem, as Ordenações Filipinas (Livro III, t. IX, § 3º) determinavam que aos 25 anos a pessoa se legitimaria para estar em juízo por si e em seu próprio nome ou se houvesse recebido carta de suplemento de idade que "comumente se chama de emancipação".[14]

Mesmo antes da edição do Código Civil de 1916, a maioridade havia sido reduzida dos 25 para os 21 anos pelo Decreto de 31 de outubro de 1831, emitido durante o período regencial (1831-1840), entre os reinados de Dom Pedro I e Dom Pedro II. Curiosamente, a Regência cedeu lugar ao reinado de Dom Pedro II por meio do desencadeamento de eventos que culminou no "Golpe da

---

7. Sobre o tema, Cf. DANTAS, F. C. San Tiago; Direito privado brasileiro. Aspectos gerais de sua evolução nos últimos cinquenta anos. *Civilistica.com*, Rio de Janeiro, v. 4, n. 2, 2015. Disponível em: http://civilistica.com/direito-privado-brasileiro-aspectos-gerais-de-sua-evolucao/. Acesso em: 06 ago. 2023.

8. Sobre o tema, Cf. HESPANHA, António Manuel. *Cultura Jurídica Europeia*: síntese de um milénio. Coimbra: Almedina, 2017.

9. PERLINGIERI, Pietro. *O direito civil na legalidade constitucional*. Trad. Maria Cristina de Cicco. Rio de Janeiro: Renovar, 2008. p. 68.

10. Hespanha explica que a Escola dos Glosadores atribuía ao direito romano "a autoridade de um direito imperial e creditado, além disso, com um prestígio quase sagrado." (HESPANHA, António Manuel. *Cultura Jurídica Europeia*: síntese de um milénio. Coimbra: Almedina, 2017. p. 191).

11. Conclusão extraída do título XLI, do Livro III das Ordenações Filipinas. p. 623. (Disponível em: https://www2.senado.leg.br/bdsf/handle/id/242733. Acesso em: 22 jun. 2023).

12. PORTUGAL. *Ordenações e leis do Reino de Portugal*. Livro III, Título XLII, p. 625. (Disponível em: https://www2.senado.leg.br/bdsf/handle/id/242733. Acesso em: 22 jun. 2023).

13. PORTUGAL. *Ordenações e leis do Reino de Portugal*. Livro III, Título XLII, p. 626. (Disponível em: https://www2.senado.leg.br/bdsf/handle/id/242733. Acesso em: 22 jun. 2023).

14. PORTUGAL. *Ordenações e leis do Reino de Portugal*. Livro III, Título IX, p. 16. (Disponível em: https://www2.senado.leg.br/bdsf/handle/id/242733. Acesso em: 22 jun. 2023).

Maioridade", ocasião em que o acesso ao trono por Pedro de Alcântara lhe foi franqueado através da antecipação de sua maioridade aos 14 anos de idade.[15] De outra forma, o sucessor somente poderia se investir na condição de imperador aos 18 anos, conforme dispunha o art. 121 da Constituição Imperial de 1824.[16]

Tendo em vista que as Ordenações conviviam com inúmeras leis e atos normativos extravagantes que dificultavam a compreensão do direito vigente, em 1858 foi publicada a Consolidação das Leis Civis brasileiras, importante trabalho de Teixeira de Freitas que organizou e apontou as disposições legais efetivamente vigentes no país naquela época.

É no art. 8º da Consolidação que constou a referência ao Decreto de 1831: "as pessoas são maiores, ou menores. Aos vinte e um anos completos termina a menoridade, e se é habilitado para todos os actos da vida civil".[17] Os expostos, por outro lado, atingiam a maioridade aos vinte anos.[18] A maioridade, contudo, não tinha efeitos para o *filho familias*, que, independentemente da idade, submetia-se ao poder paterno.[19]

Freitas já anunciava nas Consolidações a confusão do sistema pré-codificado com relação aos institutos jurídicos: "as nossas leis confundem o supplemento de idade com a emancipação; e também deve-se dizer, que confundem a emancipação com a maioridade".[20] Isso porque a função da emancipação não era investir alguém em plena capacidade civil, mas apenas extinguir o poder do pai sobre o filho,[21] poder este que não se sujeitava a um termo final como ocorre hodiernamente e, portanto, existia mesmo após o atingimento da maioridade.[22]

---

15. FAUSTO, Boris. *História do Brasil*. 2. ed. São Paulo: Editora da Universidade de São Paulo, 1995. p. 175

16. Art. 121. "O Imperador é menor até á idade de dezoito annos completos."

17. FREITAS, Augusto Teixeira de. *Consolidação das Leis Civis*. Brasília: Senado Federal, 2003. v. 1. Disponível em: http://www2.senado.leg.br/bdsf/handle/id/496206. Acesso em: 22 jun. 2023. p. 7.

18. Consolidação das Leis Civis, art. 9º. (FREITAS, Augusto Teixeira de. *Consolidação das Leis Civis*. *Brasília*: Senado Federal, 2003. v. 1. p. 8. Disponível em: http://www2.senado.leg.br/bdsf/handle/id/496206. Acesso em: 22 jun. 2023).

19. Consolidação das Leis Civis, art. 10. A disposição do Art. 8. não se aplica aos filhos-familias, enquanto não ficarem legalmente isentos do pátrio podêr. (Arts. 201 e 202). (FREITAS, Augusto Teixeira de. *Consolidação das Leis Civis*. *Brasília*: Senado Federal, 2003. v. 1. p. 10. Disponível em: http://www2.senado.leg.br/bdsf/handle/id/496206. Acesso em: 22 jun. 2023).

20. FREITAS, Augusto Teixeira de. *Consolidação das Leis Civis*. *Brasília*: Senado Federal, 2003. v. 1. p. 8. Disponível em: http://www2.senado.leg.br/bdsf/handle/id/496206. Acesso em: 22 jun. 2023

21. "Art. 202. Acaba o pátrio poder: § 1º Pela morte do pai; § 2º Pela emancipação; § 3º Pelo casamento do filho; § 4º Quando o filho não está em companhia do pai, e estabelece separada economia; § 5º Quando serve officio publico, ainda que esteja na companhia do pai." (FREITAS, Augusto Teixeira de. *Consolidação das Leis Civis*. *Brasília*: Senado Federal, 2003. v. 1. p. 167-168. Disponível em: http://www2.senado.leg.br/bdsf/handle/id/496206. Acesso em: 22 jun. 2023).

22. "Art. 201: Filho-familias é aquelle, que está sob o poder de seu pai, e de qualquer idade que seja." (FREITAS, Augusto Teixeira de. *Consolidação das Leis Civis*. *Brasília*: Senado Federal, 2003. v. 1. p. 167-168. Disponível em: http://www2.senado.leg.br/bdsf/handle/id/496206. Acesso em: 22 jun. 2023).

2.1.2 Emancipação no direito romano

A função primitiva da emancipação, enquanto meio extintivo do pátrio poder, é resgatada do direito romano, período que compreende desde a fundação de Roma em 754 a. C. à queda do Império Romano em 565 d. C.[23] Ao longo de seus treze séculos, o direito romano protagonizou diversas diferentes fases que representam também a contingencialidade dos institutos jurídicos naquela sociedade.

Em linhas gerais, na sociedade romana os indivíduos eram divididos, segundo o *status* familiar, em pessoas *sui juris* e pessoas *alieni juris*.[24] O *pater familias* era o titular do pátrio poder – ou *patria potestas*, assim considerado pessoa *sui juris*, ou seja, não submetida ao poder de outra. Os demais membros da família, incluídos, portanto, os *filius familias*, eram pessoas *alieni juris*, pois estavam sob o jugo do *pater familias*. Essa relação era vitalícia:[25] em regra, a *patria potestas*, que se exercia sempre em favor dos interesses do *pater familias*,[26] extinguia-se somente

---

23. SANTOS JUSTO, A. *Direito privado romano I*: parte geral. Introdução, relação jurídica, defesa dos direitos. 4. ed. Coimbra: Coimbra Editora, 2008. p. 17.
24. *"Las personas consideradas en la familia se dividen en dos clases, según que sean alieni juris o sui juris. Se llaman alieni juris las personas sometidas a la autoridad de otro. Por tanto, en el derecho clásico, hay cuatro poderes (Gayo, I § 49): 1. – La autoridad del señor sobre el esclavo. 2. – La patria potestas, autoridad paternal. 3. – La manus, autoridad del marido, y a veces de un tercero sobre la mujer casada. – 4. El mancipium, autoridad especial de un hombre libre sobre una persona libre. [...] Las personas libres de toda autoridad, dependiendo de ellas mismas, se llaman sui juris. El hombre sui juris es llamado paterfamilias o jefe de familia. Este título implica el derecho de tener um patrimonio, y de ejercer, sobre otro, las cuatro clases de poderes. El ciudadano sui juris los disfruta, sea cual fuera su edad, y aunque no tenda de hecho persona alguna sobre su autoridad."* (PETIT, Eugène. *Tratado elementar de derecho romano*. Trad. José Ferrandéz González. Madrid: Saturnino Calleja, 1900. p. 95). Tradução livre: "As pessoas consideradas na família se dividem em duas classes, segundo sejam *alieni jurisi* o *sui juris*. Chamam-se *alieni juris* as pessoas submetidas a autoridade parental de outro. Portanto, no direito clássico, existem quatro poderes: 1. – a autoridade do senhor sobre o escravo, 2. – A patria potestas, autoridade paternal; 3. A *manus*, autoridade do marido, e às vezes, de um terceiro sobre a mulher casada; 4. – O *mancipium*, autoridade especial de um homem livre sobre uma pessoa livre. [...] As pessoas livres de toda autoridade, dependendo de elas mesmas, se chamam *alieni juris*. O homem *sui juris* é chamado *pater familias* ou chefe de família. Este título implica o direito de ter um patrimônio, e de exercer, sobre outro, as quatro classes de poderes. O cidadão *sui juris* deles desfruta, seja qual for a sua idade, e ainda que não tenha de fato nenhuma pessoa sobre sua autoridade".
25. "O pátrio poder, ao contrário do que ocorria na Grécia e sucede nos tempos modernos, era, por via de regra, *potestas* vitalícia do *pater familias*. Assim, qualquer que fosse a idade dos *filii familias*, estavam eles sujeitos ao *pater familias*: o direito romano não conheceu o instituto da maioridade." (ALVES, José Carlos Moreira. *Direito romano*. 16. ed. Rio de Janeiro: GEN, 2014. p. 630).
26. *"El carácter principal de esta autoridad es que tiene menos por objeto la protección del hijo que el interés del jefe de la familia. De este principio derivan las consecuencias siguientes: a) No se modifican a medida de este desarollo las facultades de los que están sometidos; ni por la edad ni por el matrimonio se les puede libertar; b) Sólo pertenece ao jefe de familia, aunque no siempre es el padre quien la exerce; mientras le está sometido, su autoridad se borra delante de la del abuelo paterno; c) Y, por último, la madre no puede tener nunca la potestad paternal."* (PETIT, Eugène. *Tratado elementar de derecho romano*. Trad. José Ferrandéz González. Madrid: Saturnino Calleja, 1900. p. 101). Tradução livre: "A principal característica

com a morte do seu titular. Porque exigência dessa sociedade, a emancipação surgiu como um expediente excepcional apto a liberar o *filius familias* do poder do *pater familias* antes da morte deste,[27] a partir da utilização da *mancipatio*, ou seja, da venda solene.[28]

---

dessa autoridade é que ela tem menos para proteger o filho do que o interesse do chefe da família. Desse princípio derivam as seguintes consequências: a) Não se modifica à medida que se desenvolvem as faculdades daqueles que estão submetidas a ela: nem pela idade nem pelo casamento eles podem ser libertados; b) Só pertence ao chefe de família, embora nem sempre seja o pai quem a exerce; enquanto ele está sujeito, sua autoridade é apagada diante da do avô paterno; c) E, finalmente, a mãe nunca pode ter autoridade parental."

27. A emancipação é criação do direito romano a partir da interpretação da Lei das XII Tábuas. Uma breve remissão histórica pode ser feita a partir da lição de Moreira Alves: "Anteriormente à Lei das XII Tábuas, não se admitia a emancipação, ela só foi possível [...] graças a expediente imaginado pelos juristas romanos com base na interpretação do princípio constante na Lei das XII Tábuas, de que, se o pai vendesse o filho três vezes, por ocasião da terceira venda, o filho ficaria livre do pátrio poder. Esse dispositivo, que se destinava a diminuir os poderes absolutos do *pater familias*, foi utilizado pelos jurisconsultos romanos para possibilitar ao pai a emancipação do filho, por três *mancipationes* (vendas solenes) fictícias [...]. Quanto às filhas, netos, netas, bisnetos e bisnetas – já que a Lei das XII Tábuas exigia três vendas solenes somente para o *filius* (filho) –, bastava para a emancipação, uma só *mancipatio*. Assim, realizadas três vendas (ou, se fosse o caso, apenas uma), o *filius familias* ficava livre do pátrio poder, mas se tornava pessoa *in mancipio* [...] do adquirente. Podia, então, ocorrer uma de duas situações: ou o adquirente por meio da *manussio vindicta* [...] libertava o filho emancipado, tornando-se, em consequência, seu patrono (até com os direitos sucessórios daí decorrentes); ou re-mancipava (o revendia solenemente) ao seu antigo *pater familias*, que, recebendo o filho emancipado como pessoa *in mancipio*, o *manumitia vindicta*, passando assim a ser patrono dele. Esse formalismo somente foi posto de lado pelo imperador Anastácio, ao estabelecer, em 502 d. C., que a pedido do *pater familias* e com o consentimento do *filius familias* (ou *filia familias*), podia emancipar-se este, embora não presente, por rescrito do príncipe, o qual se depositava nos arquivos públicos, a essa emancipação denomina-se *emancipação anastasiana*. Ainda no direito pós-clássico, na parte oriental do Império Romano, se realizava, segundo parece, a emancipação mediante simples declaração escrito do pai diante do magistrado competente: é o que, em grego, se chama *apoceryxis* (*abdicatio*, em latim). No tempo de Justiniano, a antiga forma de emancipar foi abolida, mas, além da *emancipação anastasiana*, que subsiste, permitiu-se que o *pater familias* emancipasse o *filius familias* (ou a *filia familia*), com o consentimento deste, mediante declaração do magistrado competente, devidamente registrada nos arquivos públicos. Note-se, ainda, que nas duas formas de emancipar existentes no direito justinianeu, o *pater familias*, embora não mais seja patrono do emancipado (pois não há mais *mancipationes*, nem manumissão), conserva o direito de ser seu tutor, e de lhe herdar os bens; por outro lado – e, ao contrário do que ocorria anteriormente, quando o emancipado saía de sua família de origem, perdendo todos os seus direitos nela, inclusive o sucessório –, no direito justinianeu, a emancipação apenas liberta o *filius familias* da *pátria potestas*, não acarretando para o emancipado a perda dos seus direitos sucessórios com relação ao antigo *pater familias*, ou aos outros membros da família de origem, razão por que, em certos casos, o *pater familias* pode ser obrigado a emancipar o filho, no interesse deste." (ALVES, José Carlos Moreira. *Direito romano*. 16. ed. Rio de Janeiro: GEN, 2014. p. 632).

28. "*L'étymologie du mot émancipation est toute naturelle, et n'a donné lieu à aucune controverse. Ce mot dérive évidemment de* mancipatio, *sorte d'acte juridique qui, sous une forme symbolique, constituait une aliénation faites avec certaines formalités : per as et libram. Aussi, à cette époque du droit, disait-on* emancipare agros, praedia *etc., de même qu'on disait* liberos emancipare. *Peu à peu, le mot* emancipatio, *qui tenait d'abord à la forme de l'acte, finit par désigner le but et l'effet que se proposait le père, mettant fin à la puissance que la loi lui accordait sur son enfant.*" (LE GENDRE, Henry. *De l´émancipation*: en droit romain et en droit français. Poitiers: Imprimerie de A. Dupré, 1872. p. 12).

Nas origens do direito romano, a *patria potestas* era absoluta ou, nas palavras de Henry Le Gendre, configurava um "despotismo paternal".[29] Sob a vigência da Lei das XII Tábuas, o *paterfamilias* tinha sob os filhos poderes equivalentes aos que tinha sobre os escravos, assim como a todos os membros da família: poderia vendê-los ou até mesmo matá-los.[30]

Nos primeiros tempos de Roma, diante do formalismo jurídico que imperava, o *pater familias* que quisesse demitir seu descendente da *patria potestas* não dispunha de nenhum mecanismo legal para isso. Segundo Le Gendre, era mais fácil libertar um escravo a emancipar um filho.[31] Havendo, todavia, uma necessidade social de extinção do vínculo familiar, a jurisprudência encontrou a solução em um sofisticado expediente a partir da venda solene (*mancipatio*) para prover o sistema romano de um mecanismo de extinção da *patria potestas*. Sobre isso, observa-se a explicação de Gaio:

> [...] os filhos libertam-se do pátrio poder pela emancipação e, mais precisamente, mediante três mancipações. Os outros descendentes, do sexo masculino ou do feminino, se emancipam mediante uma só mancipação. Realmente, a lei das XII Tábuas fala de três mancipações, quanto à pessoa do filho, com as seguintes palavras: se o pai vender o filho três vezes, libertar-se-á do pátrio poder. A emancipação realiza-se do seguinte modo: o pai mancipa o filho a outrem. Este manumite o filho pela varinha (*vindicta*), voltando, assim, o filho ao poder do pai. Este, por sua vez, mancipa-o novamente, à mesma ou à outra pessoa (sendo, porém, costume mancipá-la à mesma pessoa) e, com esta mancipação, o filho sai do pátrio poder, mesmo ainda não tendo sido manumitido, conservando-se em mancípio. Entretanto, quando o filho tiver sido mancipado três vezes pelo pai natural ao pai fiduciário, o pai natural deve diligenciar para que o filho seja remancipado pelo pai fiduciário. As mulheres ou os netos do sexo masculino, tidos pelo filho, saem do poder do pai ou do avô mediante uma só mancipação, tornando-se *sui juris*. E a estes mesmos, não obstante saiam do poder do pai ou do avô, meante uma só mancipação, não pode o pai verdadeiro suceder, a não ser que tenha sido remancipado pelo pai fiduciário, pelo qual foram manumitidos, repudiar a herança ou morrer, porque se o pai natural ou o avô manumitir o descendente a si remancipado, este o sucede na herança.[32]

O mecanismo da *emancipatio* romana foi esclarecido também por Moreira Alves, que destaca o formalismo das vendas denominadas de *mancipationes* para a alcançar como resultado a liberação do *filius familias*:

---

29. LE GENDRE, Henry. *De l'émancipation*: en droit romain et en droit français. Poitiers: Imprimerie de A. Dupré, 1872. p. 7.
30. LE GENDRE, Henry. *De l'émancipation*: en droit romain et en droit français. Poitiers: Imprimerie de A. Dupré, 1872. p. 7.
31. LE GENDRE, Henry. *De l'émancipation*: en droit romain et en droit français. Poitiers: Imprimerie de A. Dupré, 1872. p. 13.
32. GAIUS. *Institutas do jurisconsulto Gaio*. Trad. J. Cretella e Agnes Cretella. São Paulo: Ed. RT, 2004. p. 61-62.

Anteriormente à Lei das XII Tábuas, não se admitia a emancipação, ela só foi possível [...] graças a expediente imaginado pelos juristas romanos com base na interpretação do princípio constante na Lei das XII Tábuas, de que, se o pai vendesse o filho três vezes, por ocasião da terceira venda, o filho ficaria livre do pátrio poder. Esse dispositivo, que se destinava a diminuir os poderes absolutos do *pater familias*, foi utilizado pelos jurisconsultos romanos para possibilitar ao pai a emancipação do filho, por três *mancipationes* (vendas solenes) fictícias [...]. Quanto às filhas, netos, netas, bisnetos e bisnetas – já que a Lei das XII Tábuas exigia três vendas solenes somente para o *filius* (filho) –, bastava para a emancipação, uma só *mancipatio*. Assim, realizadas três vendas (ou, se fosse o caso, apenas uma), o *filius familias* ficava livre do pátrio poder, mas se tornava pessoa *in mancipio* [...] do adquirente. Podia, então, ocorrer uma de duas situações: ou o adquirente por meio da *manussio vindicta* [...] libertava o filho emancipado, tornando-se, em consequência, seu patrono (até com os direitos sucessórios daí decorrentes); ou remancipava (o revendia solenemente) ao seu antigo *pater familias*, que, recebendo o filho emancipado como pessoa *in mancipio*, o manumitia *vindicta*, passando assim a ser patrono dele. Esse formalismo somente foi posto de lado pelo imperador Anastácio, ao estabelecer, em 502 d. C., que a pedido do *pater familias* e com o consentimento do *filius familias* (ou *filia familias*), podia emancipar-se este, embora não presente, por rescrito do príncipe, o qual se depositava nos arquivos públicos; a essa emancipação denomina-se *emancipação anastasiana*. Ainda no direito pós-clássico, na parte oriental do Império Romano, se realizava, segundo parece, a emancipação mediante simples declaração escrito do pai diante do magistrado competente: é o que, em grego, se chama *apoceryxis* (*abdicatio*, em latim). No tempo de Justiniano, a antiga forma de emancipar foi abolida, mas, além da emancipação anastasiana, que subsiste, permitiu-se que o pater familias emancipasse o *filius familias* (ou a *filia familia*), com o consentimento deste, mediante declaração do magistrado competente, devidamente registrada nos arquivos públicos. Note-se, ainda, que nas duas formas de emancipar existentes no direito justinianeu, o *pater familias*, embora não mais seja patrono do emancipado (pois não há mais mancipationes, nem manumissão), conserva o direito de ser seu tutor, e de lhe herdar os bens; por outro lado – e, ao contrário do que ocorria anteriormente, quando o emancipado saía de sua família de origem, perdendo todos os seus direitos nela, inclusive o sucessório –, no direito justinianeu, a emancipação apenas liberta o *filius familias* da *patria potestas*, não acarretando para o emancipado a perda dos seus direitos sucessórios com relação ao antigo *pater familias*, ou aos outros membros da família de origem, razão por que, em certos casos, o *pater familias* pode ser obrigado a emancipar o filho, no interesse deste.[33]

Do direito romano depreende-se que a emancipação passou por significativas transformações tendentes a assegurar melhor situação ao emancipado: se antes ele perdia todos os direitos quando saía do jugo paterno, passou a conservar direitos sucessórios com relação ao *pater familias*, razão pela qual se poderia identificar um interesse do próprio filho em ser emancipado.

Além disso, a forma da emancipação acompanhou as mudanças relativas à sua finalidade: de um complexo expediente para alcançar objetivo diverso à figura jurídica adotada (*mancipatio* como venda, mas com finalidade de demis-

---

33. ALVES, José Carlos Moreira. *Direito romano*. 16. ed. Rio de Janeiro: GEN, 2014. p. 632.

são da *patria potestas*)[34] passou a ser concedida pelo imperador na emancipação *anastasiana* ou pelo *pater*, com consentimento do filho, no período justinianeu.

A respeito da capacidade do filho, somente o homem *sui juris* gozava de plena capacidade jurídica. Os *alieni juris*, submetidos, portanto, a *potestas* alheia, não possuíam capacidade patrimonial ativa: tudo o que adquirissem por força do *ius commercii* revertia para o patrimônio do *pater familias*, e também não possuíam capacidade processual ativa.[35] Podiam casar-se e contrair obrigações, todavia, com relação a estas últimas, não poderiam ser-lhes exigido o cumprimento enquanto fossem *alieni juris*.[36]

Segundo observa Santos Justo, a capacidade patrimonial ativa do *filius familias* foi paulatinamente ampliada, primeiramente na época imperial, reconhecendo-se a propriedade dos filhos sobre os bens castrenses, ou seja, adquiridos em razão da prestação de serviço militar; posteriormente, com relação a bens obtidos do exercício de cargos públicos, da advocacia ou de concessão imperial (*bona quasi castrensia*); até finalmente a propriedade de todos os bens não advindos do patrimônio paterno. Sobre os bens dos filhos, o *pater* possuía o usufruto.[37]

Outro instituto proveniente do direito romano e que se relaciona com o estado pessoal é a *venia aetatis*, que possibilitava às pessoas *sui juris*, que tivessem cumprido vinte anos (no caso dos homens) ou dezoito anos (no caso das mulheres) e que fossem comprovadamente de "bons costumes", a administração de seu próprio patrimônio, sem interferência de terceiros, curadores ou tutores.[38]

Sobre o instituto da *venia aetatis*, esclarecedora a lição de Sidou:

> Instituto formalizado por Constantino (*Codex, 2.44, 2*), porém que se costuma atribuir a Septimo Severo (anos 193-211, um século antes), a *venia aetatis* era um benefício do príncipe,

---

34. Nessa operação, identifica-se o que a doutrina contemporânea convencionou denominar de negócio indireto: "O problema prático do negócio *indirecto* está na necessidade de aproveitar um tipo de negócio para se conseguir um fim diverso daquele que a sua causa típica tem em vista: necessidade que provém da falta de tipos mais adaptados à disposição da autonomia privada." (BETTI, Emilio. *Teoria geral do negócio jurídico*. Trad. Fernando de Miranda. Coimbra: Coimbra Editora, 1969. t. 2. p. 228).
35. SANTOS JUSTO, A. *Direito privado romano I*: parte geral. Introdução, relação jurídica, defesa dos direitos. 4. ed. Coimbra: Coimbra Editora, 2008. p. 137.
36. SANTOS JUSTO, A. *Direito privado romano I*: parte geral. Introdução, relação jurídica, defesa dos direitos. 4. ed. Coimbra: Coimbra Editora, 2008. p. 137.
37. SANTOS JUSTO, A. *Direito privado romano I*: parte geral. Introdução, relação jurídica, defesa dos direitos. 4. ed. Coimbra: Coimbra Editora, 2008. p. 137.
38. *"Muy distinto significado y alcance tiene la 'venia aetatis', institución jurídica que sólo modernamente se relaciona con la emancipación. Es la posibilidad concedida a los 'sui juris' que hayan cumplido los veinte años (hombres) o dieciocho (mujeres) y sean probadamente de buenas costumbres para obtener el beneficio de la administración de su patrimonio, sin otra restricción que la de necesitar un decreto especial autorizándolos para enajenar o hipotecar predios o cosas inmuebles."* (CASTRO Y BRAVO, Federico de. *Derecho Civil de España*. Navarra: Thomson Civitas, 2008. v. 2. p. 205).

2 • A EMANCIPAÇÃO CIVIL NO ORDENAMENTO JURÍDICO BRASILEIRO

outorgado a quem, havendo completado os 20 anos, quando homem, 18 anos, quando mulher, solicitasse a dispensa da incapacidade pupilar, demonstrando, por meio de testemunhos, bons costumes, probidade e vida honesta. Consistia, portanto, num favor imperial, deferido ante cada postulação, o que, uma vez obtida, propiciava ao menor investir, por si próprio, nos atos da vida civil.[39]

É possível dessumir, portanto, que o próprio direito romano desenvolveu um instituto diverso da emancipação para tratar da possibilidade de prática de atos da vida civil, mesmo diante da *minoritas*. Em suma, no direito romano a emancipação nada se relacionava com a capacidade civil, mas apenas e tão somente com o estatuto familiar. A possibilidade de administrar os próprios bens, no direito justinianeu, somente era concedida excepcionalmente por ato do imperador.[40]

O panorama da emancipação no direito romano evidencia que a refuncionalização de institutos jurídicos para atender às necessidades sociais não é novidade do direito contemporâneo, mas também acende um alerta ainda mais significativo quanto à perspectiva diacrônica dos institutos jurídicos, que deve, então, ser acompanhada da contextualização histórico-social, evitando-se transplantes anacrônicos que podem condená-los a vazios abissais de sentido.[41]

2.1.3 Natureza jurídica da emancipação no direito brasileiro

Assim como no direito pré-codificado, a legislação brasileira manteve a imprecisão conceitual da emancipação civil, ora aproximando-a da *venia aetatis*, ora impondo efeitos ao estatuto familiar do emancipado. Para Carvalho Santos: "o instituto que Clóvis Beviláqua adotou foi a declaração da maioridade, a *venia aetatis* dos romanos, tal como se dá no Código Civil alemão, e não a *emancipatio*, que é a voluntária destituição ou renúncia do pátrio poder".[42]

Em crítica contundente, Pontes de Miranda chegou a lamentar a utilização do termo "emancipação" pela doutrina e pela lei brasileiras:

---

39. SIDOU, J. M. Othon. O ingresso na maioridade (à luz do Código Civil e do Direito Comparado). *Revista da Academia Brasileira de Letras Jurídicas*, Rio de Janeiro, v. 20, n. 26, p. 125-131, jul./dez. 2004. Disponível em: http://www.ablj.org.br/revistas/revista26.asp. Acesso em: 07 ago. 2023.
40. VASCONCELLOS, Manoel da Cunha Lopes *et al. Digesto ou pandectas do Imperador Justiniano*. São Paulo: YK, 2017. v. 1. p. 235.
41. Nesse sentido, menciona-se: "O direito evolve, às vezes, lenta, mas continuamente; os novos institutos não surgem de improviso, mas se destacam, às vezes, aos poucos, do tronco de velhos institutos que, sem cessar, se renovam, preenchendo novas funções. É através dessa contínua adaptação de velhos institutos a novas funções que o direito, às vezes, se vai desenvolvendo; não raro ostentando, então, a história do seu passado, nas formas que permanecem idênticas, a despeito da renovação das funções." (ASCARELLI, Tulio. *Problemas das sociedades anônimas*. 2. ed. São Paulo: Saraiva, 1969. p. 93).
42. SANTOS, J. M. de Carvalho. *Repertório enciclopédico do direito brasileiro*. Rio de Janeiro: Borsoi, 1947. v. 20. p. 11.

Alguns juristas se enganaram na caracterização dos dois institutos: a emancipação, ato divestitivo do titular do pátrio poder, que permite continuar a pessoa sob a tutela de outrem, e a *venia aetatis*. Essa não é instituto de direito de família; mas de Parte Geral do direito civil, originariamente de direito público, como privilégio, por serviço militar, ou outro mérito. Faz pena comparar a precisão dos velhos escritores de outrora, que tanto discutiam essas coisas, e os de hoje, pouco atentos à lição anciã e à terminologia dos povos de alta cultura.[43]

O jurista resgatou a lição do direito romano para concluir que a cessação da incapacidade civil antes da idade legal não poderia ser tecnicamente denominada de emancipação.[44]

O Código Civil,[45] reforce-se, não emprega essa terminologia na descrição do instituto previsto no artigo 5º, parágrafo único, o que é resultado da atribuição da doutrina, mas com base em diversas outras referências esparsas que a lei civil faz à "emancipação" e aos "emancipados".[46]

Some-se a isso que, desde o Código de Processo Civil de 1939 até o diploma vigente, a lei processual serve-se do termo "emancipação" para dispor sobre o procedimento judicial para a aquisição antecipada da capacidade plena.[47] Ademais, verificou-se que desde o direito pré-codificado a confusão entre os institutos já se vislumbrava.

A *venia aetatis* era destinada ao "menor" órfão e lhe garantia o benefício da restituição no caso de contratação em termos lesivos a seus interesses, segundo o art. 12 da Consolidação das Leis Civis: "[o] benefício de restituição é concedido aos menores para poderem rescindir os actos extrajudiciaes, e judiciaes, em que forem lesos durante o tempo da menoridade".[48] Segundo Teixeira de Freitas, "o be-

---

43. MIRANDA, Pontes de. *Comentários ao Código de Processo Civil*. Rio de Janeiro: Revista Forense, 1949. v. 3. t. 2. p. 305.

44. Trigo de Loureiro explica, com base no direito pré-codificado, as diferenças entre os institutos: "[v]ulgarmente confunde-se a *emancipação* com o *supprimento de idade*: são porém cousas essencialmente distinctas; porquanto regularmente não se concede o supprimento de idade ao filho, que está sob o poder de seu pai; e somente se costuma conceder, assim por direito patrio, como romano, ao órfão de pai chegado á (*sic*) idade de vinte annos, se é varão, e de desoito (*sic*), se é femea; [...] Além disso, o supprimento de idade não confere ao impetrante tão amplo poder, quanto a emancipação, como diremos no § 209 e se póde ver no § 2 da citada Ord." (LOUREIRO, Lourenço Trigo de. *Instituições de direito civil brasileiro*. 2. ed. Recife: Tipografia Universal, 1857. p. 59-60).

45. O Código Civil de 1916, assim como o Código Civil de 2002, também não empregava o termo "emancipação" para descrever a aquisição da capacidade plena antes da idade legal.

46. Veja-se, por exemplo, os arts. 9º, II, 666, 976, 1.614, 1.635, II, 1.690, 1.754, IV, 1.758, 1.763 do Código Civil.

47. No Código de Processo Civil de 1939: arts. 621 a 624; no Código de Processo Civil de 1973: art. 1.112, I e, por fim, no Código de Processo Civil de 2015, no art. 725, I.

48. FREITAS, Augusto Teixeira de. *Consolidação das Leis Civis*. Brasília: Senado Federal, 2003. v. 1. p. 13. Disponível em: http://www2.senado.leg.br/bdsf/handle/id/496206. Acesso em: 22 jun. 2023.

nefício de restituição suppõe, que o acto é válido, mas que foi lesivo".[49] Não parece haver remanescente do benefício de restituição para o adolescente emancipados após a vigência do Código Civil de 1916, que não trouxe artigo correspondente ao direito anterior.

Apesar da crítica de Pontes de Miranda, a emancipação contemporânea, além de investir o adolescente em plena capacidade civil, alterando o seu *status* individual, é também causa de extinção do poder familiar (*rectius* autoridade parental), conforme dispõe o artigo 1.635, II do Código Civil[50] e, por isso, afeta também o *status* do emancipado dentro da família. Por essa razão se poderia concluir que a emancipação dos dias atuais resulta de uma fusão dos institutos romanos da *emancipatio* e da *venia aetatis*,[51] pois de uma só vez altera o estado familiar e o estado individual do emancipado. Além disso, não se restringe apenas ao ato concessivo dos titulares da autoridade parental,[52] como era concebida a *emancipatio*, podendo ocorrer por outros meios, como por sentença judicial ou até mesmo por fatos jurídicos considerados incompatíveis com a incapacidade.

A polêmica natureza jurídica da emancipação civil confirma que as categorias jurídicas se constroem e interagem com as contingências sociais de dada sociedade. Revela-se na historicidade dos conceitos que "por detrás da continuidade das palavras, se verificaram ruturas decisivas de conteúdo",[53] as quais evidenciam a sua descontinuidade substancial, afastando-o de seu sentido primitivo. Nas palavras de Konder:

> É fundamental construir a dogmática sem recair no dogmatismo e isto implica reconhecer as diversas rupturas que ocorrem na função de um instituto jurídico durante a sua utilização na história. Afinal, se um mesmo instituto foi capaz de estar presente em sociedades tão díspares como a Roma clássica, a França revolucionária e o Brasil do século XX, é inevitável que não desempenhasse a mesma função em cada um desses contextos. Até mesmo porque, como observado, o significado funcional do instituto somente se constrói na interação com os

---

49. FREITAS, Augusto Teixeira de. *Consolidação das Leis Civis*. Brasília: Senado Federal, 2003. v. 1. p. 13. Disponível em: http://www2.senado.leg.br/bdsf/handle/id/496206. Acesso em: 22 jun. 2023.

50. Código Civil, art. 1.635: "Extingue-se o poder familiar: [...] II – pela emancipação, nos termos do art. 5º, parágrafo único. [...]."

51. SANTOS, J. M. de Carvalho. *Repertório enciclopédico do direito brasileiro*. Rio de Janeiro: Borsoi, 1947. v. 20. p. 10.

52. Alguns juristas, apegados ao conceito de emancipação derivado da outorga dos pais, semelhante ao direito romano (no qual a *emancipatio* era ato privativo do *pater familias*), identificam-na apenas no inciso I do art. 5º, parágrafo único do Código Civil. Exemplo disso, Paulo Lôbo trata das outras hipóteses de cessação da incapacidade civil do adolescente em apartado ao que ele denomina de emancipação. Cf. LÔBO, Paulo. *Direito civil*: parte geral. 7. ed. São Paulo: Saraiva, 2018. p. 128-131. Da mesma forma: LISBOA, Roberto Senise. *Manual de Direito Civil*: teoria geral do direito civil. 8 ed. São Paulo: Saraiva, 2013. p. 264-267.

53. HESPANHA, António Manuel. *Cultura Jurídica Europeia*: síntese de um milénio. Coimbra: Almedina, 2017. p. 126.

demais elementos do sistema jurídico e, principalmente, com os elementos extrajurídicos pertinentes à experiência social como um todo.[54]

Esse afastamento de sentido de um mesmo instituto jurídico, situado em conjunturas histórico-sociais distintas, não pode conduzir à deslegitimação do que é novo, como se houvesse uma vinculação irrenunciável ao direito antecedente. As categorias jurídicas se constroem e interagem com as contingências sociais de dada sociedade[55] e, mesmo no direito romano, é possível identificar a alteração de função dos institutos ao longo do tempo.

Com isso, afirma-se mais uma vez que não houve neste estudo a pretensão de empreender uma historiografia da emancipação civil a partir do direito romano, mas de compreender a variedade do fenômeno jurídico que se esconde por detrás de palavras semelhantes, ao mesmo tempo que, de fato, a reprodução acrítica dos institutos, assim como até então realizado com a emancipação, pode condená-los ao mero formalismo.[56]

2.2 ESPÉCIES DE EMANCIPAÇÃO

2.2.1 Emancipação expressa

2.2.1.1 Aspectos gerais

A emancipação expressa decorre de atos inequívocos praticados com a finalidade específica de atribuir a capacidade plena ao emancipando maior de dezesseis anos. São os casos previstos no inciso I do artigo 5º, parágrafo único do Código Civil: a concessão dos pais e a decisão judicial.[57]

---

54. KONDER, Carlos Nelson. Apontamentos iniciais sobre a contingencialidade dos institutos de direito civil. In: MORAES, Carlos Eduardo Guerra de, RIBEIRO, Ricardo Lodi (Coord.). *Direito civil*. Rio de Janeiro: Freitas Bastos, 2015. p. 43-44.

55. KONDER, Carlos Nelson. Apontamentos iniciais sobre a contingencialidade dos institutos de direito civil. In: MORAES, Carlos Eduardo Guerra de, RIBEIRO, Ricardo Lodi (Coord.). *Direito civil*. Rio de Janeiro: Freitas Bastos, 2015. p. 43-44.

56. PERLINGIERI, Pietro. *O direito civil na legalidade constitucional*. Trad. Maria Cristina de Cicco. Rio de Janeiro: Renovar, 2008. p. 69.

57. Na doutrina essas hipóteses são também denominadas de "voluntárias" porque, nos dizeres de Serpa Lopes, "[n]a emancipação voluntária, trata-se de um ato de vontade decorrente da pessoa que se encontra por lei investida na qualidade necessária para concedê-la." (LOPES, Miguel Maria de Serpa. *Tratado dos registros públicos*: em comentário ao Decreto 4.857, de 9 de novembro de 1939 com as alterações introduzidas pelo Decreto 5.318, de 29 de novembro de 1940 e legislação posterior em conexão com o direito privado brasileiro. 6. ed. rev. e atual. por José Serpa de Santa Maria. Brasília: Livraria e Editora Brasília Jurídica, 1995. v. 1. p. 342). No entanto, neste trabalho optou-se por se restringir a emancipação voluntária à manifestação dos pais por meio de escritura pública, pois a emancipação do tutelado não depende propriamente de uma vontade judicial ou do tutor, mas sim da sentença proferida após a dilação probatória que atestar a possibilidade de ser o adolescente considerado plenamente capaz.

Enquanto o adolescente, sob tutela, depende de sentença judicial, aquele que esteja sob autoridade parental pode ser emancipado por ato de vontade dos pais, materializado em escritura pública, dispensada a judicialização. Em qualquer desses casos, o adolescente deverá contar com, no mínimo, dezesseis anos de idade.

Efetivada por ato judicial ou por escritura pública a emancipação deverá ser registrada mediante trasladação da sentença ou do instrumento, conforme preceitua o art. 90 da Lei de Registros Públicos. Para o registro, dispensa-se a presença de testemunhas, mas se impõe a assinatura do apresentante.

O posterior registro em livro especial do Cartório de Registro Civil das Pessoas Naturais, exigido pelos artigos 9º, II do Código Civil e 29, IV da Lei de Registros Públicos, é fator condicionante de eficácia da emancipação, deflagrando seus efeitos perante terceiros.[58] Entenda-se por "fator de eficácia" o fator extrínseco, que, apesar de não integrar o ato, condiciona a obtenção plena de seu resultado.[59] A ausência de registro, portanto, implica a não produção de efeitos pela emancipação ante a ausência de repercussão juridicamente apreensível.[60]

Na emancipação expressa não existe dúvida sobre o momento a partir do qual o adolescente deve ser considerado plenamente capaz: a desconstituição da incapacidade ocorrerá na sentença transitada em julgado ou na escritura pública e o registro conferirá efeitos erga omnes ao ato judicial ou voluntário emancipatório. Adiante se verá que não é o que acontece com a emancipação tácita ou legal na maior parte das situações.

2.2.1.2 Emancipação voluntária

A emancipação por concessão dos pais, também denominada emancipação voluntária, é inerente à autoridade parental e dela decorre.[61] Nessa hipótese, verifica-se que "os titulares do poder familiar reconhecendo ter seu filho a maturidade necessária para reger sua pessoa e seus bens, proclamam-no plenamente capaz",[62] por meio de ato jurídico em sentido estrito irrevogável.[63]

---

58. Lei de Registros Públicos (Lei 6.015/1973), art. 90, parágrafo único: Antes do registro, a emancipação, em qualquer caso, não produzirá efeito.
59. AZEVEDO, Antônio Junqueira. *Negócio jurídico*: existência, validade e eficácia. 4. ed. São Paulo: Saraiva, 2017. p. 55.
60. SOUZA, Eduardo Nunes de. *Teoria geral das invalidades do negócio jurídico*: nulidade e anulabilidade no direito civil contemporâneo. São Paulo: Almedina, 2017. p. 164.
61. RÁO, Vicente. *O direito e a vida dos direitos*. São Paulo: Max Limonad, 1952. v. 2. p. 216.
62. RODRIGUES, Silvio. *Direito civil*: parte geral. 33. ed. São Paulo: Saraiva, 2003. p. 55.
63. PEREIRA, Caio Mário da Silva. *Instituições de direito civil*. 29. ed. Rio de Janeiro: Forense, 2016. v. 1. p. 246.

O Código Civil de 2002 preceituou expressamente no texto do art. 5º, parágrafo único, inciso I a necessidade de instrumento público, diferentemente do Código Civil de 1916.[64] Não se exige, portanto, a homologação judicial, mas como ato solene, a sua validade depende de escritura pública, elaborada perante o serviço notarial.

Desde a edição do Provimento 100 de 26 de maio de 2020 pelo Conselho Nacional de Justiça, é possível a lavratura do ato eletronicamente por meio do sistema E-Notariado. Segundo as instruções do Colégio Notarial do Brasil, a família que desejar o serviço deverá entrar em contato com um Tabelião de Notas para o agendamento da videoconferência que será seguida da assinatura mediante certificado digital.[65]

Para assinatura eletrônica, o interessado poderá utilizar o certificado digital ICP-Brasil,[66] ou por meio de Certificado Digital do e-Notariado, que tem emissão gratuita e validade de dois anos.[67] Não é necessário que estejam todos os interessados juntos, de modo que cada um pode participar no local em que se encontra, sendo possível, até mesmo, que a escritura seja lavrada de forma híbrida, com a assinatura de alguma das partes de forma digital.

Embora não haja na lei, ou em qualquer ato normativo, a exigência de comparecimento do adolescente para a lavratura da escritura, trata-se de medida que afetará profundamente o *status* do emancipado – tanto individual, ao alçá-lo à condição de capaz, quanto familiar, ao extinguir a autoridade parental – motivo pelo qual não é possível conceber a emancipação voluntária do filho à revelia de sua participação.[68] Afinal, se os pais o julgam capaz o suficiente para

---

64. Em razão da omissão textual do Código Civil de 1916, o Decreto 4857 de 09 de novembro de 1939, determinou a necessidade de homologação judicial para o registro da escritura de concessão da emancipação, conforme art. 16, § 2º, *in verbis*: "Não se compreende nas anotações *ex-officio* a de emancipação por outorga de pai ou mãe, que deverá ser homologada pelo juiz togado a que estiver sujeito o oficial competente para a anotação." Posteriormente, a Lei 2.375 de 21 de dezembro de 1954 dispôs em seu art. 1º: "A inscrição no Registro Público da emancipação por outorga do pai ou da mãe (Código Civil, artigo 12, n. 2) não depende de homologação judicial" e revogou expressamente a disposição em contrário da norma anterior em seu art. 2º: "Esta lei entrará em vigor na data de sua publicação, revogadas as disposições em contrário, inclusive o § 2º do art. 16 do Decreto 4.857, de 9 de novembro de 1939."
65. BRASIL. Conselho Nacional de Justiça (CNJ). *Provimento 100, de 26 de maio de 2020.* Dispõe sobre a prática de atos notariais eletrônicos utilizando o sistema e-Notariado, cria a Matrícula Notarial Eletrônica-MNE e dá outras providências. Disponível em: https://atos.cnj.jus.br/files/original-l222651202006025ed6d22b74c75.pdf. Acesso em 22 jun. 2023.
66. Infraestrutura de Chaves Públicas Brasileiras, instituída pela MP 2200.-2/2001.
67. BRASIL. Conselho Nacional de Justiça (CNJ). *Provimento 100, de 26 de maio de 2020.* Dispõe sobre a prática de atos notariais eletrônicos utilizando o sistema e-Notariado, cria a Matrícula Notarial Eletrônica-MNE e dá outras providências. Disponível em: https://atos.cnj.jus.br/files/original-l222651202006025ed6d22b74c75.pdf. Acesso em 22 jun. 2023.
68. O tema será aprofundado no capítulo 3.

2 • A EMANCIPAÇÃO CIVIL NO ORDENAMENTO JURÍDICO BRASILEIRO

cuidar dos assuntos de sua vida civil sem assistência, o adolescente tem também discernimento bastante para participar de ato que concerne diretamente com a sua condição pessoal.

Não há previsão legal de gratuidade para isentar o pagamento dos emolumentos pela lavratura da escritura da emancipação civil. A disposição do art. 98, IX do Código de Processo Civil somente garante a gratuidade com relação aos emolumentos devidos ao notário quanto à prática de atos de registro ou averbação necessários à efetivação de decisão judicial ou à continuidade de processo judicial no qual o benefício tenha sido concedido. Contudo, o procedimento administrativo para a emancipação voluntária dispensa a intervenção judicial e é lavrado diretamente no Tabelião de Notas. Sendo assim, a pessoa que não tem condições de pagar os emolumentos não pode emancipar voluntariamente o filho?

Diante do princípio da inafastabilidade do poder jurisdicional contemplado como direito fundamental no art. 5º, XXXV da Constituição Federal, não se pode tolher a ninguém a possibilidade de exercer seus direitos, ainda que deva recorrer à jurisdição, mais ainda quando o obstáculo para o exercício efetivo do direito é econômico. A solução não é, contudo, satisfatória. Se a pessoa que pode pagar consegue efetivar a emancipação rapidamente, o obstáculo imposto a pessoas pobres já constitui dificuldade no acesso e pleno gozo de seus direitos. De todo modo, ao menos o recurso à via judicial deve ser garantido, com a possibilidade de concessão dos benefícios da gratuidade, nos termos da lei, incluídos os emolumentos para o registro posterior da sentença perante o serviço de registro civil de pessoas naturais, conforme determina o art. 9º, II do Código Civil.[69]

O argumento torna-se ainda mais consistente quando se atenta à natureza da emancipação civil. Não se trata de um ato com conteúdo patrimonial imediato, mas sim uma forma de alteração do *status* do adolescente quanto à sua capacidade civil e quanto à autoridade parental a que esteja sujeito. Não se está diante de um ato que garante a circulação de riquezas, mas de um ato que muda profundamente a forma de interação social do adolescente. A emancipação pode ser necessária para que exerça um trabalho ou para que exerça a autoridade parental independente de assistência dos próprios pais, enfim, pode haver um justo e legítimo motivo a recomendar a emancipação e a própria emancipação,

---

69. Nesse sentido decidiu o Tribunal de Justiça de São Paulo: Emancipação. Requerimento judicial. Extinção do pleito por ausência de interesse de agir diante da concordância dos representantes legais. Inadmissibilidade. Procedimento de jurisdição voluntária caracterizado pela ausência de pretensão resistida. Dispensa de homologação judicial que não pode, entretanto, impedir o acesso ao Poder Judiciário (art. 5º, XXXV da CF). (SÃO PAULO. Tribunal de Justiça. *AC 0122208-11.2008.8.26.0000*. Relator: Des. Vito Guglielmi. Julgamento: 24.04.2008. Órgão Julgador: 6ª Câmara de Direito Privado. Publicação: 26.06.2008).

no caso, pode representar um mecanismo de proteção ao adolescente e, por essa razão, deve ser garantida a sua efetivação.

Portanto, se for possível obter o consentimento dos titulares da autoridade parental e houver condições para o pagamento dos emolumentos, a judicialização é dispensada, sendo possível que a escritura pública seja lavrada presencialmente ou eletronicamente pelos interessados.

2.2.1.3 A falta de um dos pais na emancipação por escritura pública

O Código Civil de 2002 previu a possibilidade de concessão da emancipação extrajudicial por apenas um dos progenitores no caso de *falta* do outro. É interessante notar que o diploma revogado, diferentemente da lei vigente, utilizava termo mais restritivo: possibilitava-se à mãe a concessão da emancipação somente no caso de *morte* do pai.[70] A opção deliberada de substituir o léxico *morte* por *falta* acompanha a tendência que já se verificava na doutrina de ampliar por via interpretativa as hipóteses de concessão exclusiva da emancipação pela mãe[71] – o que, na lei atual, é tratado como concessão exclusiva de qualquer dos genitores.

Mas a vagueza semântica do termo empregado no texto vigente indica uma indeterminação apriorística do alcance da norma.[72] Por isso, a doutrina diverge. Farias e Rosenvald exemplificam a falta como ausência judicialmente declarada, a

---

70. Recorde-se que o Código Civil de 1916 atribuía ao marido o exercício do "pátrio poder" dos filhos menores: "art. 380: Durante o casamento, exerce o pátrio poder o marido, como chefe da família (art. 233), e, na falta ou impedimento seu, a mulher."

71. Ainda de acordo com o texto do Código Civil de 1916, o termo *morte* era interpretado de forma mais ampliada para compreender as situações de perda ou não gozo pelo pai do então denominado "pátrio poder": "A redacção do paragrapho unico (*sic*) do artigo 9º levantaria duvidas (*sic*), se não fossem os methodos de interpretação que se fundam nos motivos e razão da lei, indispensaveis (*sic*), como ensina Paula Baptista, 'para saber-se o verdadeiro espírito que a anima'. Não se deve entender que o legislador excluiu a faculdade da mãe conceder a emancipação na hypothese de perder o pae (*sic*) o patrio (*sic*) poder ou ter usado das expressões – 'por concessão do pae *ou, se fôr morto, da mãe*', pois que o direito attibuido aos conjuges (*sic*) na ordem mencionada não decorre da pessoa, e sim do exercicio (*sic*) do poder paterno. Interpretação contrária crearia (*sic*) para os filhos uma singular situação juridica (*sic*), de não alcançarem a emancipação em vida do pae, quando tivesse perdido o patrio poder, ou não estivesse no gozo de taes (*sic*) direitos." (FREIRE, Milcíades Mario de Sá. *Manual do Código Civil brasileiro*: parte geral, disposição preliminar e das pessoas e dos bens. Rio de Janeiro: Jacintho Ribeiro, 1930. v. 2. p. 140).

72. Pela lição de Judith Martins-Costa, poder-se-ia concluir que o referido enunciado normativo é genérico, pois nele cabem uma miríade de situações que implicam em seu bojo a "não-presença" autorizadora de atribuição exclusiva para emancipação a apenas um dos genitores: "Um enunciado é genérico quando não refere a presença de *especificação*, isto é, quando a expressão se referir indiferentemente a uma pluralidade de situações diversas. Para que um enunciado seja considerado genérico, basta que valha para qualquer caso da classe considerada." (MARTINS-COSTA, Judith. *A boa-fé no direito privado*: critérios para a sua aplicação. 2. ed. São Paulo: Saraiva, 2018. p. 147).

morte ou a destituição da autoridade parental.[73] Venosa, por outro lado, flexibiliza ainda mais a amplitude do termo compreendendo as situações em que o progenitor não está presente por abandono, separação ou divórcio.[74] Apesar disso, o autor frisa que "não há que se confundir falta com recusa"[75] e, no caso de dúvida, "haverá necessidade de suprimento judicial de vontade do progenitor faltante".[76] A investigação sobre o exato alcance da norma passa pela análise dos perfis estrutural e funcional da autoridade parental, pois é a esse instituto a que a falta se refere.

Sob um perfil estrutural, a autoridade parental constitui a consequência jurídica da relação de filiação, refletida no múnus atribuído aos pais em prol dos filhos incapazes em razão da menoridade, com o objetivo de prestar-lhes os cuidados necessários para o livre desenvolvimento da personalidade, assim como para zelar pelos seus bens. Portanto, a autoridade parental consiste em situação complexa que compreende cumulativamente aspectos existenciais e patrimoniais dos filhos e dos pais.

Como em todas as situações dúplices, no ordenamento jurídico personalista predomina o interesse existencial sobre o patrimonial, em virtude da função promocional da autoridade parental. Por essa razão, afirma-se que "na autoridade parental é mais relevante sua função educativa do que a de administração patrimonial",[77] sobressaindo "desta forma, sua função existencial, visto que se configura em ofício cujo escopo é a promoção das potencialidades criativas do filho".[78]

Apesar do caráter existencial, enquanto situação jurídica relacional, a titularidade e o exercício da autoridade parental são juridicamente cindíveis, pois se trata de uma situação complexa que envolve poderes jurídicos cuja investidura

---

73. FARIAS, Cristiano Chaves de; NELSON, Rosenvald. *Curso de direito civil*: parte geral e LINDB. 14. ed. Salvador: Juspodivm, 2016. p. 369.

74. "Note que o dispositivo transcrito possibilita a um só dos genitores a outorga, na hipótese da *falta do outro*. Não se refere mais a vigente lei à '*morte*' do outro progenitor, como é expresso no Código antigo. A expressão *falta do outro* pode ser examinada com elasticidade. A lei não se refere à ausência técnica do pai ou da mãe, tal como disciplinada nos arts. 22 ss. A falta do outro progenitor, a par da morte, que é indiscutivelmente a falta maior, pode ocorrer por vários prismas: o pai ou mãe faltante poderá se encontrar em paradeiro desconhecido, tendo em vista, por exemplo, o abandono do lar ou a separação ou divórcio. Caberá, sem dúvida, ao juiz e ao membro do Ministério Público averiguar quando essa 'falta' mencionada na lei seja autorizadora da outorga da emancipação por um único progenitor." (VENOSA, Silvio de Salvo. *Direito civil*: parte geral. 18. ed. São Paulo: Atlas, 2018. v. 1. p. 152).

75. VENOSA, Silvio de Salvo. *Direito civil*: parte geral. 18. ed. São Paulo: Atlas, 2018. v. 1. p. 152.

76. VENOSA, Silvio de Salvo. *Direito civil*: parte geral. 18. ed. São Paulo: Atlas, 2018. v. 1. p. 152.

77. TEIXEIRA, Ana Carolina Brochado. Autoridade parental. In: TEIXEIRA, Ana Carolina Brochado; RIBEIRO, Gustavo Pereira Leite (Coord.). *Manual de direito das famílias e das sucessões*. Rio de Janeiro: Processo, 2017. p. 228.

78. TEIXEIRA, Ana Carolina Brochado. Autoridade parental. In: TEIXEIRA, Ana Carolina Brochado; RIBEIRO, Gustavo Pereira Leite (Coord.). *Manual de direito das famílias e das sucessões*. Rio de Janeiro: Processo, 2017. p. 228.

é decorrente de lei, mas o exercício depende concretamente da ação dos seus titulares. Esclarecedora a lição de Denise Comel:

> Reconhecido o poder familiar como uma função atribuída tanto ao pai quanto à mãe, em igualdade de condições, insta procurar estabelecer a distinção entre os termos exercício e titularidade do poder familiar. Com efeito, a titularidade do poder familiar se refere à prerrogativa em si, em abstrato, dos pais estarem investidos das faculdades e deveres a ele inerentes, ocupando a posição que lhes cabe. É o pertencer ou possuir abstratamente. É elemento formal, de atribuição da função ao titular, que se complementa com o exercício, por meio do qual, efetivamente, a titularidade se realiza. O exercício, então, é a realização da titularidade, o aspecto ativo e prático, que vai se traduzir numa intervenção de decisão e participação em todos os assuntos referentes à vida do filho. Exercer o poder familiar, então, é realizá-lo no plano da existência, desempenhando-o efetivamente, desenvolvendo as funções que o integram, praticando todos os atos necessários à proteção e defesa dos interesses dos filhos a ele submetido.[79]

Como corolário do princípio da parentalidade responsável – que, aliás, fundamenta o direito ao planejamento familiar – irradiante do dever constitucional de assistir, criar e educar os filhos na infância e adolescência (art. 229, CF), o exercício da autoridade parental não é uma faculdade dos pais. Desse modo, os casos em que não há correspondência entre a titularidade e o exercício exprimem situações patológicas, ou seja, ou o titular da autoridade parental não a está exercendo ou a função parental está concretamente sendo suprida por terceiro, que não o titular abstrato do múnus legal.[80]

Portanto, a função concreta da autoridade parental pode ser excepcionalmente exercida de forma exclusiva por apenas um dos progenitores, a despeito da atribuição conjunta da titularidade.

Na iminência da entrada em vigor do Código Civil de 2002, o Conselho Nacional da Magistratura do Estado de São Paulo teve a oportunidade de se manifestar sobre o tema. Assim foi constatado:

> São comuns, infelizmente, os casos de completa falência do núcleo familiar e de inviabilidade da colheita do consentimento expresso de um ou de outro genitor, dada a total perda de contato com a sua prole. O pátrio poder é exercido, então, efetivamente, por apenas um dos pais, que mantém contato direto com o filho menor e, concretamente, pode avaliar o seu discernimento e sua aptidão para a aquisição da capacidade civil plena.[81]

---

79. COMEL, Denise Damo. *Do poder familiar*. São Paulo: Ed. RT, 2003. p. 77.
80. O reconhecimento da filiação socioafetiva (admitida pelo STF no julgamento do RE 898.060-SP) baseada no exercício de fato da função parental é exemplo de situação em que o exercício da autoridade parental é realizado por quem não detém abstratamente a atribuição jurídica decorrente da titularidade. O reconhecimento jurídico da filiação baseada no afeto exprime então uma forma de correção dessa distorção, atribuindo-se a titularidade a quem de fato já exerce os cuidados inerentes à autoridade parental.
81. SÃO PAULO. Tribunal de Justiça. *AC 96.914-0/9*. Relator: Des. Luiz Tâmbara. Julgamento: 28.11.2002. Órgão Julgador: Conselho Superior da Magistratura. Publicação: DJE 18.12.2002.

Diante dessa fundamentação, os Desembargadores assim decidiram:

> O texto do art. 5º, § único, inciso I do novo Código Civil, cuja vigência está prevista para se iniciar em 11 de janeiro de 2003, não destoa e confere a legitimidade negocial a ambos os pais, ou "a um deles na falta do outro", cabendo entender significar o vocábulo "falta", não apenas a ausência ou a morte, mas a "não presença".
>
> Em suma, a regra a ser observada é a da manifestação conjunta de ambos os pais, mas diante da "falta" de um destes, devidamente declarada no instrumento de emancipação, é conferida a legitimidade, isoladamente, a um dos pais.[82]

A posição adotada pelo Tribunal de Justiça de São Paulo consiste na ampliação interpretativa do termo *falta*, para abarcar qualquer situação impeditiva da participação de um dos progenitores, desde que seja expressamente declarada pelo outro na escritura pública de concessão da emancipação. Essa mesma orientação foi incorporada nas normas da Corregedoria Geral de Justiça (CGJ) dos Tribunais do Paraná,[83] do Rio Grande do Sul[84] e de Rondônia.[85] Em recente modificação, a norma paranaense, assim como a de Rondônia, acresceu à exigência da declaração expressa a presença de duas testemunhas que atestem o fato,[86] cabendo ao notário recorrer ao juízo corregedor competente para a solução do caso se houver dúvida.

Contudo, a concessão da emancipação por apenas um dos progenitores acarreta a mudança de *status* não apenas ao emancipado, mas também e reflexamente ao outro progenitor que não participou do ato, uma vez que um dos seus efeitos

---

82. SÃO PAULO. Tribunal de Justiça. *AC 96.914-0/9*. Relator: Des. Luiz Tâmbara. Julgamento: 28.11.2002. Órgão Julgador: Conselho Superior da Magistratura. Publicação: DJE 18.12.2002.
83. Provimento 249/2013 da CGJ-PR, art. 697: "As escrituras de emancipação somente poderão ser lavradas se concedidas por ambos os genitores, em consonância com a lei civil. § 1º Poderá, todavia, ser concedida por somente um dos pais, se ausente o outro e constar tal declaração na própria escritura, na presença de duas testemunhas que atestem o fato. § 2º Havendo dúvida, o Notário submeterá o ato à apreciação do Juiz Corregedor do Foro Extrajudicial."
84. Provimento 32/2006 da CGJ-RS, "art. 175 – Em cada comarca, em relação aos menores nela domiciliados, registrar-se-ão no Livro 'E' do Ofício, ou no 1º Ofício, se houver mais de um, as sentenças de emancipação e os atos dos pais que a concederem. Parágrafo único: O Oficial poderá registrar emancipação mediante escritura pública, concedida por apenas um dos progenitores, instruída com a declaração da falta ou impedimento do outro, prevista nos arts. 4º, I; 5º, I; 1.570 e 1.631 do CCB."
85. Provimento 26/2013 da CGJ-RO: Art. 482. "As escrituras de emancipação somente poderão ser lavradas se concedidas por ambos os genitores, em consonância com a lei civil. (art. 226, § 5º, da Constituição Federal/88 e art. 5.º, § único, inc. I, do Código Civil). Parágrafo único. Poderá, todavia, ser concedida por somente um dos pais, se ausente o outro e constar tal declaração na própria escritura, na presença de duas testemunhas que atestem o fato."
86. Provimento 249/2013 da CGJ-PR, conforme modificações do Provimento 269/2017, art. 697: "As escrituras de emancipação somente poderão ser lavradas se concedidas por ambos os genitores, em consonância com a lei civil. § 1º Poderá, todavia, ser concedida por somente um dos pais, se ausente o outro e constar tal declaração na própria escritura, na presença de duas testemunhas que atestem o fato. § 2º: Havendo dúvida, o Notário submeterá o ato à apreciação do Juiz Corregedor do Foro Extrajudicial."

típicos é justamente a extinção da autoridade parental, cujas causas – além da emancipação – estão previstas nos artigos 1.635 e 1.638 do Código Civil.

Por isso, em uma interpretação sistemática, a *falta* pode ser extraída a partir do estado jurídico do progenitor que não esteja presente porquanto determinados *status* afetam necessariamente o exercício efetivo da autoridade parental. É o caso da declaração judicial de ausência e da suspensão ou perda da autoridade parental. Todos esses fatos devem ser registrados ou averbados[87] no registro civil competente,[88] razão por que são comprováveis mediante documentos autênticos, isto é, exarados por oficial ou funcionário público ou com sua intervenção, mas no desempenho da sua função.[89]

Nesses casos, a constatação extrajudicial da *falta* exigida no art. 5º, parágrafo único, inciso I do Código Civil se aperfeiçoa com a apresentação da respectiva certidão,[90] sendo a presunção de veracidade[91] do documento público suficiente para a comprovação do não exercício ou perda da titularidade da autoridade parental.

---

87. Conforme a Lei de Registros Públicos (Lei 6.015/1973), i) a sentença declaratória de ausência deve ser registrada (art. 29, VI). Já a suspensão ou perda da autoridade parental são averbados no registro de nascimento do filho, segundo o art. 102 da mesma lei. O registro civil do óbito, embora não se esteja propriamente alterando o estado civil da pessoa, uma vez que a morte extingue a personalidade e seus atributos, trata-se de atos cuja imperatividade do registro consta do art. 9º, I do Código Civil e do art. 29, III da Lei de Registros Públicos.
88. Para Espínola: "É do maior interesse para o indivíduo e para a collectividade, que os elementos fundamentaes da condição politica e familial de uma pessoa sejam estabelecidos de modo indiscutível, e que todos possam conhecel-os. Tal é a importância dessa determinação, que todas as legislações modernas adoptaram os registros civis, que têm por fim assignalar o nascimento, o estado e a morte da pessoa." Essa é a importância do registro dos atos civis, que é conceituado pelo jurista como sendo "as inscripções feitas nos registros públicos, destinadas a fornecer uma prova segura da existência e do estado da pessoa. Estes registros são dominados *civis* e são escripturados e mantidos por funccionarios, que têm o nome de officiaes do registro civil ou do *estado civil*." (ESPÍNOLA, Eduardo. *Systema do direito civil brasileiro*. 3. ed. Rio de Janeiro: Livraria Francisco Alves, 1938. v. 1. p. 382-383).
89. "Os documentos podem ser autênticos: são os exarados por oficial ou funcionário público ou com sua intervenção, mas no desempenho da respectiva função." (GONÇALVES, Luiz da Cunha. *Tratado de direito civil*. 2. ed. atual. e aum. São Paulo: Max Limonad, 1955. v. 1. t. 1. p. 271).
90. "Prova-se o estado da pessoa com as certidões de Registro Civil em que se registram os atos que o direito considera mais importantes na vida da pessoa. O registro civil é a instituição administrativa que tem por objetivo imediato a publicidade dos fatos jurídicos de interesse das pessoas e da sociedade. Sua função é dar autenticidade, segurança e eficácia aos fatos jurídicos de maior relevância para a vida e os interesses dos sujeitos de direito. [...] O registro dos atos de estado constitui, em regra, o único meio probatório do estado das pessoas. Na falta desse registro, poder-se substituí-lo por uma sentença judicial prolatada para esse fim." (AMARAL, Francisco. *Direito civil*: introdução. 9. ed. São Paulo: SaraivaJur, 2017. p. 348-349).
91. Segundo Luiz da Cunha Gonçalves, os documentos autênticos "fazem prova plena quanto à verdade dos factos practicados pela autoridade ou funcionário público respectivo e dos factos que se passaram na sua presença ou de que êle se certificou e podia certificar-se, salvo se demonstrar a falsidade do documento." (GONÇALVES, Luiz da Cunha. *Tratado de direito civil*. 2. ed. atual. e aum. São Paulo: Max Limonad, 1955. v. 1. t. 1. p. 272-273).

2 • A EMANCIPAÇÃO CIVIL NO ORDENAMENTO JURÍDICO BRASILEIRO

Seria possível concluir, então, que a *falta*[92] se esgota nas hipóteses de prejudicialidade da titularidade ou do exercício da autoridade parental pela mudança de estado jurídico[93] do progenitor ou pela morte?

Decerto, a vagueza semântica do termo *falta* somada à interpretação funcional da autoridade parental permitem uma interpretação ampliativa do vocábulo empregado pela lei, a fim de caracterizá-lo a partir de outras situações que implicam o afastamento do progenitor da função parental em sua concretude, como as situações de abandono.[94]

No entanto, observa-se que também entre as causas de extinção da autoridade parental por decisão judicial, o Código Civil censurou o pai ou mãe que "deixar o filho em abandono" (art. 1.638, II), razão pela qual a emancipação voluntária não pode converter-se em uma forma de burlar a lei e desvincular, pela via extrajudicial, a autoridade parental do progenitor supostamente desidioso, cuja destituição haveria de ser feita pela via judicial.[95]

Apesar do efeito semelhante, quanto à extinção da autoridade parental, a destituição e a emancipação discrepam quanto ao meio de proteção do adolescente: na primeira, retira-se a autoridade do pai ou da mãe que não está ministrando os cuidados adequados ao filho, mantendo-o sob a assistência ou representação do outro progenitor ou de um tutor. Por outro lado, na emancipação, o filho é

---

92. No ECA, a falta, omissão ou abuso dos pais enseja a aplicação de medidas de proteção em favor dos filhos (art. 98). Construindo o significado desses termos, Tepedino asseverou: "A utilização dessas três expressões sugere a tipificação de três situações distintas. Na primeira hipótese, a falta, tem-se um ato comissivo do pai ou responsável, um comportamento positivo e danoso ao desenvolvimento da personalidade do filho. A segunda situação prevista pelo inciso II é a omissão do pai ou responsável, traduzindo comportamento negligente, negativo e daninho, violador de dever legal, decorrente, portanto, da inexecução de comportamento exigido pelo legislador para o bem-estar do filho e o desenrolar satisfatório do processo de educação." (TEPEDINO, Gustavo. A disciplina jurídica da filiação na perspectiva civil-constitucional. In: PEREIRA, Rodrigo da Cunha (Org.). *Direito de família contemporâneo*. Belo Horizonte: Del Rey, 1997, p. 580-581). O abuso, ainda segundo o autor, representa a acolhida do abuso do direito nas relações extrapatrimoniais. Apesar do mérito dessa distinção no âmbito do ECA, a teleologia do art. 5º, I do Código Civil indica que a utilização do termo "falta" foi uma forma de ampliar o alcance do termo anterior "morte". Portanto, o sentido adotado no Código Civil não parece ter sido o mesmo adotado no ECA. Ao contrário, pela construção doutrinária formulada por Tepedino, a "falta" do Código Civil mais se assemelha em conteúdo semântico à "omissão".

93. Por estado jurídico compreenda-se a qualificação jurídica da pessoa, que inclui o *status* individual, familiar e político. Cf. capítulo 1, *supra*.

94. Recorde-se que essa é a posição adotada em: VENOSA, Silvio de Salvo. *Direito civil*: parte geral. 18. ed. São Paulo: Atlas, 2018. v. 1. p. 152.

95. Nesse sentido: "Poderá ocorrer que o progenitor tente outorgar a emancipação isoladamente, mascarando a 'falta', quando na verdade houver recusa de consentimento para o ato. A melhor solução, porém, quando houver dúvidas sobre a dimensão dessa ausência do progenitor ausente, é no sentido de o interessado recorrer à sentença judicial, a exemplo do que é necessário para o tutor." (VENOSA, Silvio de Salvo. *Direito civil*: parte geral. 18. ed. São Paulo: Atlas, 2018. v. 1. p. 152).

alçado à condição de plenamente capaz, desprendendo-se da intervenção de terceiros na sua atuação civil.

Portanto, deve-se observar a função concreta de cada instituto orientando-se casuisticamente pelo princípio do melhor interesse do adolescente. Nesse sentido, a *falta* em sentido amplo autoriza a concessão da emancipação por apenas um dos progenitores, na medida em que incumbe primordialmente aos pais avaliar a maturidade concreta do filho para arcar com as consequências da emancipação,[96] sem afastar a possibilidade de suprimento judicial de consentimento em caso de dúvida.[97] Se houver exercício disfuncional da autoridade parental, o ato emancipatório estará sujeito às sanções legais cabíveis, podendo ser invalidado.[98]

Ainda sobre a concessão exclusiva, é bastante criticável a orientação adotada pelas CGJs de Mato Grosso do Sul, Roraima e Acre,[99] cujas normas autorizam a lavratura da escritura de emancipação exclusivamente pelo progenitor que detiver a "guarda" ou a "posse" do emancipando.

---

96. Segundo o art. 18 da CSDC, "Caberá aos pais ou, quando for o caso, aos representantes legais, a responsabilidade primordial pela educação e pelo desenvolvimento da criança. Sua preocupação fundamental visará ao interesse maior da criança." Por isso, afirma-se que "[...] as pessoas mais aptas a avaliar a maturidade efetiva de um jovem serão sempre os adultos que estão mais próximos dele (e que os amam e conhecem como ninguém), ou seja, seus pais." (SÊCO, Thaís Fernanda Tenório. *A autonomia da criança e do adolescente e suas fronteiras*: capacidade, família e direitos da personalidade. 2013. 178 f. Dissertação (Mestrado em Direito) – Faculdade de Direito, UERJ, Rio de Janeiro, 2013. p. 83).

97. "As ações de suprimento de consentimento, tôdas ações constitutivas, podem ser a) por indevida denegação ou b) por falta. Não são as mesmas. Ali, a tutela dos interesses fica em reexame, de modo que a ação é para destruir a eficácia da declaração de vontade de quem deveria consentir, ou não; aqui, a lei atribui ao juiz, diretamente, essa tutela. Ali, há sempre contenciosidade; aqui, não há, pelo menos na primeira instância, pois só discordância eventual, ou o recurso, e. g., pelo órgão do Ministério Público, cria a contenção. Não se pense, portanto, que, nos casos b), a jurisdição seja, sempre, voluntária." (MIRANDA, Pontes de. *Tratado das ações*. Atualização de Nelson Nery Júnior e Georges Abboud. São Paulo: Ed. RT, 2016. t. 3. p. 86).

98. Sobre o tema, Cf. Capítulo 3, *infra*.

99. Provimento 01/2003 da CGJ do TJ/MS: "art. 676. No cartório do primeiro ofício ou da primeira subdivisão judiciária de cada comarca serão registrados, no Livro 'E', as sentenças de emancipação e os atos dos pais que a concederem, em relação aos menores nela domiciliados. Parágrafo único. Se os pais são separados ou divorciados, os tabeliães ficam autorizados a lavrar escrituras de emancipação concedida apenas pelo cônjuge que detiver a guarda e posse do emancipado." Provimento 01/2017 da CGJ do TJ/RR, art. 607: "Serão registrados no Livro 'E' do 1º Registro Civil das Pessoas Naturais as sentenças de emancipação e os atos dos pais que a concederam, em relação aos menores nela domiciliados. Parágrafo único. Se os pais forem separados ou divorciados, os tabeliães ficam autorizados a lavrar escrituras de emancipação concedida apenas pelo cônjuge que detiver a guarda e posse do emancipado." Provimento 10/2016 da CGJ do TJ/AC, art. 717: "Serão registrados no Livro 'E' do 1º Registro Civil das Pessoas Naturais as sentenças de emancipação e os atos dos pais que a concederam, em relação aos menores nela domiciliados. Parágrafo único. Se os pais forem separados ou divorciados, os tabeliães ficam autorizados a lavrar escrituras de emancipação concedida apenas pelo cônjuge que detiver a guarda e posse do emancipado."

Essa previsão normativa colide frontalmente com o enunciado legal sobre a emancipação voluntária no Código Civil, o qual impõe como regra a concessão por ambos os pais, tendo em vista o exercício igualitário da autoridade parental.[100] A guarda apenas significa que o progenitor guardião mantém a companhia permanente[101] com o filho, mas sem que isso prejudique a convivência familiar com o outro progenitor que, aliás, é direito fundamental do adolescente[102] e o exercício da autoridade parental. Consequentemente, tanto a titularidade quanto o exercício da autoridade parental do não guardião permanecem intocadas,[103] mesmo com a atribuição da guarda ao outro.

Sobre a distinção entre guarda e autoridade parental, explica Ana Carolina Brochado Teixeira:

> Diferentemente do que é proposto pela maioria da doutrina, o poder-dever de proteção e provimento das necessidades, sejam elas materiais ou espirituais, encontram abrigo muito mais na autoridade parental do que na guarda, pois ambos os pais têm a função promocional da educação dos filhos, em sentido amplo, que envolve criação, orientação e acompanhamento. Tais tarefas não incumbem apenas ao genitor guardião.[104]

Ao permitir a concessão da emancipação voluntária apenas pelo progenitor que detém a guarda, essas normas administrativas estão de tal forma ampliando o

---

100. Para Ana Carolina Brochado Teixeira, "o mais relevante é admitir-se *que a autoridade parental atribui a ambos os pais a titularidade, o exercício, o poder e o dever de gerenciar a educação dos filhos*, de modo a moldar-lhes a personalidade, a proporcionar-lhes um crescimento com liberdade e responsabilidade, sem falar no dever de zelo do seu patrimônio." (TEIXEIRA, Ana Carolina Brochado. *Família, guarda e autoridade parental*. 2. ed. Rio de Janeiro: Renovar, 2009. p. 111). (grifou-se)

101. Segundo a melhor doutrina, o termo "companhia", utilizado pela lei, faz referência à companhia permanente e não prejudica a convivência familiar: "No Brasil, o art. 1.632 do CCB/2002 estabelece que as relações entre pais e filhos não se alteram com a separação judicial, o divórcio e a dissolução da união estável, ou seja, tanto a titularidade quanto o exercício da autoridade parental não sofrem modificações. A única mudança limita-se ao direito de um dos pais ter seus filhos em sua companhia – é claro que a referência é à companhia permanente, pois a criança tem o direito fundamental à convivência familiar, mediante a qual o filho tem o direito de conviver com o genitor não guardião." (TEIXEIRA, Ana Carolina Brochado. *Família, guarda e autoridade parental*. 2. ed. Rio de Janeiro: Renovar, 2009. p. 104).

102. Constituição Federal, art. 227: É dever da família, da sociedade e do Estado assegurar à criança, ao adolescente e ao jovem, com absoluta prioridade, o direito à vida, à saúde, à alimentação, à educação, ao lazer, à profissionalização, à cultura, à dignidade, ao respeito, à liberdade e *à convivência familiar* e comunitária, além de colocá-los a salvo de toda forma de negligência, discriminação, exploração, violência, crueldade e opressão.

103. Nesse sentido: "O que importa é delimitar o significado do poder/dever dos genitores de participar na educação dos filhos, cuja função é, evidentemente, promocional ao seu melhor interesse. E tal binômio está desvinculado da circunstância de ter ou não o filho em sua companhia. Ele decorre tão somente da parentalidade." (TEIXEIRA, Ana Carolina Brochado. *Família, guarda e autoridade parental*. 2. ed. Rio de Janeiro: Renovar, 2009. p. 111).

104. TEIXEIRA, Ana Carolina Brochado. *Família, guarda e autoridade parental*. 2. ed. Rio de Janeiro: Renovar, 2009. p. 109).

alcance do termo *falta* que, segundo elas, bastaria a não companhia permanente para que apenas um dos progenitores pudesse outorgá-la sem o outro. Essa posição não se sustenta, pois confunde o exercício da guarda com a titularidade e o exercício da autoridade parental – esses últimos persistem mesmo ao progenitor não guardião.

Conclui-se que, para a concessão da emancipação voluntária, é necessário que os pais sejam titulares da autoridade parental e estejam em seu pleno exercício.[105] Por não afetar a autoridade parental, a guarda não é suficiente para afastar o progenitor não guardião do ato emancipatório. Por outro lado, situações de abandono, morte ou alterações de estado civil do pai ou mãe faltante configuram o não exercício ou a perda da titularidade da autoridade parental e caracterizam suficientemente a falta.

Resta, então, analisar a morte, a declaração judicial de ausência, a perda e a suspensão da autoridade parental e a declaração de incapacidade civil. Esses casos resultam da extinção da própria personalidade ou da prejudicialidade decorrente de estado civil.

Segundo o brocardo jurídico, a morte tudo resolve e com ela extingue-se a própria personalidade: *mors omnia solvit*. Essa é a hipótese de *falta* por excelência, pois a morte, ainda que presumida, extingue também a autoridade parental. Como não apenas é necessária a titularidade, mas também o exercício da autoridade parental no momento da emancipação, não é juridicamente viável a concessão por testamento, ato jurídico cuja eficácia é *post mortem*,[106] pois a emancipação ocorreria por quem não mais detém a titularidade nem o exercício da autoridade parental.

Com relação à ausência, no sentido jurídico do termo, ausente é a pessoa que desaparece de seu domicílio sem deixar notícia de seu paradeiro, nem procurador ou representante para administrar-lhes os bens.[107] Tradicionalmente, entendia-se a existência de bens como pressuposto da ausência, pois o instituto

---

105. Afirma Carvalho Santos que "[p]ara conceder a emancipação é imprescindível que o pai esteja no gôzo pleno do pátrio poder", não bastando, portanto, a mera titularidade. Disso, o jurista conclui que não pode o genitor, na pendência de ação para a suspensão da autoridade parental, emancipar o filho para se exonerar da ação judicial que possa prejudicá-lo. (SANTOS, J. M. de Carvalho. *Código Civil interpretado*: introdução e parte geral. 4. ed. Rio de Janeiro: Freitas Bastos, 1950. v. 1. p. 299).

106. "A emancipação não pode ser feita por testamento. Como se disse, a emancipação do menor, sujeito ao pátrio poder, só poderá ser concedida por quem se achar no exercício do pátrio poder. [...] Assim sendo, como admitir-se a emancipação por testamento, que somente é cumprido depois da morte, quando não mais preexiste o pátrio poder do outorgante?" (SANTOS, J. M. de Carvalho. *Repertório enciclopédico do direito brasileiro*. Rio de Janeiro: Borsoi, 1947. v. 20. p. 12).

107. Código Civil, art. 22: Desaparecendo uma pessoa do seu domicílio sem dela haver notícia, se não houver deixado representante ou procurador a quem caiba administrar-lhe os bens, o juiz, a requerimento de qualquer interessado ou do Ministério Público, declarará a ausência, e nomear-lhe-á curador.

voltava-se mais à proteção do patrimônio do ausente, o que denotava seu nítido caráter patrimonial.[108]

Seguindo esse entendimento o Tribunal de Justiça do Distrito Federal chegou a afirmar que "[a] ação declaratória de ausência tem por escopo a preservação dos bens do ausente. Inexistindo a comprovação de bens a serem arrecadados, impõe-se a extinção do processo pela falta de interesse de agir",[109] Essa decisão foi revertida pelo STJ, em acórdão lavrado pela Terceira Turma, sob relatoria da Min. Nancy Andrighi, que firmou entendimento pela desnecessidade de comprovação da titularidade de bens como pressuposto para a propositura de ação judicial declaratória da ausência.[110]

O aresto reforça a tendência de despatrimonialização do direito civil, a partir da inegável subversão valorativa promovida pela elevação da dignidade humana como eixo central do ordenamento jurídico. Impõe-se, então, reconhecer os efeitos da ausência não apenas sobre os bens eventualmente pertencentes ao ausente, mas principalmente sobre as situações subjetivas existenciais que repercutem na esfera jurídica de terceiros e que são por ele titularizadas.

Nessa seara, o ausente que deixou prole não exerce de fato a autoridade parental,[111] razão pela qual a emancipação não poderia ser obstada pela falta do progenitor juridicamente ausente, diante do princípio do melhor interesse do adolescente. Mesmo antes da declaração de morte presumida,[112] portanto, é

---

108. "Além disso, para ser declarada ausente, a pessoa não pode ter deixado, na dicção do artigo em análise, 'representante' (como, por exemplo, um tutor) 'ou procurador' (representante convencional) constituído para 'administrar-lhe os bens'. Nota-se desta última referência que a preocupação do legislador, no instituto civil da ausência, é tradicionalmente patrimonialista, dirigida à transferência a outrem da administração (e eventualmente do domínio) de um determinado conjunto de bens, deixados sem administrador por seu titular." (TEPEDINO, Gustavo; BARBOZA, Heloísa Helena; MORAES, Maria Celina Bodin de. *Código Civil interpretado conforme a Constituição da República*. 3. ed. rev. e atual. Rio de Janeiro: Renovar, 2014. v. 1. p. 67).

109. BRASIL. Superior Tribunal de Justiça. *REsp 1298963/SP*. Relator: Min. Paulo de Tarso Sanseverino. Julgamento: 26.11.2013. Órgão Julgador: Terceira Turma. Publicação: DJe 25.02.2014.

110. "O entendimento salutar para a defesa dos interesses do ausente e de seus herdeiros deve perpassar pela afirmação de que a comprovação da propriedade não é condição *sine qua non* para a declaração de ausência nos moldes dos arts. 22 do CC/02 e 1.159 do CPC." BRASIL. Superior Tribunal de Justiça. *REsp 1016023/DF*. Relator: Min. Nancy Andrighi. Julgamento: 27.05.2008. Órgão Julgador: Terceira Turma. Publicação: 20.06.2008).

111. O Código Civil de 1916 trazia previsão expressa com relação aos efeitos da emancipação nas relações familiares que não foi reproduzida no Código atualmente vigente. Trata-se do art. 484, *in verbis*: Se o ausente deixar filhos menores, e o outro cônjuge houver falecido, ou não tiver direito ao exercício do pátrio poder, proceder-se-á com esses filhos, como se fossem órfãos de pai e mãe.

112. Segundo o art. 1.635, I do Código Civil a morte extingue a autoridade parental, logo, mesmo a morte presumida serviria para gerar o efeito da extinção da autoridade parental com o exercício exclusivo pelo progenitor sobrevivente ou, submetendo-se a criança ou adolescente à tutela.

possível imputar somente ao pai ou à mãe presente a incumbência de outorgar a emancipação voluntária, se o outro for judicialmente declarado ausente.[113]

Já a destituição judicial, assim como a morte, é forma de extinção da autoridade parental,[114] de modo que o progenitor destituído perde a legitimidade para conceder a emancipação, justificando-se, assim, a sua não participação no ato concessivo.

Outra situação que deve ser enfrentada é a condição do progenitor que sofreu a suspensão – e não ainda a perda – da autoridade parental.[115] Nesse caso, o pai ou a mãe está impedido do exercício da autoridade parental, embora por ato judicial não definitivo.[116] Deve-se entender, portanto, que, enquanto perdurar a suspensão, o progenitor suspenso não está apto à concessão da emancipação, configurando-se então a *falta* exigida pelo Código Civil e consequente atribuição exclusiva ao outro progenitor.[117]

Com relação à incapacidade de algum dos titulares da autoridade parental,[118] a análise deve ser mais cautelosa, tendo em vista a alteração do regime de incapaci-

---

113. Nesse sentido, Francisco Amaral enfrenta o efeito da ausência quanto ao poder familiar: "Quanto aos direitos de família, se o ausente deixou filhos menores, o poder familiar será exercido pelo outro progenitor, exclusivamente, salvo no caso de esse ter falecido ou estar privado do exercício desse direito, quando então se nomeará um tutor (CC, art. 1.728)." (AMARAL, Francisco. *Direito civil*: introdução. 9. ed. São Paulo: SaraivaJur, 2017. p. 330).

114. Conforme art. 1.635, V e 1.638, do Código Civil.

115. A perda do poder familiar está prevista no art. 1.635, V e 1.638 do Código Civil, enquanto a suspensão do poder familiar está prevista no art. 1.637 do mesmo diploma.

116. Destituição e suspensão do poder familiar são diferentes: "A distinção entre os dois institutos estabelece-se pela graduação da gravidade das causas que as motivam e pela duração de seus efeitos. Se, por um lado, a suspensão é provisória e fixada ao criterioso arbítrio do juiz, dependendo do caso concreto e no interesse do filho menor de idade, a perda do poder familiar pode revestir-se de caráter irrevogável, como na transferência do poder familiar pela adoção." (MACIEL, Kátia Regina Ferreira Lobo Andrade. Poder familiar. *Curso de direito da criança e do adolescente*: aspectos teóricos e práticos. 11. ed. São Paulo: Saraiva, 2018. p. 256).

117. Carvalho Santos percebe que a emancipação voluntária poderia ser utilizada para livrar o progenitor das consequências de uma ação judicial cujo objeto fosse o exercício do "pátrio poder". Embora o exemplo dado pelo autor seja a pendência de ação de destituição do poder familiar, o mesmo se aplicaria para a ação de suspensão. Por isso, é imprescindível que os pais estejam no exercício pleno da autoridade parental para que tenham titularidade para outorgar a emancipação ao filho. (SANTOS, J. M. de Carvalho. *Código Civil interpretado*: introdução e parte geral. 4. ed. Rio de Janeiro: Freitas Bastos, 1950. v. 1. p. 299).

118. Segundo a doutrina de Rubens Limongi França, ainda sob a égide do Código Civil de 1916, a *morte* deveria ser interpretada extensivamente, para efeitos de atribuição exclusiva da titularidade para concessão da emancipação voluntária, de modo a abranger os casos de incapacidade absoluta de um dos progenitores. Contudo, à época, além do critério etário de incapacidade absoluta, eram assim considerados os "loucos de todo o gênero", os "surdos-mudos que não pudessem se exprimir" e os ausentes (CC/1916, art. 5º). Nesse sentido: "A expressão do art. 9º, referente à emancipação por mãe, quando é morto o pai, exige a interpretação extensiva de modo a abranger os casos de incapacidade absoluta ou perda do pátrio poder." (FRANÇA, R. Limongi. *Manual de direito civil*. São Paulo: Ed. RT, 1966. v. 1. p. 140).

dades promovida pela CDPD e pelo EPD sobre as disposições do Código Civil. A incapacidade absoluta, segundo a lei, ficou adstrita às pessoas com idade inferior a dezesseis anos (CC, art. 3º), excluindo-se qualquer referência à deficiência intelectual e transferindo para a incapacidade relativa a hipótese da pessoa que, por causa temporária ou permanente, não possa exprimir a própria vontade (CC, art. 4º, III). Diante disso, a única espécie de incapacidade possível de acometer o titular da autoridade parental do emancipando é a incapacidade relativa.[119]

Além disso, o EPD, de forma inovadora, estatuiu expressamente a restrição da curatela aos atos de natureza patrimonial ou negocial[120] e reforçou a plena capacidade da pessoa com deficiência para o exercício de direitos fundamentais,[121] como o direito à família, à guarda, à tutela e à adoção.[122]

Apesar de se tratar de norma dirigida à proteção da pessoa com deficiência, o alcance das modificações inauguradas pelo EPD em consonância com a CDPD, transcendeu esse grupo vulnerável, promovendo profundas alterações no regime de incapacidades civis.[123] Por essa razão, ainda que não se trate de progenitor com deficiência, conforme a definição da lei,[124] a qualificação como

---

119. Segundo dados da Organização Mundial de Saúde (OMS), no Brasil a taxa de gravidez na adolescência é de 68,4 para cada 1000 meninas entre 15 e 19 anos. (NAÇÕES UNIDAS BRASIL. Taxa de gravidez adolescente no Brasil está acima da média latino-americana e caribenha. *Organização das Nações Unidas,* 28 fev. 2018. Disponível em: https://nacoesunidas.org/taxa-de-gravidez-adolescente-no-brasil-esta-acima-da-media-latino-americana-e-caribenha/. Acesso em: 27 jan. 2019). Em 2016, estima-se que 23,9 mil dos bebês nascidos no país são filhos de meninas entre 10 e 14 anos de idade (PALHARES, Isabela. De risco, gravidez até 14 anos persiste no País. *Estadão,* 08 jan. 2018. Disponível em: https://brasil.estadao.com.br/noticias/geral,de-risco-gravidez-ate-14-anos-persiste-no-pais,70002142242. Acesso em: 27 jan. 2019). Portanto, não se ignora que absolutamente incapazes possam ser pais e as consequências da paternidade e maternidade nessa faixa etária sao tema complexo que escapa à finalidade do presente estudo. Contudo, a afirmação apresentada leva em consideração que, logicamente, a idade do pai deve ser superior à idade do filho. Assim, se o adolescente, para a emancipação voluntária, deve contar com, no mínimo, 16 anos (art. 5º, parágrafo único, I, CC), seus genitores terão mais idade do que ele e, portanto, não poderão ser absolutamente incapazes pela idade, já que a incapacidade absoluta é reservada aos menores de 16 anos (art. 3º, CC).

120. EPD, art. 85: "A curatela afetará tão somente os atos relacionados aos direitos de natureza patrimonial e negocial. § 1º A definição da curatela não alcança o direito ao próprio corpo, à sexualidade, ao matrimônio, à privacidade, à educação, à saúde, ao trabalho e ao voto. [...]."

121. Utiliza-se o verbo "reforçar" porque a plena capacidade da pessoa com deficiência já era reconhecida na CDPD, art. 12.2: "Os Estados-Partes reconhecerão que as pessoas com deficiência gozam de capacidade legal em igualdade de condições com as demais pessoas em todos os aspectos da vida." Apesar do *status* de emenda constitucional, a disposição era, no entanto, ignorada na prática jurídica.

122. EPD, art. 6º: "A deficiência não afeta a plena capacidade civil da pessoa, inclusive para: [...] VI – exercer o direito à guarda, à tutela, à curatela e à adoção, como adotante ou adotando, em igualdade de oportunidades com as demais pessoas."

123. Sobre o tema das incapacidades civis, remeta-se o leitor ao capítulo 1, *supra.*

124. O art. 1 da CDPD assim como o art. 2º do EPD definem pessoa com deficiência da seguinte forma: "Pessoas com deficiência são aquelas que têm impedimentos de longo prazo de natureza física, mental, intelectual ou sensorial, os quais, em interação com diversas barreiras, podem obstruir sua participação plena e efetiva na sociedade em igualdades de condições com as demais pessoas."

relativamente incapaz ou o deferimento de curador em favor dele, nas hipóteses legalmente autorizadas, basta para a aplicação do regime protetivo adequado ao caso. Trata-se de se desvencilhar dos limites semânticos do termo *deficiência*, para, em uma análise funcional das incapacidades civis, promover efetiva proteção da pessoa vulnerada por qualquer circunstância que atinja a sua saúde mental.[125]

Como consequência para a emancipação civil voluntária, não se poderá deduzir que a incapacidade do progenitor necessariamente afetará o exercício da autoridade parental. Ao contrário, tendo o EPD assegurado o exercício do direito à adoção, ato jurídico em sentido estrito do qual decorre todos os efeitos da parentalidade,[126] inclusive a autoridade parental, à pessoa com comprometimento de sua saúde mental não deve ser automaticamente vedada a concessão da emancipação.

Contudo, deve-se reconhecer que a limitação da curatela aos atos de natureza patrimonial pode ser excepcionada, a bem da pessoa considerada relativamente incapaz, para a efetiva proteção de seus direitos fundamentais,[127] com fundamento no artigo 84, § 3º do EPD[128] e 755 do Código de Processo Civil, atendendo às necessidades específicas do curatelado. O diploma processual prevê também

---

125. Segue-se a orientação sustentada por Gabriel Schulman: "De modo similar, a eficácia da CDPD não deve ser considerada como restrita às pessoas com deficiência, em um sentido mais acanhado. A melhor interpretação é que seus princípios se aplicam de modo amplo na saúde mental. As limitações semânticas do conceito de *deficiência* não podem servir para desatentar aos princípios que a própria Convenção proclama." (SCHULMAN, Gabriel. *A internação forçada de adultos que fazem uso abusivo de drogas*. 2018. 368 f. Tese (Doutorado em Direito) – Faculdade de Direito, UERJ, Rio de Janeiro, 2018. p. 110).

126. Segundo Paulo Lôbo, "[a] adoção é ato jurídico em sentido estrito, de natureza complexa, pois depende de decisão judicial para produzir seus efeitos. Não é negócio jurídico unilateral. Por dizer respeito ao estado de filiação, que é indisponível, não pode ser revogada. O ato é personalíssimo, não se admitindo que possa ser exercido por procuração (art. 39, ECA)." (LÔBO, Paulo. *Direito civil*: famílias. 8. ed. São Paulo: Saraiva, 2018. p. 279).

127. "A considerar que a representação legal depende de prévia determinação na lei e que as pessoas com deficiência psíquica e/ou intelectual foram retiradas do rol dos absolutamente incapazes, assinalado no art. 3º do Código Civil, a curatela não poderia assumir poderes de representação. Mas importa destacar que o Estatuto da Pessoa com Deficiência previu a possibilidade de delinear uma curatela aberta à demanda do curatelando, inclusive, para atender às necessidades daquela pessoa absolutamente faltosa de juízo crítico e autonomia. Assim, é possível que nos autos do processo, o juiz reconheça a necessidade de confiar ao curador mais amplos poderes (art. 84, § 3º) – fixando os limites da curatela na proporção das necessidades e das circunstância (*sic*) do caso sob exame. Por uma questão formal, no entanto, esses poderes não serão nominados de representação legal." (MENEZES, Joyceane Bezerra de. O direito protetivo no Brasil após a convenção sobre a proteção da pessoa com deficiência: impactos do novo CPC e do estatuto da pessoa com deficiência. *Civilistica.com*, Rio de Janeiro, v. 4, n. 1, jan./jun. 2015. Disponível em: http://civilistica.com/o-direito-protetivo-no-brasil/. Acesso em: 16 nov. 2018).

128. EPD, art. 84: "A pessoa com deficiência tem assegurado o direito ao exercício de sua capacidade legal em igualdade de condições com as demais pessoas.
§ 3º A definição de curatela de pessoa com deficiência constitui medida protetiva extraordinária, proporcional às necessidades e às circunstâncias de cada caso, e durará o menor tempo possível."

que, se ao tempo da definição da curatela houver pessoa incapaz sob a guarda e responsabilidade do curatelando, o juiz deverá atribui-la a quem melhor possa atender ao interesse de ambos.[129]

Conclui-se, com isso, que a) eventual deficiência intelectual não afeta automaticamente a capacidade civil do progenitor que, portanto, conserva sua titularidade para a concessão da emancipação voluntária; b) a incapacidade relativa do progenitor somente afetará o exercício da autoridade parental se assim constar expressamente na sentença do processo para a definição dos termos da curatela, com vistas ao melhor interesse do curatelado e do filho cuja idade seja inferior aos dezoito anos, caso em que, se outro progenitor exercer também a curatela, terá ele titularidade exclusiva para a concessão da emancipação voluntária, sob o fundamento da *falta* do outro, previsto no art. 5º, parágrafo único, I do Código Civil.

O adolescente tutelado, por outro lado, depende de sentença judicial de natureza constitutiva[130] para ser considerado emancipado, que, de acordo com o artigo 725, I do Código de Processo Civil deverá ser proferida nos autos de ação de jurisdição voluntária na qual é ouvido o tutor. Concedida a emancipação, a sentença deverá ser registrada no primeiro oficial de registro civil do domicílio do emancipado,[131] para que produza efeitos perante terceiros.[132]

A criança e o adolescente são submetidos à tutela quando ambos os pais forem ausentes, falecidos, ou, ainda, se decaírem da autoridade parental. Trata-se de instituto, portanto, protetivo, que os coloca sob o cuidado de um tutor que lhes dirigirá a educação, cuidará de seus interesses e cumprirá os demais deveres que normalmente incumbem aos pais. Contudo, o tutor não exerce autoridade parental, que é múnus decorrente exclusivamente da relação paterno-materno-fi-

---

129. "Art. 755. Na sentença que decretar a interdição, o juiz: I – nomeará curador, que poderá ser o requerente da interdição, e fixará os limites da curatela, segundo o estado e o desenvolvimento mental do interdito; II – considerará as características pessoais do interdito, observando suas potencialidades, habilidades, vontades e preferências. § 1º A curatela deve ser atribuída a quem melhor possa atender aos interesses do curatelado. § 2º Havendo, ao tempo da interdição, pessoa incapaz sob a guarda e a responsabilidade do interdito, o juiz atribuirá a curatela a quem melhor puder atender aos interesses do interdito e do incapaz."

130. "A chamada sentença constitutiva pode criar, modificar ou extinguir uma situação jurídica." (MARINONI, Luiz Guilherme; ARENHART, Sérgio Cruz; MITIDIERO, Daniel. *Novo curso de processo civil*: tutela dos direitos mediante procedimento comum. São Paulo: Ed. RT, 2015. p. 465).

131. Lei de Registros Públicos (6.015/1973), art. 89: No cartório do 1º Ofício ou da 1ª subdivisão judiciária de cada comarca serão registrados, em livro especial, as sentenças de emancipação, bem como os atos dos pais que a concederem, em relação aos menores nela domiciliados.

132. Lei de Registros Públicos (6.015/1973), art. 91: Quando o juiz conceder emancipação, deverá comunicá-la, de ofício, ao oficial de registro, se não constar dos autos haver sido efetuado este dentro de 8 (oito) dias. Parágrafo único: Antes do registro, a emancipação, em qualquer caso, não produzirá efeito.

lial, motivo pelo qual ele não detém a prerrogativa de conceder a emancipação.[133] Nesse caso, então, o adolescente terá legitimidade para pleitear judicialmente a emancipação, que será concedida, por meio de sentença judicial constitutiva, verificada a sua maturidade concreta em dilação probatória.[134]

2.2.1.4 Emancipação judicial

A emancipação pode ser elaborada por escritura pública quando o adolescente estiver sob a autoridade parental, no entanto, quando for inviável fazê-la por essa via, diante do princípio da inafastabilidade do poder jurisdicional, poderá ser requerida pela via judicial. Contudo, o recurso pela via judicial é mandatório nos casos em que o adolescente estiver sob tutela.

Conforme tem-se defendido ao longo desta obra, há casos em que a emancipação civil pode representar um mecanismo de proteção ao adolescente para a efetivação de seus direitos. A exemplo disso, em 2019, uma menina de dezesseis anos, abandonada pela própria mãe e órfã de pai, já mãe de uma criança e em situação de extrema vulnerabilidade social não pôde receber um imóvel pelo Programa Minha Casa Minha Vida, ao qual foi inscrita com auxílio de Assistência Social do município onde vivia porque, relativamente incapaz, não havia genitor, genitora, tutor ou tutora que a assistisse na contratação com a Caixa Econômica Federal. Diante do caso, a Defensoria Pública da Bahia ingressou com ação de emancipação judicial, pleiteando a concessão da plena capacidade civil para a garantia do direito fundamental à moradia à adolescente.[135]

A sentença repercutiu na mídia em razão do tom emocionado adotado pelo juízo que lhe concedeu a emancipação. Observa-se o seguinte trecho:

---

133. "O tutor não pode emancipar diretamente, pois é desprovido de poder familiar. Somente o juiz pode fazê-lo, ouvido o tutor." (LÔBO, Paulo. *Direito civil*: parte geral. 7. ed. São Paulo: Saraiva, 2018. p. 129).

134. Segundo o projeto primitivo de Código Civil elaborado por Clóvis Bevilácqua, "se o menor estiver sob tutela, será feita a declaração judicialmente, a requerimento do menor, autorizado pelo tutor". Todavia, durante as discussões na Câmara dos Deputados, o então deputado Alfredo Pinto apresentou emenda para substituir o termo "autorizado" por "ouvido". Segundo Freire, a justificativa seria que não deveria ser dada ao tutor a faculdade de restringir a emancipação, pois "tutores ha para os quaes a funcção que exercem é uma grande fonte de interesses e que, portanto, deixar dependente de uma autorização, que póde ser denegada, a effectividade de um direito garantido ao menor que complete dezoito annos [idade para a emancipação voluntária à época], é uma anomalia perigosa na prática." (FREIRE, Milcíades Mario de Sá. *Manual do Código Civil brasileiro*: parte geral, disposição preliminar e das pessoas e dos bens. Rio de Janeiro: Jacintho Ribeiro, 1930. v. 2. p. 123-125). A emenda foi aprovada, constando no texto definitivo do Código Civil de 1916 o termo "ouvido o tutor", expressão que foi mantida no Código Civil de 2002. Essa remissão histórica auxilia a compreensão do papel do tutor na emancipação, e no delineamento da legitimidade do adolescente, uma vez que não depende de prévia autorização do tutor, podendo postular a medida diretamente.

135. BAHIA. Tribunal de Justiça. *Processo 050292-67.2017.8.05.0141*. 1ª Vara Cível. Juiz de Direito Luciano Ribeiro Guimarães Filho. Jequié, BA, 16 out. 2018.

> [...] não se pode julgar o presente caso apenas se utilizando do Código Civil, que regula a matéria, mas devemos ir além, utilizando-se de outras disposições do nosso ordenamento (Constituição Federal), na medida em que o caso em apreço não versa sobre mero direito a emancipação, mas ao direito a uma vida digna e ao direito à moradia de uma jovem massacrada por uma sociedade injusta e absurdamente desigual.[136]

Sem dúvidas esse caso demonstra a falência do Estado ao não prover o apoio a essa menina desde o momento de seu abandono, aos onze anos de idade. Ela permaneceu às margens de uma rodovia, sendo auxiliada por vizinhos, suscetível a toda sorte de negligência, violência e humilhação. Ela não foi acolhida, não teve um pai ou mãe para exercer os cuidados que ela merecia, não teve um tutor ou tutora para substituí-los. Ela sequer foi vista. E, já aos dezesseis anos, com um filho sob sua responsabilidade, foi ainda privada de conquistar o próprio teto em razão, mais uma vez, da negligência do Estado.

Esse caso parece extremo, mas demonstra que a emancipação pode ser necessária para concretizar direitos do adolescente. Embora não se compreenda a emancipação como um direito subjetivo do adolescente, o adolescente tem direito fundamental à proteção integral por todo e qualquer meio que se mostre efetivo, inclusive, se for o caso, pela aquisição antecipada da capacidade plena.

A conclusão pode ser extraída da interpretação do Estatuto da Criança e do Adolescente, uma vez que o art. 98 determina que:

> As medidas de proteção à criança e ao adolescente são aplicáveis sempre que os direitos reconhecidos nesta Lei forem ameaçados ou violados:
>
> I – por ação ou omissão da sociedade ou do Estado;
>
> II – por falta, omissão ou abuso dos pais ou responsável;
>
> III – em razão de sua conduta.

Mais adiante, no art. 101, o ECA elenca as medidas de proteção previstas pela lei de forma meramente exemplificativa: "[v]erificada qualquer das hipóteses previstas no art. 98, a autoridade competente poderá determinar, *dentre outras*, as seguintes medidas [...]".

Certamente a emancipação civil não está prevista entre as medidas de proteção expressamente elencadas no ECA, no entanto, não se tratando de rol taxativo, e observando-se o princípio do melhor interesse, pode ser, no caso concreto, que seja justamente a emancipação uma forma de auxiliar o adolescente no exercício de seus direitos.

---

136. BAHIA. Tribunal de Justiça. *Processo 050292-67.2017.8.05.0141.* 1ª Vara Cível. Juiz de Direito Luciano Ribeiro Guimarães Filho. Jequié, BA, 16 out. 2018.

Outro caso semelhante não teve o mesmo desfecho. Uma adolescente abandonada pelos pais, que aprendeu a sobreviver sozinha e a cuidar de seus próprios interesses, aos dezesseis anos, após acolhimento institucional como medida de proteção, foge e se nega a retornar à instituição. Diz que prefere ser emancipada para retomar os estudos e trabalhar e, em atendimento à sua vontade, o Ministério Público, na ausência de pai e mãe, ingressa com pedido judicial de emancipação civil.[137] A sentença, confirmada pelo Tribunal de Justiça de São Paulo, julgou o pedido improcedente, sob os seguintes argumentos:

> [...] em que pese o longo período de acolhimento da menor N. M. T., não há registro de ajuizamento de ação de destituição do poder familiar em face da genitora da menor, assim, apesar das contundentes provas do abandono da filha, ela ainda é a titular do poder familiar exercido sobre a menor e, portanto, somente ela teria a legitimidade para promover a emancipação de sua filha e não o representante ministerial.

Em outra passagem consta que "a própria recusa da adolescente em ser protegida pelo Estado evidencia o risco, que exige o acompanhamento desta Vara".

Esses dois excertos da decisão evidenciam a deturpação do princípio do melhor interesse, uma vez que foi atribuído aos pais o poder exclusivo de emancipar a adolescente, mesmo diante do não exercício voluntário da autoridade parental. Negou-se à adolescente a emancipação com base em um vínculo meramente formal, que não se traduzia no cuidado efetivo a uma pessoa vulnerável. Consigne-se, ainda, a inércia estatal ao não propor a competente ação judicial para destituição da autoridade parental, mesmo diante da situação de abandono.

A título argumentativo, foi possível identificar que no direito brasileiro pré-codificado havia a possibilidade de um pai ser compelido a emancipar quando o filho estivesse em situação de risco. Essa situação era denominada de *emancipação coacta*[138] e foi apontada por Teixeira de Freitas no art. 204 da Consolidação das Leis Civis: "[o] pai pôde ser compellido á (sic) emancipar o filho nos casos, em que o Direito assim o-determina; e para esse fim o filho pôde demandá-lo com licença do Juiz, nos termos art. 183, § 4º".[139]

Manuel Borges Carneiro explica em quais hipóteses o pai poderia ser obrigado a emancipar o filho, casos em que o seu consentimento era dispensado: a) se prostituir a honra da filha, b) se enjeitar o filho infante ou faz enjeitar filho infante que é, então, criado por outra pessoa, c) se contrata segundo casamento

---

137. SÃO PAULO. Tribunal de Justiça. *AC 1013646-96.2022.8.26.0161*. Relator: Des. Francisco Bruno. Julgamento: 18.04.2023. Órgão Julgador: Câmara Especial. Publicação: 18.04.2023.
138. FREITAS, Augusto Teixeira de. *Consolidação das Leis Civis*. Brasília: Senado Federal, 2003. v. 1. p. 169. Disponível em: http://www2.senado.leg.br/bdsf/handle/id/496206. Acesso em: 22 jun. 2023.
139. FREITAS, Augusto Teixeira de. *Consolidação das Leis Civis*. Brasília: Senado Federal, 2003. v. 1. p. 169. Disponível em: http://www2.senado.leg.br/bdsf/handle/id/496206. Acesso em: 22 jun. 2023.

incestuoso, d) se aceita herança ou legado sob a condição de emancipar o filho, e) se constrange o filho a pecar, f) se maltrata o filho grave e cruelmente.[140]

Ou seja, o direito aplicado no Brasil antes do Código Civil de 1916 reconhecia uma função protetiva à emancipação do então "menor" majoritariamente nos casos em que o pai o expusesse a risco. Essa concepção da emancipação se perdeu com a edição do Código Civil de Beviláqua, mas, revela a versatilidade do instituto frente à necessidade de se atender aos interesses da pessoa submetida ao poder paterno quando conflitante com os interesses do pai.

Ademais, no acórdão do TJ/SP[141] é flagrante a concepção paternalista do princípio do melhor interesse, ao sobrepor a tutela estatal – convenha-se, falha – à capacidade de autodeterminação de uma adolescente que pretendia trabalhar e estudar de forma autônoma.

Não se poderia afirmar que, no caso concreto, a emancipação atenderia ao melhor interesse da adolescente com tão parcas informações. No entanto, a fundamentação do acórdão parece ignorar o bem-estar efetivo da parte, em nome do formalismo da autoridade parental e da emancipação, sem considerá-las em seu aspecto funcional.

O objetivo deste trabalho é justamente propor uma perspectiva funcionalizada dos institutos em atenção a uma concepção mais participativa e menos paternalista de melhor interesse no âmbito da (in)capacidade, sem sacrificar a precisão jurídico-argumentativa. Por essa razão, o ideal de proteção integral não se satisfaz com uma fundamentação meramente formalista,[142] que ignora o perfil fenomenológico da capacidade civil.[143]

Além disso, mais um argumento a favor da flexibilização da emancipação pela via judicial reside no fato dela seguir um procedimento de jurisdição voluntária que, nessa qualidade, não se limita ao princípio da legalidade estrita,[144] de acordo com o art. 723 do Código de Processo Civil.

---

140. CARNEIRO, Manuel Borges. *Direito civil de Portugal*: contendo três livros, I das pessoas, II das cousas, III das obrigações e acções. Lisboa: Typ. Maria da Madre de Deus, 1858. Livro I. p. 296.

141. SÃO PAULO. Tribunal de Justiça. *AC 1013646-96.2022.8.26.0161*. Relator: Des. Francisco Bruno. Julgamento: 18.04.2023. Órgão Julgador: Câmara Especial. Publicação: 18.04.2023.

142. "O formalismo eleva-se ora à teoria do direito não conteudista, ora à concepção da interpretação que, na solução dos problemas jurídicos, inspira-se somente nos elementos que se assumem como intrínsecos à norma, com exclusão dos chamados elementos extrínsecos, como os aspectos funcionais, teleológicos, em uma palavra, sociais." (PERLINGIERI, Pietro. *O direito civil na legalidade constitucional*. Trad. Maria Cristina de Cicco. Rio de Janeiro: Renovar, 2008. p. 92-93).

143. PERLINGIERI, Pietro. *O direito civil na legalidade constitucional*. Trad. Maria Cristina de Cicco. Rio de Janeiro: Renovar, 2008. p. 95.

144. Sobre o alcance da legalidade estrita ao direito material: "Há divergência sobre o alcance do disposto no parágrafo único do art. 723, CPC, isto é, discute-se se a não observância da legalidade estrita se refere ao direito processual, ao direito material ou a ambos. Se se entender que se limita a questões

Nesse sentido já decidiu, acertadamente, o Tribunal de Justiça do Estado de São Paulo em caso cuja causa de pedir da emancipação situava-se na impossibilidade de a família arcar com os emolumentos associada a necessidade de obtenção de trabalho pelo adolescente.[145] Em outra situação, a emancipação foi pedida judicialmente porque, embora houvesse consenso entre os titulares da autoridade familiar, o genitor da emancipanda estava preso, de modo que não conseguiria lavrar a escritura pública.[146]

Em síntese, a emancipação judicial terá cabimento quando *i)* o adolescente estiver sob tutela, *ii)* for inviável a lavratura da escritura pública de emancipação, em razão da ausência de consenso ou da falta de um deles ou *iii)* ficar evidenciado que a medida configura meio de proteção aos direitos do adolescente.

No caso de emancipação do adolescente sob tutela, a legitimidade ativa será do tutor, do adolescente, do Ministério Público ou da Defensoria Pública. O processo será de jurisdição voluntária, de acordo com o art. 725, I do Código de Processo Civil e deverá ser nomeado curador especial ao adolescente, com fundamento no art. 72 do mesmo diploma. Isso porque a emancipação encerra a tutela, que é *munus* público (art. 1.763, I, Código Civil), estabelecendo-se possível conflito de interesses que deverá ser avaliado judicialmente. A sentença judicial proferida será desconstitutiva,[147] uma vez que por efeito do ato judicial e a partir desse ato, cessa a incapacidade do adolescente.

---

processuais, a regra será de pouca utilidade, já que o CPC permite flexibilização processual em diversas passagens, de modo que o citado dispositivo somente reforçaria uma orientação clara do Código. Já em relação ao direito material, efetivamente a história da jurisdição voluntária revela avanços e conquistas por meio do afastamento da legalidade estrita para a consecução da finalidade do procedimento, como o deferimento de guardas ou curatelas compartilhadas, quando não havia previsão legal nesse sentido, ou a alteração de nome de transexuais, por exemplo." (GODINHO, Robson R.; BONNDIOLI, Luís Guilherme A.; FONSECA, João Francisco Naves da *et al. Comentários ao Código de Processo Civil*: arts. 719-770: dos procedimentos de jurisdição voluntária. São Paulo: Saraiva, 2018. v. 14. p. 93).

145. Emancipação. Requerimento judicial. Extinção do pleito por ausência de interesse de agir diante da concordância dos representantes legais. Inadmissibilidade. Procedimento de jurisdição voluntária caracterizado pela ausência de pretensão resistida. Dispensa de homologação judicial que não pode, entretanto, impedir o acesso ao Poder Judiciário (art. 5º, XXXV da CF). (SÃO PAULO. Tribunal de Justiça. *AC 0122208-11.2008.8.26.0000*. Relator: Des. Vito Guglielmi. Julgamento: 24.04.2008. Órgão Julgador: 6ª Câmara de Direito Privado. Publicação: 26.05.2008).

146. Emancipação. Interesse processual. Genitor preso. Anuência dos pais demonstrada. Requisitos legais cumpridos. Cabimento, a esta altura, da emancipação judicial. Ausência de impedimento legal. Jurisdição voluntária. Solução conveniente e oportuna. Extinção do processo sem resolução do mérito afastada. Deferimento do pedido. Recurso provido. (SÃO PAULO. Tribunal de Justiça. *AC 1001478-17.2019.8.26.0210*. Relator: Des. Augusto Rezende. Julgamento: 18.03.2020. Órgão Julgador: 1ª Câmara de Direito Privado. Publicação: DJe 18.03.2020).

147. AMORIM FILHO, Agnelo. Critério científico para distinguir a prescrição da decadência e para identificar as ações imprescritíveis. *Revista da Faculdade de Direito, Universidade Federal do Ceará*, Fortaleza, v. 12, 2ª fase, p. 318, 1958.

Se se tratar de emancipação voluntária, ou seja, concedida pelos pais, excepcionalmente pleiteada pela via jurisdicional, a legitimidade ativa para a propositura da ação será de qualquer interessado, ou seja, seus genitores, em conjunto ou isoladamente, na falta ou discordância do outro, o próprio adolescente devidamente assistido, o Ministério Público ou a Defensoria Pública.[148] Do mesmo modo, o procedimento será de jurisdição voluntária nos termos do art. 725, I do Código de Processo Civil.

Ao adolescente, em qualquer caso, deve ser garantida a participação no processo, com fundamento no art. 12 da CSDC, sendo-lhe possível, inclusive, recusar a emancipação. Nesse caso, o veto do adolescente deve ser decisivo, da mesma forma que é necessário o consentimento do maior de doze anos para a colocação em família substituta e, especialmente para a adoção, segundo a garantia legal dos arts. 28, § 2º e 45, § 2º do ECA. O raciocínio analógico se dá em harmonia com o direito fundamental à participação, uma vez que, se ao adolescente é deferido consentir com a criação da autoridade parental, ainda mais razão assiste para que lhe seja franqueado o direito de se opor à sua extinção precoce.

Quando a emancipação for concedida com a participação dos pais, mas excepcionalmente pela via judicial, seja pela falta de um deles ou pela inviabilidade da lavratura da escritura pública, o juízo competente para conhecer o pedido será definido pelas normas de organização judiciária do estado.

Embora certamente não seja uma exclusividade do Brasil, a realidade de abandono parental de crianças e adolescentes não pode ser ignorada. Assim como aconteceu com a adolescente do caso baiano acima retratado, que vivia desde criança às margens de uma rodovia, sobrevivendo de auxílios caritativos, outros (sobre)vivem da mesma forma.

Não se pretende assumir a falência do Estado como fato irremediável na assistência dessas crianças e adolescentes. Ao contrário, são necessárias políticas públicas efetivas para acolhê-los e garantir-lhes a proteção prevista nos documentos internacionais e na legislação nacional sobre o tema.

No entanto, assim como no caso paradigmático, pode-se antever situações nas quais a emancipação poderia oportunizar ao adolescente viver de forma mais digna, sem sacrificar outros instrumentos legais protetivos. A adolescente do caso em questão foi privada de receber a moradia própria, mas, como relativamente incapaz, também dependeria de seus pais para assisti-la em um contrato de trabalho, por exemplo. A solução, diante do abandono, deve ser sempre a desti-

---

148. CPC, art. 720. O procedimento terá início por provocação do interessado, do Ministério Público ou da Defensoria Pública, cabendo-lhes formular o pedido devidamente instruído com os documentos necessários e com a indicação da providência judicial.

tuição da autoridade parental e consequente nomeação de tutor? Não poderia haver tão-somente a destituição sem a nomeação de tutor, com a consequente emancipação civil judicial?

Em outra situação, dessa vez, hipotética, pode-se imaginar o exercício disfuncional da autoridade parental, em proveito dos próprios pais e em detrimento do melhor interesse do adolescente. Considere-se, por exemplo, pais que malversam os recursos financeiros provenientes do patrimônio do filho, evitando a emancipação para manter o poder de administração sobre seus bens. Pode-se considerar que, também nesse caso, o adolescente estaria sob risco conforme art. 98, II do ECA.

Nessas hipóteses, a emancipação civil não poderá tramitar como procedimento de jurisdição voluntária, mas deverá, ao contrário, observar o procedimento e exigências legais para a destituição da autoridade parental e tramitar perante a Justiça da Infância e da Adolescência, quando houver vara especializada.[149] A emancipação civil surgirá, portanto, como medida específica de proteção, a considerar o caso concreto e a necessidade de proteção integral do adolescente.

Importante esclarecer que se deve observar o mínimo etário de dezesseis anos previsto no art. 5º, parágrafo único, I do Código Civil e que a medida representaria uma economia processual, pois dispensaria a prévia nomeação de tutor, que, de todo modo, poderia propor judicialmente a emancipação.

A despeito da aquisição da plena capacidade civil, subsiste a incidência do estatuto protetivo ao adolescente emancipado, certo que outras medidas específicas de proteção poderão ser conjugadas no atendimento de seu melhor interesse, inclusive com o encaminhamento para acolhimento familiar ou institucional, se for o caso.

2.2.2 Emancipação tácita ou legal

2.2.2.1 Aspectos gerais

A emancipação do adolescente, conforme já visto, visa a atender às especificidades concretas da pessoa que, nada obstante a presunção legal de incapacidade decorrente da idade, revela maturidade suficiente para reger a si e aos próprios bens e, por isso, faz jus à aquisição da capacidade plena antes da maioridade legal.[150]

---

149. ECA, art. 148. A Justiça da Infância e da Juventude é competente para:
Parágrafo único. Quando se tratar de criança ou adolescente nas hipóteses do art. 98, é também competente a Justiça da Infância e da Juventude para o fim de: b) conhecer de ações de destituição do poder familiar, perda ou modificação da tutela ou guarda;
150. Para um aprofundamento sobre o perfil funcional da emancipação, Cf. capítulo 3.

Além da concessão dos pais e da emancipação judicial do adolescente tutelado, outras situações comportam o suporte fático para a emancipação civil: o casamento, a colação de grau em ensino superior, o exercício de emprego público efetivo, o estabelecimento civil ou comercial ou relação de emprego que forneça ao adolescente economia própria.

Nesses casos, não existe uma vontade qualificada do adolescente, de seus pais ou do tutor no sentido de produzir a emancipação civil. As hipóteses descritas na lei operam, portanto, como fatos jurídicos, que têm como efeito anexo a aquisição da capacidade plena.[151] Segundo Serpa Lopes, "[o]s casos de emancipação legal, por isso que surgem automaticamente, como um efeito direto da lei, independem de registro".[152]

Por essa razão, entende-se que o adolescente poderia buscar provimento jurisdicional declaratório positivo[153] para obter a certeza sobre a sua situação jurídica,[154] com fundamento no art. 19 do Código de Processo Civil, a fim de que não reste dúvida sobre o seu *status* civil de plenamente capaz. Essa possibilidade se mostra como uma efetiva proteção e reconhecimento da autonomia progressiva

---

151. MIRANDA, Pontes de. *Tratado de direito privado*: parte geral. Atualização de Judith Martins-Costa, Gustavo Haical e Jorge Cesar Ferreira da Silva. São Paulo: Ed. RT. t. 1.

152. LOPES, Miguel Maria de Serpa. *Tratado dos registros públicos*: em comentário ao Decreto 4.857, de 9 de novembro de 1939 com as alterações introduzidas pelo Decreto 5.318, de 29 de novembro de 1940 e legislação posterior em conexão com o direito privado brasileiro. 6. ed. rev. e atual. por José Serpa de Santa Maria. Brasília: Livraria e Editora Brasília Jurídica, 1995. v. 1. p. 342.

153. Na concepção de Chiovenda, nas ações declaratórias, "*la voluntad de la ley es afirmada como cierta en el caso concreto, deviene indiscutible*" (em tradução livre: "a vontade da lei é afirmada como certa no caso concreto, se torna indiscutível"). Prossegue o autor: "*La declaración de la ley es por sí misma un bien, puesto que de la certeza de la ley derívanse inmediatamente ventajas. Si se afirma la existencia de una voluntad de ley que nos garantise un bien, a la utilidad garatizada por la ley añádese la seguridad de su expectación, y la posibilidad de disponer de ella en el comercio jurídico: tenemos una declaración positiva. Si se niega la existencia de una voluntad de ley que garantise a otros un bien respecto de nosotros, se nos procura con esto mismo un bien que consiste en la certeza de no estar nosotros sujetos a la pretensión o al poder del adversario, con ventaja de nuestro crédito etcétera: aquí tenemos una declaración negativa.*" Em tradução livre: "A declaração da lei em si é um bem, pois da certeza da lei derivam-se imediatamente vantagens. Se se afirma a existência de uma vontade da lei que nos garante um bem, à utilidade garantida pela lei acrescenta-se a segurança de sua expectativa e a possibilidade de dispor dela no comércio: temos uma declaração positiva. Se se nega a existência de uma vontade da lei que garante a outros um bem em relação a nós, se nos procura com esse mesmo bem que consiste na certeza de não estarmos sujeitos à pretensão ou ao poder do adversário, com vantagem de nosso crédito etc.: aqui temos uma declaração negativa." (CHIOVENDA, José. *Principios de derecho procesal civil*. Tradução espanhola da terceira edição italiana por Jose Casais e Santaló. Madrid: Editorial Reus, 1922. t. 1. p. 194-195).

154. Apesar de o Código de Processo Civil determinar o cabimento da ação declaratória para a existência, inexistência ou do modo de ser de relação jurídica, (art. 19, I, CPC) a doutrina aponta a possibilidade de declaração sobre situação ou posição jurídica: "Somente é possível a declaração judicial de *relação jurídica*. Aqui, o termo deve ser interpretado da forma mais ampla possível, para abarcar todos os fenômenos que a técnica do direito privado nomeia como *situações jurídicas* e *posições jurídicas*. Não cabe declaratória de mero *fato*. (NERY JR., Nelson; NERY, Rosa Maria de Andrade. *Código de Processo Civil comentado*. 18. ed. São Paulo: Ed. RT, 2019. p. 163).

do adolescente, na medida em que as hipóteses tácitas de emancipação podem gerar desconfiança nas pessoas com quem o adolescente interage. Afinal, diante da incapacidade civil etária prevista na lei, quem aceitaria contratar com um adolescente que se apresentasse como emancipado sem qualquer documentação comprobatória?

Na jurisprudência, percebe-se, aliás, que a emancipação tácita tem sido utilizada contra o adolescente, como matéria de defesa em situações nas quais a invalidade negocial por vício quanto à capacidade do agente era suscitada em juízo, subvertendo a função protetiva da emancipação.[155] A título exemplificativo, o TRT da 18ª Região, em acórdão relatado em 2016, com base na emancipação fática, afastou o direito à reintegração laboral de adolescente que pleiteava anulação de pedido de demissão que não contou com a assistência de seus pais. De forma semelhante, em 2015, o Tribunal de Justiça de São Paulo reconheceu a emancipação fática de adolescente para afastar pretensão de anulação de contrato firmado com agência de viagens mediante ocultação da idade.[156] Neste caso, observe-se que a solução poderia se situar apenas no plano negocial, por meio da aplicação do art. 180 do Código Civil, no entanto, a decisão final atingiu não apenas o negócio *sub judice*, mas todo o estatuto individual do adolescente.

A questão que se coloca não reside na discussão sobre o acerto dessas decisões, mas apenas da demonstração de que a emancipação civil tácita tem sido utilizada mais como um mecanismo de defesa das pessoas com quem o adolescente interage do que como um instrumento de proteção de sua vulnerabilidade. Tanto assim que, no caso relatado nos autos da ação de emancipação 050292-67.2017.8.05.0141, da 1ª Vara Cível da Comarca de Jequié/BA, a adolescente, embora pudesse ser considerada emancipada, teve seu direito à obtenção da casa própria negado por não haver quem lhe assistisse na contratação com a Caixa Econômica Federal.[157]

2.2.2.2 Serviço militar

Cumpre observar que a Lei do Serviço Militar (Lei 4.375/1964) prevê, em seu artigo 73[158] que, para efeito do Serviço Militar, cessará a incapacidade civil do adolescente, na data em que completar dezessete anos.

---

155. Sobre a função protetiva da emancipação, Cf. capítulo 3.
156. SÃO PAULO. Tribunal de Justiça. *AC 0001996-66.2012.8.26.0146*. Relator: Des. Eduardo Azuma Nishi. Julgamento: 09.10.2015. Órgão Julgador: 27ª Câmara de Direito Privado. Publicação: 09.10.2015.
157. Refere-se ao caso: BAHIA. Tribunal de Justiça. *Processo 050292-67.2017.8.05.0141*. 1ª Vara Cível, Juiz de Direito Luciano Ribeiro Guimarães Filho. Jequié, BA, 16 out. 2018. Será explorado mais adiante, no item 2.3.6.
158. Regra semelhante havia sido acrescentada ao Código Civil de 1916 pelo Decreto 20.330/1931, que acrescentou o parágrafo segundo ao artigo 9º (que dispunha sobre a emancipação civil), determinando

Embora à primeira vista pareça tratar-se de emancipação, o objetivo do dispositivo é evitar possíveis conflitos com as relações jurídicas decorrentes da autoridade parental. Por essa razão entendem Vicente Ráo[159] e Carvalho Santos[160] que a incapacidade, nesses casos, é levantada unicamente para o efeito do serviço militar. No mesmo sentido posicionam-se contemporaneamente Farias e Rosenvald, para quem a situação "cinge-se a esta finalidade especial, não se aplicando em outras áreas".[161]

Diante dessa posição, que parece ser a mais acertada em razão da *ratio* da norma, não se teria, portanto, propriamente uma hipótese de emancipação, mas tão somente de cessação de incapacidade para o fim específico do serviço militar.

2.2.2.3 Casamento

As hipóteses de emancipação tácita estão previstas nos incisos II a V do Código Civil e são elas: o casamento, o exercício de emprego público efetivo, a colação de grau em ensino superior, e o estabelecimento civil ou comercial ou relação de emprego com economia própria.

Com relação ao *casamento*, trata-se de ato jurídico[162] solene, por meio do qual é constituída uma das modalidades possíveis de família.[163] Em razão da

---

que "[p]ara efeito do alistamento militar cessará a incapacidade do menor que houver completado 18 anos de idade." Contudo, ainda sob a vigência do Código Beviláqua, o dispositivo foi eliminado por outro decreto subsequente (Decreto-Lei 9.500/1946), que, tratando do serviço militar, trouxe a hipótese unicamente na legislação extravagante.

159. Para Ráo, "não é lícito entender-se que tenham criado mais uma causa de emancipação integral dos menores, pois a sua incapacidade é levantada, só e ùnicamente (*sic*) *para o efeito do serviço militar*, ou da habilitação para o exercício do direito de voto." (RÁO, Vicente. *O direito e a vida dos direitos*. São Paulo: Max Limonad, 1952. v. 2. p. 222).

160. "A cessação da incapacidade, como bem expressa a lei, é tão sòmente (*sic*) para efeito do serviço militar. O menor sorteado, desde que entra para o serviço militar, fica sujeito à disciplina contida em suas leis e regulamentos e só deve prestar obediência aos seus superiores hierárquicos. Essa disciplina não pode sofrer restrições e a lei em questão, decretando a cessação da incapacidade nos moldes figurados, procurou pê-la a salvo de possíveis conflitos decorrentes do pátrio poder." (SANTOS, J. M. de Carvalho. *Repertório enciclopédico do direito brasileiro*. Rio de Janeiro: Borsoi, 1947. v. 20. p. 15).

161. FARIAS, Cristiano Chaves de; NELSON, Rosenvald. *Curso de direito civil*: parte geral e LINDB. 14. ed. Salvador: JusPodivm, 2016. p. 372.

162. A natureza jurídica do casamento é matéria das mais controvertidas no direito civil e escapa aos lindes do presente trabalho. Sobre o tema, cf. GOMES, Orlando. *Direito de família*. 12. ed. Rio de Janeiro: Forense, 2000.

163. "O casamento é um ato jurídico negocial solene, público e complexo, mediante o qual o casal constitui família, pela livre manifestação de vontade e pelo reconhecimento do Estado." (LÔBO, Paulo. *Direito civil*: famílias. 8. ed. São Paulo: Saraiva, 2018. p. 93).

solenidade, somente o casamento civil ou religioso com efeitos civis acarreta a emancipação.[164-165]

A idade núbil é alcançada a partir dos dezesseis anos[166] – portanto, podem se casar os relativamente incapazes em razão da idade, mediante autorização dos pais, que deve ser colhida na fase de habilitação para o casamento. No caso de dissenso entre os pais, o parágrafo único do art. 1.517 do Código Civil prevê expressamente a solução jurisdicional da controvérsia, mediante remissão ao art. 1.631 do mesmo diploma.

Como consequência do casamento da pessoa incapaz, absoluta ou relativamente, o artigo 5º, parágrafo único, II, atribui plena capacidade ao nubente que não atingiu ainda a maioridade, pois se presume que a inauguração de núcleo familiar próprio é fato incompatível com a incapacidade civil.[167]

Alguns efeitos do casamento podem ser disciplinados pelos nubentes, especialmente aqueles de natureza patrimonial, como a escolha do regime de bens[168] e a definição dos limites da responsabilidade de cada um pelos encargos da família. Efeitos não patrimoniais, no caso, existenciais, também podem ser decididos e modulados conforme o interesse dos nubentes, como o planejamento familiar (art. 1.565, § 2º, CC), a fixação do domicílio conjugal (art. 1.569, CC) e eventual alteração de nome (art. 1.565, § 1º, CC).

Por outro lado, a emancipação da pessoa que se casa com menos de dezoito anos constitui efeito *ex lege*, necessário e inderrogável do casamento. A necessidade de autorização dos pais não converte a emancipação de legal para voluntária, uma vez que "[o]s pais concedem licença para o filho casar-se e não para emancipar-se".[169]

---

164. Nesse sentido: AZEVEDO, Álvaro Villaça; NICOLAU, Gustavo Rene. *Código Civil comentado*: das pessoas e dos bens. São Paulo: Atlas, 2007. v. 1. p. 33.

165. A união estável, apesar de nãos ser causa de emancipação de acordo com esse inciso II do art. 5º do Código Civil, poderá caracterizar o estabelecimento civil com economia própria (inciso V). O tema será tratado mais adiante.

166. Código Civil, art. 1.517: O homem e a mulher com dezesseis anos podem casar, exigindo-se autorização de ambos os pais, ou de seus representantes legais, enquanto não atingida a maioridade civil.

167. "Todo menor que casa, qualquer que seja a sua idade é tacitamente emancipado pelo fato do casamento. A sua qualidade de chefe de família, que adquire com o casamento, a isso força, por não ser compreensível que pudesse dirigir a família que constituiu com o casamento e continuasse sob o pátrio poder ou sob tutela de outrem." (SANTOS, J. M. de Carvalho. *Código Civil interpretado*: introdução e parte geral. 4. ed. Rio de Janeiro: Freitas Bastos, 1950. v. 1. p. 304).

168. Se houve necessidade de suprimento judicial para o casamento, determina o art. 1.641, III do Código Civil a incidência do regime de separação obrigatória de bens.

169. AZEVEDO, Álvaro Villaça; NICOLAU, Gustavo Rene. *Código Civil comentado*: das pessoas e dos bens. São Paulo: Atlas, 2007. v. 1. p. 34.

Embora textualmente o art. 5º, inciso II não exija uma idade mínima para essa modalidade de emancipação, o art. 1.520 do Código Civil, desde a modificação trazida pela Lei 13.811/2019, proíbe, em qualquer circunstância, o casamento de pessoas com idade inferior a dezesseis anos. O objetivo da norma é evidente e deve também nortear a interpretação da emancipação civil: inibir a sexualização precoce e a exploração sexual infantil.

Essa é uma preocupação que concerne também ao direito internacional dos direitos humanos. Em 1964 foi aprovada pela Assembleia Geral da ONU a Convenção sobre o consentimento para o matrimônio, a idade mínima para casamento e registros de casamento, a qual foi recepcionado no Brasil pelo Decreto-Lei 659 de 13 de dezembro de 1968. Apesar de não ter havido a estipulação de um mínimo etário para o casamento, a Convenção determinou que a celebração exige o consentimento de ambos os nubentes, bem como que:

> Os Estados-Partes na presente Convenção deverão adotar medidas legislativas para estabelecer uma idade mínima para contrair casamento. As pessoas que não tenham alcançado esta idade não poderão contrair casamento legalmente, exceto se a autoridade competente tiver concedido uma dispensa de idade, por motivos ponderosos e no interesse dos futuros esposos.[170]

Também a Convenção sobre a Eliminação de Todas as Formas de Discriminação contra a Mulher, recepcionada pelo Brasil por meio do Decreto 4.377/2002 determina, em seu art. 16.2, que "[o]s esponsais e o casamento de uma criança não terão efeito legal e todas as medidas necessárias, inclusive as de caráter legislativo, serão adotadas para estabelecer uma idade mínima para o casamento e para tornar obrigatória a inscrição de casamentos em registro oficial".[171]

Segundo dados da UNICEF, em 2021 foram realizados 17400 casamentos envolvendo pessoas com idade inferior a dezoito anos no Brasil.[172] No âmbito internacional dos direitos humanos, é consenso a necessidade de inibir essas uniões, pois prejudicam o desenvolvimento das crianças e dos adolescentes, sendo importante fator para a evasão escolar, para a sexualização precoce,

---

170. BRASIL. Decreto 659, de 30 de junho de 1969. Aprova a Convenção das Nações Unidas sôbre Consentimento para casamento, Idade Mínima para casamento e Registro de casamento. Disponível em: https://www.planalto.gov.br/ccivil_03/decreto-lei/1965-1988/del0659.htm. Acesso em: 05 fev. 2024.

171. BRASIL. Decreto 4.377, de 13 de setembro de 2002. Promulga a Convenção sobre a Eliminação de Todas as Formas de Discriminação contra a Mulher, de 1979, e revoga o Decreto no 89.460, de 20 de março de 1984. Disponível em: https://www.planalto.gov.br/ccivil_03/decreto/2002/D4377.htm. Acesso em: 05 fev. 2024.

172. UNICEF. Total de casamentos envolvendo crianças e adolescentes abaixo de 18 anos. Disponível em: https://dash-service.azurewebsites.net/?prj=brazil&page=protection&lang=pt#child_marriage. Acesso em: 05 fev. 2024.

para a gestação na adolescência e para a exclusão do mercado de trabalho.[173] É imprescindível observar também os recortes de gênero e de raça: a maior incidência do casamento infantil ocorre entre meninas e entre crianças e adolescentes pardos.[174]

A mudança legal, que extirpou do ordenamento a possibilidade de casamento antes dos dezesseis anos em qualquer hipótese, é bem-vinda, mas ainda denota a dissonância entre as normas internacionais de direitos humanos e o sistema jurídico brasileiro, ao permitir uniões formais com pessoas menores de dezoito anos. Em artigo opinativo contundente, Elisa Cruz afirma:

> Aliás, a aprovação da lei deveria ter considerado a proibição do casamento abaixo dos 18 anos de idade, em cumprimento à proteção integral da infância e adolescência que o Brasil comprometeu-se em seguir com a assinatura em 1990 da Convenção sobre Direitos da Criança; e, tendo optado pela idade mínima de 16 anos, deveria o legislador brasileiro ter previsto as consequências sobre casamento ou união informal de crianças e adolescentes abaixo da idade legal.[175]

Importante consignar que, embora se admita que a emancipação civil pode, em determinados casos, atender ao melhor interesse do adolescente, não se deve legitimar a iniciação precoce na vida adulta, sobretudo naqueles casos em que houver indícios de abuso ou exploração infantil. A linha é tênue: a capacidade civil adquirida pela via da emancipação deve propiciar ao adolescente melhores condições de cuidar de seus próprios interesses quando se mostrar capacitado para tanto, mas a proteção devida pelas normas internacionais de direitos humanos e pelo sistema protetivo brasileiro persiste. O adolescente não se torna adulto com a emancipação. Ele apenas se torna um adolescente que pode praticar atos da vida civil, sem necessidade de assistência. O desestímulo à adultização de crianças e adolescentes deve ser implementado, seja pela lei ou por políticas públicas de conscientização e educação sexual.

---

173. UNICEF. 10 milhões de meninas a mais em risco de casamento infantil devido à Covid-19. 08 mar 2021. Disponível em: https://www.unicef.org/brazil/comunicados-de-imprensa/10-milhoes-de-meninas-a-mais-em-risco-de-casamento-infantil-devido-a-covid-19#:~:text=Meninas%20que%20se%20casam%20na%20inf%C3%A2ncia%20ou%20adolesc%C3%AAncia,vez%2C%20o%20risco%20de%20complica%C3%A7%C3%B5es%20e%20mortalidade%20maternas. Acesso em: 05 fev. 2024.
174. CARDOSO, Andressa Souza; VALÉRIO, Inaê Dutra; RAMOS, Camila Irigonhé; MACHADO, Karla Pereira. Casamento infantil no Brasil: uma análise da Pesquisa Nacional de Saúde. *Ciência & Saúde Coletiva*, v. 27, n. 2, dez. 2020. Disponível em: http://cienciaesaudecoletiva.com.br/artigos/casamento-infantil-no-brasil-uma-analise-da-pesquisa-nacional-de-saude/17899?id=17899. Acesso em: 09 jul. 2023.
175. CRUZ, Elisa. Nenhum casamento infantil deve ser reconhecido. *Folha de S.Paulo*, 1º maio 2023. Disponível em: https://www1.folha.uol.com.br/opiniao/2023/05/nenhum-casamento-infantil-deve-ser-reconhecido.shtml. Acesso em: 05 jul. 2023.

O fim do casamento pelo divórcio ou pela morte de um dos cônjuges não restabelece a incapacidade.[176] Mas situação distinta refere-se à anulação. De maneira geral, se a emancipação é derivada do casamento, a sua desconstituição, por via reflexa, desconstitui também a emancipação. Segundo Pontes de Miranda, "[s]e ao casamento foi declarada nulidade, ou anulação, é como se não tivesse havido: a cessação da menoridade não se deu".[177]

Bulhões de Carvalho[178] e Carvalho Santos[179] defendem que a emancipação produz efeito até que seja decretada judicialmente a anulação (e não a nulidade) do casamento. Ambos afirmam persistir a emancipação quando declarada a putatividade do casamento do adolescente que se casou de boa-fé.[180]-[181] Contemporaneamente, Gagliano e Pamplona também defendem a manutenção da emancipação ao cônjuge adolescente de boa-fé no caso de casamento putativo e afirmam a desconstituição da emancipação no caso de nulidade ou anulação.[182]

Farias e Rosenvald são mais específicos: defendem que o casamento nulo não gera a emancipação, mas o casamento anulado produz efeitos até que sobrevenha decisão judicial, o que faz do adolescente definitivamente capaz[183] já que a emancipação altera o estado individual de maneira irreversível. Entretanto, entre as causas específicas de anulação do casamento estão a infringência à idade núbil e a ausência de autorização dos pais para o ato. A abordagem estrutural das invalidades, que parece ter conduzido os autores à conclusão de que a anulação do casamento não restitui a incapacidade ao adolescente, pode então se revelar insuficiente diante disso, pois implicaria a aquisição da plena capacidade civil

---

176. Segundo Clóvis Beviláqua, "se o casamento se dissolve por morte do cônjuge, ou se sobrevem desquite; esses fatos não alteram a situação adquirida." (BEVILAQUA, Clovis. *Teoria geral do direito civil*. Campinas: RED Livros, 2001. p. 158).

177. MIRANDA, Pontes de. *Tratado de direito privado*: parte geral. Atualização de Judith Martins-Costa, Gustavo Haical e Jorge Cesar Ferreira da Silva. São Paulo: Ed. RT, 2012. t. 1. p. 202-203.

178. CARVALHO, Francisco Pereira de Bulhões. *Incapacidade civil e restrições de direito*. Rio de Janeiro: Borsoi, 1957. t. 2. p. 963.

179. SANTOS, J. M. de Carvalho. *Código Civil interpretado*: introdução e parte geral. 4. ed. Rio de Janeiro: Freitas Bastos, 1950. v. 1. p. 304-305.

180. CARVALHO, Francisco Pereira de Bulhões. *Incapacidade civil e restrições de direito*. Rio de Janeiro: Borsoi, 1957. t. 2. p. 963.

181. Código Civil, art. 1.561: Embora anulável ou mesmo nulo, se contraído de boa-fé por ambos os cônjuges, o casamento, em relação a estes como aos filhos, produz todos os efeitos até o dia da sentença anulatória. § 1º: Se um dos cônjuges estava de boa-fé ao celebrar o casamento, os seus efeitos civis só a ele e aos filhos aproveitarão. § 2º: Se ambos os cônjuges estavam de má-fé ao celebrar o casamento, os seus efeitos civis só aos filhos aproveitarão.

182. "Em caso de nulidade ou anulação, entendemos que a emancipação persiste apenas se o matrimônio fora contraído de boa-fé (casamento putativo). Em caso contrário, retorna-se à situação de incapacidade." (GAGLIANO, Pablo Stolze; PAMPLONA FILHO, Rodolfo. *Novo curso de direito civil*: parte geral. 18. ed. São Paulo: Saraiva, 2016. p. 165).

183. FARIAS, Cristiano Chaves de; NELSON, Rosenvald. *Curso de direito civil*: parte geral e LINDB. 14. ed. Salvador: Juspodivm, 2016. p. 371.

por quem se casou sem a autorização dos pais ou sem a observância ao mínimo etário imposto pelo Código Civil.

Ademais, em vez de vincular os efeitos da emancipação à declaração judicial de putatividade do casamento e, consequentemente, condicioná-los à boa-fé do nubente, o princípio do melhor interesse do adolescente deve também ser observado quanto à decisão judicial sobre a persistência ou não dos efeitos da emancipação no casamento inválido, uma vez que a medida não deve ter caráter punitivo, sob pena de disfunção do instituto.[184] Em suma, o merecimento de tutela quanto à conservação da emancipação decorrente do casamento inválido deve ser analisado à luz dos valores constitucionais do ordenamento, dos quais a tutela prioritária dos interesses do adolescente se destaca.[185]

Pode-se indagar se a emancipação civil se operaria igualmente nos casos de união estável. Segundo a letra da lei, a resposta é negativa porque essa moda-lidade de família não é prevista como ensejadora da emancipação. Mas essa é a melhor orientação?

Conforme mencionado, o casamento infantil deve ser desencorajado e também a união estável, pelos mesmos motivos. A inauguração de um núcleo familiar próprio pode afastar o adolescente da escolarização e ensejar a sexua-lização e a gravidez precocemente. Contudo, a emancipação civil não é a causa do casamento infantil, mas sua consequência jurídica. Consequência essa que não prejudica a incidência do sistema protetivo da infância e da adolescência ao adolescente que casar ou mantiver união estável. Sendo assim, não se poderia aprioristicamente afastar a emancipação ao adolescente que conviver em união estável, desde que se trate de medida que atenda ao melhor interesse do adoles-cente naquela circunstância concreta.

Nesses casos, a emancipação civil poderia ser reconhecida em ação judicial declaratória, assim como a união estável.

---

184. Sobre a função da emancipação, Cf. capítulo 3, *infra*.

185. Ao propor uma análise funcional das invalidades negociais, assevera Eduardo Nunes de Souza: "A tutela da vulnerabilidade, portanto, acaba atuando sobre a modulação de todas as consequências da invalidade negocial a um só tempo. Nesse sentido, caberá ao intérprete perguntar se a vulnerabilidade concretamente observada será protegida, na medida mais proporcional a ela, por meio da desconsti-tuição de efeitos do negócio; se essa desconstituição deve ser total ou parcial; se deve ser retroativa ou operar apenas a partir do provimento judicial, e assim por diante." (SOUZA, Eduardo Nunes de. *Teoria geral das invalidades do negócio jurídico*: nulidade e anulabilidade no direito civil contemporâneo. São Paulo: Almedina, 2017. p. 358). A lição do autor é aplicável à análise dos efeitos do casamento inválido da pessoa menor de dezoito anos pois a idade é fator de vulnerabilidade. Por isso, manter ou não a emancipação decorrente de casamento inválido deve ser decidido concretamente, à luz da axiologia constitucional.

2.2.2.4 Colação de grau em ensino superior

Quanto à *colação de grau em ensino superior*, já dizia Vicente Ráo que não se leva em conta o fator econômico, e, sim, apenas o fator cultural, estabelecendo como presunção absoluta a aptidão para os atos da vida civil[186] da pessoa que concluiu os seus estudos universitários. Freire é ainda mais incisivo: segundo ele, não faria sentido outorgar ao médico a responsabilidade pela vida de uma pessoa e lhe negar o direito de reger a sua própria pessoa e bens.[187]

A redução da maioridade civil dos vinte e um para os dezoito anos de idade promovida pelo Código Civil de 2002 tornou esse dispositivo improvável, pois é infrequente a conclusão do ensino superior por pessoa com idade inferior aos dezoito anos. Cursos superiores, segundo a Resolução 2 de 2007 do Ministério da Educação,[188] devem contar com, no mínimo, três anos.[189]

Contudo, a Lei de Diretrizes e Bases da Educação (LDB – Lei 9.394/1996) prevê a educação especial para atendimento de necessidades educacionais específicas de crianças e adolescentes com altas habilidades ou superdotação (art. 58). Nesse caso, a lei garante ao educando o direito à aceleração para concluir em menor tempo o programa escolar,[190] possibilitando o encerramento da educação básica antes da idade regularmente prevista de dezessete anos e, consequentemente, antecipa-se o acesso ao ensino superior.[191]

---

186. RÁO, Vicente. *O direito e a vida dos direitos*. São Paulo: Max Limonad, 1952. v. 2. p. 221.

187. "A colação de gráo scientifico em curso de ensino superior prova capacidade, certifica que o indivíduo cultivou a inteligência, aprendeu a viver, e não seria logico admittir que o Estado outorgasse ao médico a faculdade de se responsabilizar pela vida de outrem, ao advogado, a de defender a propriedade, a honra e a liberdade alheias, e lhes negasse o direito de reger sua própria pessoa e bens." (FREIRE, Milcíades Mario de Sá. *Manual do Código Civil brasileiro*: parte geral, disposição preliminar e das pessoas e dos bens. Rio de Janeiro: Jacintho Ribeiro, 1930. v. 2. p. 143).

188. BRASIL. Ministério da Educação. Resolução 2, de 18 de junho de 2007. Dispõe sobre carga horária mínima e procedimentos relativos à integralização e duração dos cursos de graduação, bacharelados, na modalidade presencial.

189. A Lei de Diretrizes e Bases da Educação (Lei 9.394/1996) prevê em seu art. 47 § 2º, contudo, que "[o]s alunos que tenham extraordinário aproveitamento nos estudos, demonstrado por meio de provas e outros instrumentos de avaliação específicos, aplicados por banca examinadora especial, poderão ter abreviada a duração dos seus cursos, de acordo com as normas dos sistemas de ensino." Isso favorece, embora em escassas exceções, a emancipação civil pela colação de grau em ensino superior.

190. LDB, art. 59. Os sistemas de ensino assegurarão aos educandos com deficiência, transtornos globais do desenvolvimento e altas habilidades ou superdotação: [...] II – terminalidade específica para aqueles que não puderem atingir o nível exigido para a conclusão do ensino fundamental, em virtude de suas deficiências, e *aceleração para concluir em menor tempo o programa escolar para os superdotados;* [...].

191. Segundo a LDB, a educação especial não se esgota no ensino básico, acompanhando o educando ao longo da vida, motivo pelo qual pode ser arguida para o acesso antecipado ao ensino superior: art. 58, § 3º. A oferta de educação especial, nos termos do *caput* deste artigo, tem início na educação infantil e estende-se ao longo da vida, observados o inciso III do art. 4º e o parágrafo único do art. 60 desta Lei.

Desse modo, a possibilidade de colação de grau em ensino superior antes de atingida a maioridade torna-se mais tangível, especialmente ao grupo de pessoas com altas habilidades ou superdotação.

Exemplo disso consta nos autos do processo 0689058-71.2023.8.04.0001, em trâmite perante o Juizado da Infância e Juventude do Foro de Manaus.[192] Trata-se do caso de uma criança de 11 anos de idade, aprovada em 13º lugar no vestibular para ingresso no curso de licenciatura em matemática da Universidade do Estado do Amazonas. Por meio da Defensoria Pública, o requerente, representado por sua mãe, pleiteou judicialmente a reserva de sua vaga na Universidade pública, enquanto são aplicadas provas pela Secretaria da Educação do Estado para a obtenção antecipada do certificado de conclusão do ensino médio com fundamento na aceleração escolar.

Em sede liminar, a tutela de urgência foi deferida. O requerente demonstrou o diagnóstico de altas habilidades pela via documental mediante relatório de avaliação psicológica. Caso tenha êxito em sua pretensão e conclua o ensino superior dentro da previsão do curso para o qual pretende habilitação, o requerente poderá colar grau em curso superior aos 15 anos de idade, ainda durante a incapacidade absoluta. Por aplicação do art. 5º, parágrafo único, IV do Código Civil, o adolescente alcançará, portanto, plena capacidade civil pela emancipação, antes mesmo de atravessar a relativa incapacidade.

2.2.2.5 Exercício de emprego público efetivo

Em relação ao *exercício de emprego público efetivo*, Marco Aurélio Viana justifica a emancipação "porque não haveria explicação possível para o fato de uma pessoa estar apta a assumir uma responsabilidade desse alcance, representar o poder público sem ter a necessária maturidade e consequente discernimento".[193] Paulo Lôbo frisa que essa modalidade de emancipação depende do caráter efetivo do emprego público, o que não ocorre em cargos temporários ou não efetivos, como os de livre nomeação e exoneração, os quais, portanto, não geram emancipação.[194]-[195] Por outro lado, Vicente Ráo filia-se à orientação de que o suporte

---

192. AMAZONAS. Tribunal de Justiça. Processo 0689058-71.2023.8.04.0001. Juizado da infância e Juventude – Cível. Juíza de Direito Scarlet Braga Barbosa Viana. Manaus, AM, 1º jan. 2024.
193. VIANA, Marco Aurélio S. *Curso de direito civil*: parte geral. Rio de Janeiro: Forense, 2004. p. 156.
194. "Excluem-se os cargos de provimento em comissão, de livres nomeação e exoneração, e os empregos de caráter temporário, nas hipóteses autorizadas por lei. Mas a possibilidade de investidura em cargo público com menos de dezoito anos depende de lei que expressamente a autorize. No âmbito federal, a Lei 8.112/1990 estabelece que a idade mínima de dezoito anos é requisito básico indispensável." (LÔBO, Paulo. *Direito civil*: parte geral. 7. ed. São Paulo: Saraiva, 2018. p. 130).
195. Em sentido contrário, Marco Aurélio Viana defende: "Apontamos divergência doutrinária no exame do direito anterior, pois uma corrente sustentava que a lei só contemplava aqueles que exerciam cargo

fático para a verificação dessa hipótese de emancipação é o *status* de servidor público, pouco importando o modo de investidura.[196]

Ademais, apesar da terminologia empregada, a hipótese abriga não apenas os casos de vínculo celetista do adolescente com órgão da administração pública direta ou indireta, mas também o cargo público sob regime estatutário.[197]

Decerto, em ambas as hipóteses – o exercício de emprego público efetivo e a colação de grau em ensino superior, o Código Civil não estabelece uma idade mínima, razão pela qual, ao menos teoricamente, seria possível que um adolescente absolutamente incapaz alcançasse a capacidade plena sem passar pela incapacidade relativa. Contudo, essas são situações raríssimas mesmo com relação ao relativamente incapaz, com mais razão ainda o são quanto aos adolescentes com menos de dezesseis anos.

A excepcionalidade do exercício de emprego público por adolescente advém ainda da Lei 8.112/1990 – Estatuto dos Servidores Públicos da União, a qual prevê como condição para a investidura em cargo público em âmbito federal a idade mínima de dezoito anos, norma que é comumente reproduzida nas leis municipais e estaduais[198] e em editais de concursos públicos. Nada obstante, em julgado de 2016, o STJ franqueou a adolescente que contava com dezessete anos

---

público efetivo, afastando os interinos, contratados, diaristas, mensalistas, extranumerários e investidos em comissão; outra corrente entendia que devia prevalecer o *status* de servidor público, exercendo qualquer serviço ou função administrativa, seja qual for o modo de sua investidura. Ficavam afastadas apenas as hipóteses de encargos meramente transitórios. Filiamo-nos à segunda corrente, porque o que se persegue é auferir a capacidade do menor para reger sua pessoa e bens. Se o próprio poder público reconhece-lhe o *status* de servidor público, pouco importando o modo se sua investidura, evidente que tem maturidade." (VIANA, Marco Aurélio S. *Curso de direito civil*: parte geral. Rio de Janeiro: Forense, 2004. p. 156).

196. RÁO, Vicente. *O direito e a vida dos direitos*. São Paulo: Max Limonad, 1952. v. 2. p. 221.

197. Nesse sentido: LÔBO, Paulo. *Direito civil*: parte geral. 7. ed. São Paulo: Saraiva, 2018. p. 130.

198. Assim são os art. 47, II da Lei 10.261/1968 do Estado de São Paulo; art. 8º, do Decreto 2.479/1979 do Estado do Rio de Janeiro; art. 13, II da Lei 869/1952 do Estado de Minas Gerais; art. 7º, III da Lei Complementar 10.098/1994, do Estado do Rio Grande do Sul; art. 13, II da Lei 6.174/1952 do Estado do Paraná; art. 7º, IV da Lei 6.745/1985 do Estado de Santa Catarina; art. 8º, V da Lei 6.677/1994 do Estado da Bahia; art. 6º, V da Lei Complementar 13/1994 do Estado do Piauí, art. 14, § 1º, I da Lei 9.826/1974 do Estado do Ceará; art. 7º, V da Lei Complementar 122/1994 do Estado do Rio Grande do Norte; art. 20, II da Lei Complementar 39 de 1985 do Estado da Paraíba; art. 10, § 3º da Lei 2148/1977 do Estado de Sergipe; art. 5º, V da Lei 5.247/1991 do Estado de Alagoas; art. 8º, V da Lei 6.107/1994 do Estado do Maranhão; art. 17, II da Lei 5.810/1994 do Estado do Pará; art. 42, II da Lei 1.762/1986 do Estado do Amazonas; art. 5º, § 1º, V da Lei Complementar 53/2001 do Estado de Roraima; art. 4º, V da Lei 66/1993 do Estado do Amapá; art. 6º, V da Lei Complementar 39/1993 do Estado de Acre; art. 8º, V da Lei Complementar 68/1992 do Estado de Rondônia; art. 9º, V da Lei 1.102/1990 do Estado do Mato Grosso do Sul; art. 8º, V da Lei Complementar 4/1990 do Estado de Mato Grosso; art. 9º, IV da Lei 10.460/1998 do Estado de Goiás; art. 6º, V da Lei 1.818/2007 do Estado de Tocantins, art. 6º, III da Lei Complementar 46/1994 do Estado do Espírito Santo e art. 7º, V da Lei Complementar 840/2011 do Distrito Federal. Dos estados pesquisados somente Pernambuco deixa a cargo do edital estabelecer a idade mínima para a investidura em cargo público.

e dez meses de idade o direito a tomar posse do cargo de auxiliar de biblioteca, por entender que a idade da pleiteante era compatível com a natureza das atribuições do cargo.[199]

Segundo o Ministro Herman Benjamin, a emancipação prevista no inciso III do parágrafo único do artigo 5º do Código Civil autoriza o acesso da pessoa com idade inferior aos dezoito anos no emprego público. Todavia, essa conclusão parece assaz contraditória com o próprio julgado, pois o ministro deduziu a maturidade da adolescente através da concessão da emancipação *voluntária* realizada pelos pais, poucos meses antes da data da posse. Ou seja, neste caso não foi o ofício público que emancipou a adolescente, mas sim a outorga voluntária dos pais que permitiu a assunção do cargo público. Em outras palavras, não fosse a adolescente emancipada pelos pais, ela poderia assumir o cargo, ainda que sob o *status* de relativamente incapaz, e se emancipar pelo exercício de sua função? Segundo a lógica do acórdão, a resposta é negativa: não fosse anteriormente emancipada, não poderia assumir o cargo para o qual foi aprovada.

Além disso, o precedente do STJ se relaciona mais com a estipulação de idade mínima para a posse em concurso público do que com a exigência de capacidade civil plena para tanto. Nesse sentido, o STF tem jurisprudência pacífica sobre a constitucionalidade da utilização do critério etário como condição para a posse em concurso público, desde que a natureza e as atribuições do cargo justifiquem a limitação de idade.[200]

De qualquer forma, tem-se pelo entendimento do STF que a imposição de limites de idade mínimo e máximo para exercício de cargo público é lícita, desde que compatível com a natureza das atribuições da função.[201] É graças a esse entendimento, portanto, que se mostra viável, embora não frequente, a posse de adolescente em cargo público.[202] Apesar disso, a emancipação por ocorrência

---

199. BRASIL. Superior Tribunal de Justiça. *REsp 1462659/RS*. Relator: Min. Herman Benjamin. Julgamento: 1º.12.2015. Órgão Julgador: Terceira Turma. Publicação: DJe 04.02.2016.

200. BRASIL. Supremo Tribunal Federal. *RE 176.479*. Relator: Min. Moreira Alves. Julgamento: 26.11.1996. Órgão Julgador: Primeira Turma. Publicação: DJ 05.09.1997. No mesmo sentido: BRASIL. Supremo Tribunal Federal. *RE 573.552-4/SC*. Relator: Min. Eros Grau. Julgamento: 29.04.2008. Órgão Julgador: Segunda Turma. Publicação: 23.05.2008; BRASIL. Supremo Tribunal Federal. *RE 425760*. Relator: Min. Roberto Barroso. Julgamento: 29.10.2013. Órgão Julgador: Primeira Turma. Publicação: 20.02.2014.

201. BRASIL. Supremo Tribunal Federal. *Súmula 683*: O limite de idade para a inscrição em concurso público só se legitima em face do art. 7º, XXX, da Constituição, quando possa ser justificado pela natureza das atribuições do cargo a ser preenchido. Disponível em: https://portal.stf.jus.br/jurisprudencia/sumariosumulas.asp?base=30&sumula=2413. Acesso em: 04 nov. 2023.

202. Foram encontrados julgados do Tribunal de Justiça do Estado de São Paulo que refutam a possibilidade de exercício de cargo público por pessoa com idade inferior aos dezoito anos em razão da inimputabilidade penal. Nesse sentido: SÃO PAULO. Tribunal de Justiça. *AC 0000977-95.2015.8.26.0315*. Relator(a): Des. Maria Laura de Assis Moura Tavares. Julgamento: 25.07.2016. Órgão Julgador: 5ª Câmara de Direito Público. Publicação: 25.07.2016; SÃO PAULO. Tribunal de Justiça. *AC 4000399-*

2 • A EMANCIPAÇÃO CIVIL NO ORDENAMENTO JURÍDICO BRASILEIRO

dessa hipótese tem se mostrado impraticável por se exigir a capacidade civil plena como condição prévia para a assunção do ofício.

2.2.2.6 Estabelecimento civil ou comercial ou relação de emprego com economia própria

Em junho de 2016, o TRT da 18ª Região negou provimento a recurso interposto por reclamante que questionava a validade do seu pedido de demissão, requerendo a reintegração ao emprego que mantinha como vendedora de uma loja de calçados.[203] A demandante fundamentou-se em dois argumentos: ela estaria grávida no momento em que pediu demissão,[204] embora não tivesse ciência disso, e porque a demissão não contou com assistência de seus responsáveis legais, a despeito de contar com dezessete anos à época dos fatos.[205]

Segundo o acórdão, "configurou-se a emancipação pelo estabelecimento de relação de emprego, auferindo [a reclamante] rendimento do seu trabalho, demonstrando autonomia com relação aos pais, o que se confirma também pela constituição da família, com a união estável", razão pela qual estaria afastada a alegação de invalidade da rescisão. Concluiu-se que "a reclamante passou a deter, com o rendimento de seu emprego, a autossuficiência financeira para gerir a sua vida, alcançando a emancipação econômica frente aos seus pais".

A hipótese que embasou o aresto vem descrita no art. 5º, parágrafo único, inciso V do Código Civil, segundo o qual cessa a incapacidade civil o *estabelecimento civil ou comercial ou relação de emprego, desde que, em função deles, o adolescente com dezesseis anos completos tenha economia própria*. Impõe-se, nesses casos, a idade mínima de dezesseis anos ao adolescente emancipando.

O inciso reúne três situações bastante distintas: o a) estabelecimento civil, b) o estabelecimento comercial e a c) a relação de emprego. Essas situações constituem fatos objetivos que devem se somar à condição subjetiva do autossustento, ou seja, devem ser capazes de fornecer ao adolescente meio próprio de subsistência, ou, nos termos da lei, *economia própria*. O dispositivo reproduz a hipótese do

---

28.2012.8.26.0361. Relator: Des. Paulo Galizia. Julgamento: 25.08.2014. Órgão Julgador: 10ª Câmara de Direito Público. Publicação: 27.08.2014.

203. BRASIL. Tribunal Regional do Trabalho da 9ª Região. *AgPet 0000302-31.2017.5.09.0657*. Relator: Archimedes Castro Campos Júnior Julgamento: 20.07.2021. Órgão Julgador: Seção Especializada. Publicação: DEJT 19.05.2021.

204. A empregada gestante goza de estabilidade provisória, nos termos da legislação trabalhista (art. 391-A da CLT).

205. O art. 439 da CLT determina: "É lícito ao menor firmar recibo pelo pagamento dos salários. Tratando-se, porém, de rescisão do contrato de trabalho, é vedado ao menor de 18 (dezoito) anos dar, sem assistência dos seus responsáveis legais, quitação ao empregador pelo recebimento da indenização que lhe for devida."

artigo 9º, V do Código Civil de 1916, com a diferença de constar expressamente o mínimo etário de dezesseis anos e acrescentar a relação de emprego entre as hipóteses de emancipação.

Aliás, a exigência de *economia própria*, presente nas três situações condensadas no inciso V do parágrafo único do artigo 5º do Código Civil (estabelecimento civil, comercial, relação de emprego), destaca o componente patrimonial dessa hipótese de emancipação. A explicação de Freire é elucidativa:

> É indispensável que, pelo exercício da atividade própria, pelo trabalho, pelo esforço, consiga o menor essa *economia*, para poder gozar das vantagens da lei. Assim procedendo, mostra-se capaz de reger sua pessoa e administrar seus bens, e não seria logico manter sob o regimen de incapacidade aquelle que, por si mesmo, creando (*sic*) os meios necessarios á (*sic*) vida, afirma claramente a sua personalidade.[206]

Desse modo, o adolescente com relação de emprego, ou que se estabelece civil ou comercialmente, mantendo-se sem a necessidade dos recursos financeiros dos pais ou responsável, é legalmente considerado emancipado, pois dessa situação fática se deduz o alcance de suficiente grau de discernimento para a prática dos atos da vida civil. A finalidade dessa hipótese, contudo, revela a intenção de se proteger os terceiros com quem o adolescente firme negócios,[207] o que parece nítido no caso julgado pelo TRT de Goiás. A adolescente já havia inaugurado o seu próprio núcleo familiar, por meio da união estável e trabalhava com vínculo empregatício para angariar recursos financeiros para sua manutenção e de sua família. Em razão disso, dispensou-se a formalidade da assistência de seus pais – modo de suprimento da incapacidade – para o pedido de rescisão, que foi aceito e processado pela empregadora.

Como decorre de fato jurídico,[208] a emancipação, nesses casos, diferentemente da emancipação voluntária, não depende de um ato jurídico praticado

---

206. FREIRE, Milcíades Mario de Sá. *Manual do Código Civil brasileiro*: parte geral, disposição preliminar e das pessoas e dos bens. Rio de Janeiro: Jacintho Ribeiro, 1930. v. 2. p. 145.

207. Essa função de proteção dos terceiros é asseverada por Silvio Rodrigues ao se referir à emancipação pelo estabelecimento civil ou comercial ou relação de emprego com economia própria. Segundo o jurista, "[o] legislador, neste caso, tem, principalmente, por escopo proteger tais pessoas, que, de boa-fé, estabelecem relações comerciais com o menor." (RODRIGUES, Silvio. *Direito civil*: parte geral. 34. ed. São Paulo: Saraiva, 2007. v. 1. p. 59). Mas, considerando que a emancipação alça o adolescente à condição de pessoa plenamente capaz, qualquer ato jurídico por ele praticado não poderá ser invalidado por incapacidade, de modo que, reflexamente, será conferida maior segurança às relações jurídicas e aos terceiros que entabularem negócios com o emancipado.

208. "A norma jurídica atua no mundo jurídico pela *incidência* (que constitui sua única eficácia na dimensão dogmática do direito) que, por sua força, *jurisdiciza a parte relevante de seu suporte fáctico*, transformando-o em fato jurídico. Ser fato jurídico, portanto, é a qualificação que a norma atribui a fatos da vida nela valorados, por força de sua incidência." (MELLO, Marcos Bernardes de. Notas sobre a adequação da categoria negócio jurídico ao mundo atual. In: EHRHARDT JÚNIOR, Marcos; CORTIANO JÚNIOR, Eroulths (Coord.). *Transformações no direito privado nos 30 anos da Constituição*: estudos em homenagem a Luiz Edson Fachin. Belo Horizonte: Fórum, 2019. p. 388).

pelos pais da adolescente. A emancipação surge como um efeito direto da lei e independe de registro.[209] Segundo Martins Ferreira, trata-se de situação de fato, regularizada pela lei, tornando-a situação de direito,[210] a qual "pode ser comprovada por todos os meios, quando contestada ou negados os seus efeitos".[211]

Isso pode gerar dúvidas com relação ao termo inicial e ao alcance da emancipação. A partir de quando a adolescente é considerada emancipada? A emancipação alcança todos os atos da vida civil, ou, nesse caso, atinge somente a relação empregatícia que estava *sub-judice*?

Seria tentador afirmar que a data do alcance da capacidade plena se daria quando da assinatura do contrato de trabalho, mas essa afirmação não poderia ser admitida porque o que emancipa é a *relação de emprego* e não o *contrato formal de emprego*.[212] Além disso, exige-se também a economia própria e o adolescente pode ter conquistado a independência financeira posteriormente ao início do trabalho, pois são pressupostos diferentes e cumulativos.

Nesses casos, por não alterar o registro civil do emancipando, a emancipação serve como um instrumento de avaliação em concreto da maturidade, a partir dos critérios elencados pela lei. Como a idade civil estabelece uma presunção de imaturidade, a emancipação por economia própria é capaz de elidir essa presunção, que se torna, portanto, relativa, desde que verificados objetivamente os critérios legais: o estabelecimento comercial, civil ou relação de emprego, como fontes da renda própria do adolescente.

A situação se harmoniza com o artigo 1.693, II, do Código Civil, segundo o qual estão excluídos do usufruto e administração dos pais os valores auferidos pelo filho maior de dezesseis anos no exercício de atividade profissional e os bens com tais recursos adquiridos. Isso porque esses valores, administrados pelo

---

209. LOPES, Miguel Maria de Serpa. *Tratado dos registros públicos*: em comentário ao Decreto 4.857, de 9 de novembro de 1939 com as alterações introduzidas pelo Decreto 5.318, de 29 de novembro de 1940 e legislação posterior em conexão com o direito privado brasileiro. 6. ed. rev. e atual. por José Serpa de Santa Maria. Brasília: Livraria e Editora Brasília Jurídica, 1995. v. 1. p. 342.

210. "O estabelecimento civil ou comercial com economia própria, independe de título (*sic*) ou documento possível de ser arquivado. É situação de fato. Regulariza-a a lei, transformando-a em situação de direito. Póde ser comprovada por todos os meios quando contestado ou negados os seus efeitos." (FERREIRA, Waldemar Martins. *Tratado de direito mercantil brasileiro*: o comerciante. Rio de Janeiro: Freitas Bastos, 1939. v. 2. p. 273). Não se deve ignorar, contudo, que contemporaneamente, sob a égide da dogmática civil constitucional, rompe-se essa distinção estanque entre fatos naturais e fatos jurídicos. Sobre o tema, cf. TEPEDINO, Gustavo. Esboço de uma classificação funcional dos atos jurídicos. *Revista Brasileira de Direito Civil (RBDCivil)*, Belo Horizonte, v. 1, p. 8-37, jul./set. 2014. Disponível em: https://rbdcivil. ibdcivil.org.br/rbdc/article/view/129. Acesso em: 10 dez. 2018.

211. FERREIRA, Waldemar Martins. *Tratado de direito mercantil brasileiro*: o comerciante. Rio de Janeiro: Freitas Bastos, 1939. v. 2. p. 273.

212. SIMÃO, José Fernando. *Responsabilidade civil do incapaz*. São Paulo: Atlas, 2008. p. 46.

próprio filho, dão margem ao reconhecimento da emancipação legal se, com isso, ele conseguir estabelecer-se independentemente dos pais.

Quanto à relação empregatícia, o adolescente pode exercer trabalho remunerado a partir dos quatorze anos, de acordo com o artigo 227, § 3º, I da Constituição Federal. Entre os quatorze e os dezesseis anos, ele somente poderá exercê-lo na condição de aprendiz e a partir dos dezesseis, pode então manter relação de emprego. Enquanto adolescente, é vedado o trabalho noturno, perigoso ou insalubre, seja como aprendiz ou como empregado, em observância ao artigo 7º, XXXIII da Constituição Federal. Embora o Código Civil faça referência expressa à relação de emprego como causa de emancipação tácita, se o adolescente mantiver vínculo de outra natureza, poderá ser considerado plenamente capaz pelo estabelecimento civil com economia própria.

Também o ECA reconhece ao adolescente direito à profissionalização e à proteção no trabalho em seu art. 69, respeitando-se sua condição de pessoa em desenvolvimento e a capacitação adequada para o exercício do trabalho. O critério laboral para a avaliação da capacidade concreta revela a grande importância conferida pelo legislador à produtividade do adolescente enquanto fator para se tornar independente.[213] Decerto, o exercício fático de trabalho, bem como a prática de atos negociais em geral são marcadores de competências para atestar a possibilidade de se reconhecer a plena capacidade civil.

Em julgado proferido pelo STJ, com unanimidade, foi reconhecida a emancipação civil de jogador de futebol para afastar a invalidade de contrato de mediação e prestação de serviços de agenciamento celebrados quando o atleta contava com dezessete anos de idade e mantinha vínculo empregatício com clube desportivo.[214] O jogador alegava, por outro lado, a nulidade do contrato por ausência de autorização judicial, com fundamento no art. 1.691 do Código Civil, segundo o qual nem mesmo a assistência dos pais seria suficiente para contrair obrigações que extrapolem a mera administração de bens do adolescente, exigindo-se, também, a convalidação judicial.

No acórdão do STJ, ficou expressamente consignado que na época da celebração do contrato o adolescente estava emancipado, em razão do vínculo

---

213. "Do ponto de vista do direito privado, a atividade profissional é um dos aspectos da vida civil, tão importante quanto à realização de negócios de natureza patrimonial, ao lado daqueles de natureza existencial, como os atos e negócios jurídicos relacionados aos direitos da personalidade e ao direito de família". TOMASEVICIUS FILHO, Eduardo. Capacidade de agir e o direito do trabalho da pessoa com deficiência: análise da Lei 13.146/2015 e o relato de uma experiência alemã sobre o tema. In: PEREIRA, Fábio Queiroz; MORAIS, Luísa Cristina de Carvalho; LARA, Mariana Alves (Org.) *A teoria das incapacidades e o Estatuto da Pessoa com Deficiência*. Belo Horizonte: D'Plácido, 2016. p. 203.

214. BRASIL. Superior Tribunal de Justiça. *REsp 1.872.102/SP*. Relator: Min. Marco Aurélio Bellizze. Julgamento: 02.03.2021. Órgão Julgador: Terceira Turma. Publicação: DJe 11.03.2021 RSTJ vol. 261 p. 692.

empregatício com o clube e, por dele constituir renda própria. Com a emancipação, extingue-se o poder familiar e defere-se ao adolescente o poder pleno de administrar os próprios bens, bem como de contrair obrigações, independentemente de assistência ou de autorização judicial.[215]

De acordo com Barbosa de Magalhães, *estabelecimento comercial* é expressão que pode ser tomada em sentido econômico ou jurídico. Sob o primeiro ponto de vista, consiste em "organização técnica constituída por todos os factores que servem para o exercício de uma actividade comercial".[216] Juridicamente, estabelecimento comercial seria "o conjunto ou complexo de coisas corpóreas e incorpóreas organizado para o exercício do comércio por determinada pessoa, singular ou colectiva".[217] Em complemento, Darcy Arruda recorda que "do ponto de vista jurídico, a noção de estabelecimento não inclui necessariamente a do lugar, uma vez que o comerciante pode exercer a atividade sem fixar-se em parte alguma".[218]

O Código Civil de 2002 conceitua "estabelecimento"[219] no artigo 1.142, segundo o qual "[c]onsidera-se estabelecimento todo complexo de bens organizado, para exercício da empresa, por empresário, ou por sociedade empresária." Portanto, ao determinar que o estabelecimento comercial é causa de emancipação, o Código Civil se refere ao adolescente que exerce a atividade empresária.

No entanto, o estabelecimento comercial somente era viável como causa de emancipação no ordenamento jurídico anterior ao Código Civil de 2002, tendo em vista que o Código Comercial (Lei 556/1850) autorizava o exercício de atividades de comércio pelo filho com 18 anos completos,[220] mediante autorização dos pais, provada por escritura pública, o que tinha por efeito secundário a emancipação para todos os atos da vida civil.[221]

---

215. BRASIL. Superior Tribunal de Justiça. *REsp 1.872.102/SP*. Relator: Min. Marco Aurélio Bellizze. Julgamento: 02.03.2021. Órgão Julgador: Terceira Turma. Publicação: DJe 11/03/2021 RSTJ v. 261 p. 692.

216. MAGALHÃES, Barbosa de. *Do estabelecimento comercial*: estudo de direito privado. Lisboa: Ática, 1951. p. 13.

217. MAGALHÃES, Barbosa de. *Do estabelecimento comercial*: estudo de direito privado. Lisboa: Ática, 1951. p. 13.

218. MIRANDA JÚNIOR, Darcy Arruda. *Curso de direito comercial*: parte geral. 3. ed. São Paulo: Bushatsky, 1974. v. 1. p. 96.

219. Embora o Código Civil se refira a estabelecimento comercial no art. 5º, no livro de empresa foi adotado o termo "estabelecimento", ao contrário do antigo Código Comercial (Lei 556/1850), onde se utilizava ainda a expressão "estabelecimento comercial" (art. 1.3).

220. Recorde-se que a maioridade civil, segundo o Código Civil de 1916, atingia-se aos 21 anos de idade. Portanto, a idade de 18 anos imposta pela lei para a emancipação pelo estabelecimento comercial equivaleria, hoje, ao mínimo de dezesseis anos.

221. Código Comercial, "art. 1 – Podem comerciar no Brasil: [...] 3 – Os filhos-famílias que tiverem mais de 18 (dezoito) anos de idade, com autorização dos pais, provada por escritura pública. O filho maior de 21 (vinte e um) anos, que for associado ao comércio do pai, e o que com sua aprovação, provada

Atualmente o próprio Código Civil – que, aliás, revogou essas disposições do Código Comercial – veda o exercício da empresa pela pessoa incapaz, exceto apenas quando continuar atividade iniciada pelos seus pais. Nesse caso, a empresa depende de autorização judicial, que fica sujeita ao exame das circunstâncias, do risco e da conveniência em continuá-la, podendo o juiz revogar a autorização a qualquer tempo.[222] Assim, a emancipação por estabelecimento comercial evidencia hipótese anacrônica, cuja aplicabilidade se mostra prejudicada, a menos que se entenda pela possibilidade de constituição de estabelecimento comercial de fato pelo menor, e não em registro.[223]

O *estabelecimento civil*, por outro lado, nos dizeres de Bulhões Carvalho consiste na "vida independente e estável",[224] ou seja, reporta-se à situação em que o filho se desvincula da dependência familiar, estabelecendo vida em separado.[225] No direito romano, visto que a *pátria potestas* era vitalícia, essa forma de

---

por escrito, levantar algum estabelecimento comercial, será reputado emancipado e maior para todos os efeitos legais nas negociações mercantis."

222. Código Civil, art. 974: "Poderá o incapaz, por meio de representante ou devidamente assistido, continuar a empresa antes exercida por ele enquanto capaz, por seus pais ou pelo autor de herança.

§ 1º Nos casos deste artigo, precederá autorização judicial, após exame das circunstâncias e dos riscos da empresa, bem como da conveniência em continuá-la, podendo a autorização ser revogada pelo juiz, ouvidos os pais, tutores ou representantes legais do menor ou do interdito, sem prejuízo dos direitos adquiridos por terceiros."

223. A esse respeito, assim se posiciona Gladston Mamede: "Especificamente no que se refere à incapacidade relativa dos menores de 18 anos e maiores de 16 anos, colocam-se as possibilidades de emancipação. Entre elas, impressiona o artigo 5º, parágrafo único, inciso V, do Código Civil, prevendo que cessará a incapacidade civil pelo *estabelecimento comercial do menor com economia própria*. A previsão guarda relações com o artigo 9º, V do Código Civil de 1916, que também previa a emancipação pelo *estabelecimento comercial com economia própria*. Todavia, tinha-se disposto, no art. 1º, número 3, do Código Comercial (Lei 556/1850), a possibilidade de os pais autorizarem o filho relativamente incapaz, menor de 21 anos, mas já maior de 18 anos de idade, a comercializar. Essa norma não tem correspondência no Código Civil de 2002, sendo proveitoso questionar como se daria o *estabelecimento comercial com economia própria*, se o menor de 18, não emancipado por outra razão, simplesmente não pode inscrever-se como empresário individual. Acredito que a solução está na consideração da expressão *estabelecimento comercial* por aspecto dos fatos e não pelo ângulo jurídico. Provando o menor de 18 anos e maior de 16 que, com economia própria, titulariza uma empresa ('atividade econômica organizada para a produção ou a circulação de bens ou de serviços', segundo o texto do art. 966 do Código Civil), ainda que de fato, isto é, sem o respectivo registro, poderá pedir judicialmente a declaração de sua emancipação, levá-la a registro, destarte, preenchendo o requisito da capacidade civil, inscrever-se como empresário individual, cumprindo a obrigação listada no art. 967 do Código Civil, fazendo jus ao regime jurídico empresarial, com suas benesses, inclusive fiscais, com a equiparação à pessoa jurídica (art. 150 do Regulamento do Imposto de Renda, de 1999), cuja alíquota de tributação para o imposto de renda é menor." (MAMEDE, Gladston. *Direito empresarial brasileiro*: empresa e atuação empresarial. São Paulo: Atlas, 2004. v. 1. p. 75-76).

224. CARVALHO, Francisco Pereira de Bulhões. *Incapacidade civil e restrições de direito*. Rio de Janeiro: Borsoi, 1957. t. 2. p. 990.

225. Constata-se na doutrina jurídica posições contrárias a esse entendimento. Para Maria Helena Diniz, são exemplos de estabelecimento civil "a exposição de obra de arte numa galeria, por artista plástico menor, que, por isso, recebe remuneração", contrapondo-se ao estabelecimento empresarial, que

emancipação se desenvolveu para reconhecer como *sui juris* o filho que deixasse a subordinação paterna e passasse a viver de forma independente com o consentimento tácito do *pater familias*.[226]

No direito pré-codificado, igualmente, a emancipação ocorria quando o filho não mais estava na companhia do pai e estabelecia separada economia.[227] Nesse caso, rompia-se o pátrio poder sobre o filho, liberando-o da autoridade paterna.

Nada obstante tenha adotado como premissa a extinção da autoridade parental a partir da maioridade, o Código de 2002 manteve a hipótese de emancipação pelo estabelecimento civil com economia própria. Nesse caso, então, considera-se emancipado e, portanto, plenamente capaz, o adolescente que mantenha vida independente, separada de seus pais. Lafayette bem sintetiza: "[d]esde que o filho institui economia separada, com intenção de governar-se à parte, a emancipação entende-se verificada, não contradizendo o pai logo".[228]

Caso ilustrativo sobre o estabelecimento civil como hipótese de emancipação foi julgado pelo Tribunal de Justiça da Bahia em 2018. A adolescente de dezesseis anos, que havia sido abandonada pelos pais, vivia há anos à beira de uma rodovia. Nessas precárias condições, teve um filho e, graças à intervenção da Assistência Social local, foi inscrita no programa de habitação popular "Minha Casa Minha Vida" para aquisição de moradia própria mediante subsídio público. Apesar de, à época, receber benefício social como renda (a sentença noticia que a adolescente era cadastrada no CadÚnico e beneficiária do Bolsa Família) e ter sido contemplada por sorteio para o recebimento da casa própria, a Caixa Econômica Federal, enquanto gestora operacional do Programa, negou a celebração

---

ocorreria pela "compra de produto feita pelo menor para revenda, obtendo lucro." (DINIZ, Maria Helena. *Curso de direito civil brasileiro*: teoria geral do direito civil. 32. ed. São Paulo: Saraiva, 2015. p. 224). No mesmo sentido, manifesta-se Coelho: "Imagine que o rapaz é artista (pintor ou escultor) e cuida pessoalmente da negociação de suas obras junto às galerias; obtendo remuneração por elas, ele estará *civilmente* estabelecido. Se compra e revende algum produto, garantindo lucros para si, está *comercialmente* estabelecido" (grifos no original). (COELHO, Fábio Ulhôa. *Curso de direito civil*: parte geral. 8. ed. São Paulo: Ed. RT, 2016. p. 181-182).

226. "Já no terceiro século, entretanto, admitia-se uma espécie de emancipação, tácita resultante do fato de ter o pai deixado o filho viver 'como se estivesse de direito emancipado', '*ut paterfamilias quasi jure emancipatus*', ou 'por longo tempo tolerado que como pai de família administrasse seus bens', '*quum diu passus sis ut patrisfamilias res ejus agi per eos*'. Mas sòmente (sic) no décimo século o Imperador bizantino Leão, o Filósofo, editou regra expressa a êsse respeito, determinando que além das outras formas de emancipação acrescentava a de que: 'se o filho parecesse viver dono de si mesmo, já que seu pai a isso o tivesse autorizado verbalmente, já que, embora não o autorizasse, admitisse tàcitamente (sic) que êle se estabelecesse e vivesse em separado, embora não fosse casado, sua independência deveria ser aprovada e confirmada' [...]." (CARVALHO, Francisco Pereira de Bulhões. *Incapacidade civil e restrições de direito*. Rio de Janeiro: Borsoi, 1957. t. 2. p. 980).

227. FREITAS, Augusto Teixeira de. *Consolidação das Leis Civis*. Brasília: Senado Federal, 2003. v. 1. p. 168. Disponível em: http://www2.senado.leg.br/bdsf/handle/id/496206. Acesso em: 22 jun. 2023.

228. PEREIRA, Lafayette Rodrigues. *Direitos de família*. 5. ed. Rio de Janeiro: Freitas Bastos, 1956. p. 295.

do contrato a pretexto da incapacidade civil da adolescente somada a ausência de assistente para validar o ato jurídico.[229]

A decisão proferida pelo juiz de direito Luciano Ribeiro Guimarães Filho determinou a emancipação civil da adolescente, por entender que aquela medida melhor atenderia ao seu interesse. Contudo, lê-se em sua fundamentação:

> Analisando-se o direito da autora tão somente pelo disposto no Código Civil, concluiríamos pela inviabilidade da pretensão, na medida em que a acionante não se amolda às hipóteses previstas na referida codificação, pois não possui pais para lhe conceder tal direito; não se casou pela lei civil; não exerce emprego público efetivo (muito pelo contrário, está bem longe disso); não colou grau em curso de ensino superior (diversamente, sequer sabe ler e escrever, apenas assina seu nome); e não possui estabelecimento civil ou comercial nem relação de emprego com economia própria (apenas sobrevive de ajuda e de recebimento de benefício social – Bolsa Família).[230]

A sentença é louvável pela preocupação com o efetivo interesse da adolescente, que foi devidamente ouvida em audiência. No entanto, a decisão poderia sim encontrar fundamento no Código Civil quando se considera que o estabelecimento civil se configura justamente pela vida independente, como parece ser o caso analisado. Além disso, o Bolsa Família constitui programa social que propicia uma renda básica a pessoas que vivem na pobreza e, na qualidade de beneficiária do programa, é possível concluir pela existência de economia própria. Nesse ponto, a concepção de *economia própria* deve compreender qualquer meio pelo qual o adolescente consiga auferir recursos que lhe possibilitem viver independentemente.

No caso da adolescente em questão, ela não apenas vivia de forma independente dos pais, como não havia notícia de lhe ter sido concedida tutela, como seria esperado para proteção de seus interesses enquanto criança (na época do abandono ela contava com apenas onze anos de idade).[231] Ela vivia (ou sobrevivia) às margens da sociedade, que também lhe negou o direito de conquistar uma casa própria, não porque não merecesse, mas porque lhe faltava quem figurasse como assistente. A adolescente foi, então, punida por ter sido abandonada.

Na legislação estrangeira, poucos são os países que adotaram a emancipação a partir do estabelecimento civil, tal como feito pela legislação brasileira.

---

229. BAHIA. Tribunal de Justiça. *Processo 050292-67.2017.8.05.0141*. 1ª Vara Cível. Juiz de Direito Luciano Ribeiro Guimarães Filho. Jequié, BA, 16 out. 2018.
230. BAHIA. Tribunal de Justiça. *Processo 050292-67.2017.8.05.0141*. 1ª Vara Cível. Juiz de Direito Luciano Ribeiro Guimarães Filho. Jequié, BA, 16 out. 2018.
231. No caso de abandono, como o relatado nos autos, os pais deveriam sofrer a perda da autoridade parental, com fundamento no art. 1.638, II do Código Civil. O mesmo diploma prevê, no art. 1.728, II, a colocação da criança ou do adolescente em tutela no caso de perda do poder familiar dos pais. Contudo, não há notícia na sentença de que esse procedimento tenha sido realizado em favor da adolescente.

2 • A EMANCIPAÇÃO CIVIL NO ORDENAMENTO JURÍDICO BRASILEIRO

Com uma técnica legislativa mais apurada, a Espanha mantém a emancipação do adolescente que viva independentemente de seus pais, com consentimento deles.[232] Castro y Bravo explica:

> Por vida independente deve-se entender, mais do que o possuir o próprio domicílio ou separação física, o levar uma vida econômica separada da vida familiar; o exercício de uma profissão, emprego, comércio ou indústria, que é administrado por si e para si. E, como uma situação de fato, deve ter, para ser eficaz, uma externalização objetiva, alguma maneira pela qual possa ser claramente conhecida.[233]

A lei espanhola impõe como requisito para essa modalidade de emancipação o consentimento dos pais, que, segundo Castro y Bravo *"significa la aquiescencia expresa o tácita del padre y habrá de considerarse que existe por el mero conocimiento de la vida independiente del hijo, no seguido de oposición"*.[234]

Outra particularidade é que esse consentimento é revogável, o que faz com que a emancipação não gere um estado perene, mas sim precário, podendo ser alterado a qualquer momento. Consequentemente, Castro y Bravo assevera que essa modalidade de emancipação – que sequer poderia a rigor ser chamada de emancipação[235] – não gera estado civil.[236] Díez-Picazo e Gullón, afirmando se tratar de uma emancipação de fato, criticam a extinção da *patria potestad*, pois então não haveria em que fundamentar a possibilidade de revogação.[237] Ademais,

---

232. Trata-se do art. 243 do Código Civil espanhol, cujo texto determina: *"Se reputará para todos los efectos como emancipado al hijo mayor de dieciséis años que con el consentimiento de los padres viviere independientemente de éstos. Los padres podrán revocar este consentimiento."*

233. No original: *"Por vida independiente se ha de entender, más que el tener propio domicilio o la separación física, el llevar una vida económica separada de la familiar; el ejercitar una profesión, empleo, oficio, comercio o industria, que es administrado por sí y para sí. Y, como situación de hecho, ha de tener, para ser eficaz, una exteriorización objetiva, algún modo por el que pueda ser conocida claramente."* (CASTRO Y BRAVO, Federico de. *Derecho Civil de España*. Navarra: Thomson Civitas, 2008. v. 2. p. 196).

234. CASTRO Y BRAVO, Federico de. *Derecho Civil de España*. Navarra: Thomson Civitas, 2008. v. 2. p. 196. Tradução livre: "O consentimento significa a aquiescência expressa ou tácita do pai e considera-se existente pelo mero conhecimento da vida independente do filho, sem oposição."

235. *"La eficacia de la vida independiente del hijo tiene muy distinto alcance que la emancipación del menor. [...] No hay una emancipación, sino que se le equiparará la situación del emancipado, en un ámbito especialmente restringido, respecto a ciertos bienes."* (CASTRO Y BRAVO, Federico de. *Derecho Civil de España*. Navarra: Thomson Civitas, 2008. v. 2. p. 197). Tradução livre: "A eficácia da vida independente do filho tem um alcance muito distinto da emancipação do menor. Não há uma emancipação e sim uma equiparação à situação do emancipado, em um âmbito especialmente restringido, relativo a certos bens."

236. *"La llamada emancipación tácita (art. 160 C.c.) no constituye estado civil, por carecer de la permanencia propia de éste."* (CASTRO Y BRAVO, Federico de. *Derecho Civil de España*. Navarra: Thomson Civitas, 2008. v. 2. p. 77). Tradução livre: "A chamada emancipação tácita não constitui estado civil por faltar a permanência própria deste."

237. *"Es dudoso que, pese las expresiones legales, la patria potestad quede por completo extinguida. Si así fuera, ¿en qué basar entonces la revocación de la situación del menor?"* (DÍEZ-PICAZO, Luis; GULLÓN, Antonio. *Sistema de derecho civil*. 10. ed. Madrid: Tecnos, 2001. p. 233).

todos eles concordam que a negativa dos pais quanto à vida independente do filho não pode ser arbitrária.[238]

O que se pode extrair da experiência estrangeira é a objetividade daquela lei para exprimir a emancipação do adolescente que, de fato, vive de forma independente. Aliás, a expressão "vida independente" aliada ao requisito da "economia própria" seria suficiente para abrigar os casos de emancipação tácita previstas no inciso V do artigo 5º do Código Civil, sendo desnecessária a remissão do Código à relação e emprego e deveras anacrônico referir-se ao estabelecimento comercial.

Uma última consideração a ser feita é que a vagueza da expressão "estabelecimento civil" permite alcançar as hipóteses do adolescente que passou a constituir núcleo familiar próprio, conquanto não tenha casado. O objetivo é atender a parametrização constitucional pautada na pluralidade das modalidades de família, pois não apenas a família matrimonializada implica responsabilidades aos seus integrantes e tutela jurídica.

Apesar disso, seguindo o texto adotado anteriormente pelo Código Civil de 1916, o Código Civil de 2002 prevê expressamente tão somente o casamento como hipótese de emancipação. Isso evidencia certo descompasso com a realidade brasileira, na qual crescem os arranjos familiares baseados em uniões estáveis. Segundo o último balanço censitário realizado pelo IBGE e divulgado em 2010, 36,4% das pessoas declararam-se em uniões consensuais, o que representou um aumento de aproximadamente 8% com relação ao decênio anterior.[239] O número de casamentos, por outro lado, embora ainda ocupe um lugar privilegiado na escolha dos brasileiros, naquela mesma pesquisa sofreu decréscimo em todas as modalidades.

Mas é importante ressaltar: o casamento infantil, nele compreendidos uniões formais ou informais, deve ser desencorajado. O objetivo da emancipação civil é servir de instrumento protetivo da participação efetiva do adolescente na vida civil, desde que tenha autonomia para tanto. A emancipação é consequência, e não causa do casamento ou da união estável e, diante do caso concreto, pode se efetivar como medida de adequação da capacidade de fato à realidade concreta.

Essa interpretação, portanto, visa a corrigir essa omissão da lei, uma vez que a informalidade da união não poderia ser óbice ao reconhecimento da emancipa-

---

238. DÍEZ-PICAZO, Luis; GULLÓN, Antonio. *Sistema de derecho civil.* 10. ed. Madrid: Tecnos, 2001. p. 233 e CASTRO Y BRAVO, Federico de. *Derecho Civil de España.* Navarra: Thomson Civitas, 2008. v. 2. p. 196-197.

239. INSTITUTO BRASILEIRO DE GEOGRAFIA E ESTATÍSTICA (IBGE). *Censo Demográfico 2010:* famílias e domicílios. Rio de Janeiro: IBGE, 2012. Disponível em: https://biblioteca.ibge.gov.br/visualizacao/periodicos/97/cd_2010_familias_domicilios_amostra.pdf. Acesso em: 03 jan. 2019.

ção, quando há outras hipóteses legais dependentes tão somente de fatos jurídicos para se considerar um adolescente como emancipado. Além disso, não havendo uma remissão expressa à fonte de rendimento (como ocorre com a relação de emprego e com o estabelecimento comercial), bastaria o sustento próprio para viabilizar a emancipação de fato.

Por fim, enquanto se percebe uma tendência das legislações estrangeiras de reduzir as hipóteses de emancipação,[240] a lei brasileira seguiu em sentido oposto. O que se questiona com a manutenção de tantas hipóteses, ainda mais as legais (com exceção do casamento), é a quem interessa a emancipação. Justifica-se a tutela do interesse de terceiros por meio da emancipação civil?

Certamente o interesse de terceiros não pode ser desconsiderado, mas outras disposições pontuais do Código Civil permitem a sua tutela sem afetar o estado individual do adolescente. Apenas a título exemplificativo, mencionam-se os artigos 180 e 589, V do Código Civil. O primeiro prevê que "[o] menor, entre dezesseis e dezoito anos, não pode, para eximir-se de uma obrigação, invocar a sua idade se dolosamente a ocultou quando inquirido pela outra parte, ou se, no ato de obrigar-se, declarou-se maior". O segundo determina que o mútuo pode ser reavido se o adolescente entre dezesseis e dezoito anos de idade obteve o empréstimo maliciosamente.

Sem qualquer pretensão analítica sobre os determinados dispositivos, específicos para a celebração de negócios jurídicos e para o contrato de mútuo, nota-se que o Código Civil lança instrumentos de tutela aos interesses juridicamente relevantes de terceiros sem, com isso, afetar a capacidade jurídica do adolescente. Conclui se, portanto, que a alteração da capacidade civil, por interferir em seu estado individual e familiar, deve orientar-se primordialmente pelo interesse do adolescente, resguardando-se os interesses de terceiros para a tutela mediante os mecanismos legais apropriados.

---

240. Na Espanha a vida independente é causa de emancipação, mas no direito argentino, somente o casamento é causa de emancipação, assim como no direito português. Sobre o tema, v. capítulo 3.

3
A EMANCIPAÇÃO VOLUNTÁRIA À LUZ DA TUTELA CONSTITUCIONAL DO ADOLESCENTE

3.1 PERFIL FUNCIONAL DA EMANCIPAÇÃO CIVIL NA DOGMÁTICA CIVIL-CONSTITUCIONAL

Em outubro de 2017, a atriz Larissa Manoela, à época com 16 anos, compareceu sozinha à festa do Prêmio Multishow de Música, o que causou estranhamento na mídia em razão de sua idade. Questionada, a atriz revelou: "[s]ou emancipada, mas não bebo álcool e também não vou muito a festas. Só algumas. Tenho responsabilidade." O portal de notícias UOL acrescentou ainda a seguinte justificativa: "[m]uita gente estranhou o fato da jovem de 16 anos estar sozinha numa balada proibida para menores de idade. Isso aconteceu porque a atriz do SBT está emancipada desde o ano passado, em decisão conjunta tomada com a família em vista à sua carreira artística".[1]

A emancipação foi também tratada em reportagem de 2010 produzida pelo portal de notícias G1, sobre modelos menores de dezoito anos, na qual se afirmou:

> Poder assinar um contrato sozinha, adquirir um cartão de crédito em seu nome e até frequentar baladas para maiores de 18 anos. Essas são algumas facilidades que a modelo pernambucana Étila Santiago, de 17 anos, conseguiu por ser emancipada. Ao pedir a emancipação, um jovem adquire direitos civis como os de um adulto. Na profissão dela, essa situação é muito comum.[2]

---

1. REDAÇÃO NT. Aos 16 anos, Larissa Manoela curte balada na madrugada e explica: está emancipada. *Na Telinha*, 25 out. 2017. Disponível em: https://natelinha.uol.com.br/celebridades/2017/10/25/aos-16-anos-larissa-manoela-curte-balada-na-madrugada-e-explica-esta-emancipada-111637.php. Acesso em: 30 ago. 2023.
2. ISKANDARIAN, Carolina; BONADIO, Luciana. Emancipação 'facilita a vida', dizem modelos menores de 18 anos. *G1*, São Paulo, 05 maio 2010. Disponível em: http://g1.globo.com/sao-paulo/noticia/2010/05/emancipacao-facilita-vida-dizem-modelos-menores-de-18-anos.html. Acesso em: 07 jul. 2018.

Em outra situação, também no ano de 2010, foi vetada pela Justiça paulista a participação da atriz Malu Rodrigues, à época com 16 anos de idade, em peça teatral sobre os dilemas da adolescência, pois, durante a apresentação, a atriz exibia um dos seios e interagia com outro ator na simulação de um ato sexual. A peça teatral ocorreu várias vezes antes da proibição, inclusive em outros estados da federação, e a escusa dos organizadores da peça foi a prévia emancipação concedida pelos pais da adolescente.[3]

Depois de tratar sobre a importância da idade como critério cronológico da capacidade civil e sobre o perfil estrutural da emancipação, os casos relatados trazem à lume questões práticas sobre o instituto jurídico. Quais os influxos do paradigma da proteção integral do adolescente sobre a emancipação? Quais os efeitos jurídicos que ela gera? Uma resposta jurídica satisfatória a essas perguntas depende primeiramente do estabelecimento de uma premissa: afinal, para que serve a emancipação?

A atriz Larissa Manoela justificou a emancipação concedida por seus pais "com vistas na carreira artística" que ela exerce. Segundo o artigo 5º do Código Civil, emancipada, ela poderia praticar todos os atos da vida civil prescindindo de assistência. O exercício da profissão desde cedo forneceu à jovem meios próprios de subsistência, ao mesmo tempo em que ela se revelou madura o suficiente para antecipar a capacidade civil, segundo o juízo de seus pais.

A presunção legal *propter aetem* de imaturidade que embasa a incapacidade civil – absoluta ou relativa, a depender da idade – é bastante conveniente no ordenamento jurídico: atende ao imperativo de segurança das relações jurídicas ao mesmo tempo em que insere o incapaz no tráfego de bens por meio de representante ou assistente.[4]

Por meio dela, é possível estabelecer automaticamente o estado individual conforme se esteja na maioridade ou na menoridade, com repercussões na capacidade de agir da pessoa. Quem tiver atingido a idade legal, alcança também a capacidade plena, se despojando da presumida vulnerabilidade que agasalhava as suas relações jurídicas.

Nessa perspectiva, o estado civil, que já havia sido responsável por particularizar em demasiado a capacidade jurídica,[5] funcionaliza-se à realização da

---

3. TOMAZ, Kleber. Justiça proíbe garota de 16 anos de exibir seio em peça de teatro em SP. *G1*, São Paulo, 08 jul. 2010. Disponível em: http://g1.globo.com/sao-paulo/noticia/2010/07/justica-proibe-garota--de-16-anos-de-exibir-seio-em-peca-de-teatro-em-sp.html. Acesso em: 07 jul. 2018.

4. Sobre o tema, veja-se o capítulo 1.

5. Para Martins-Costa, "[o] direito romano conhecera a capacidade como status, ou 'estado'. No medievo, o princípio do particularismo, próprio à estratificada organização sociojurídica medieval, deu contornos próprios à questão: como categoria jurídica, a capacidade vinha então revestida por variadíssimos

dignidade humana. Mais do que identificar a posição social do indivíduo, passa a ser um instrumento de detecção de fatores de vulneração, impondo tratamentos jurídicos distintos, não para conceder privilégios, mas para intensificar a tutela da personalidade humana.

Mas o estado civil somente se coloca como instrumento de proteção da pessoa incapaz na medida em que a presunção de imaturidade se revela minimamente consentânea com a realidade.[6] Isto é, privar uma pessoa de sua plena capacidade somente é justificável em uma ordem civil-constitucional quando efetivamente se está a protegê-la em relações assimétricas no tráfego jurídico.[7] Se, ao contrário, a pessoa se mostra concretamente capaz, condicionar a validade de seus atos à assistência ou substituí-la por meio da representação pode significar, em vez de proteção, violação à dignidade humana.[8]

Ainda assim, o *status* como critério para a capacidade jurídica da pessoa natural sobrevive, no que tange à incapacidade etária, em virtude da presunção *propter aetem* de imaturidade. Convém notar, no entanto, que a abordagem do *status* foi superada como critério de incapacidade da pessoa com deficiência,

---

elementos de especificação que revestiam o *status*, isto é, a posição do indivíduo na ordem social, com o que se atava a capacidade de cada um à concretitude as suas efetivas condições familiares, pessoais, religiosas, profissionais e de casta." (MARTINS-COSTA, Judith. Capacidade para consentir e esterilização de mulheres tornadas incapazes pelo uso de drogas: notas para uma aproximação entre a técnica jurídica e a reflexão bioética. In: MARTINS-COSTA, Judith; MOLLER, Letícia Ludwig (Org.). *Bioética e responsabilidade*. Rio de Janeiro: Forense, 2009. p. 310).

6. Segundo Judith Martins-Costa, "a atribuição da capacidade jurídica é uma construção dogmática que esconde atrás de si deslizamentos conceituais e axiológicos nem sempre percebidos pelo jurista. Sendo testada pela *práxis* a dogmática jurídica não é neutra – pois é permanentemente construída e reconstruída, sendo informada por opções de valor e infiltrada por percepções sociais – *revelando a sua utilidade quando apta a caminhar de mãos dadas com a experiência social concreta e com as escolhas valorativas traduzidas deontologicamente em princípios e em regras.*" (MARTINS-COSTA, Judith. Capacidade para consentir e esterilização de mulheres tornadas incapazes pelo uso de drogas: notas para uma aproximação entre a técnica jurídica e a reflexão bioética. In: MARTINS-COSTA, Judith; MOLLER, Letícia Ludwig (Org.). *Bioética e responsabilidade*. Rio de Janeiro: Forense, 2009. p. 305). (grifou-se)

7. Nesse sentido a colocação de Eberle: "Nem mesmo a segurança jurídica e a celeridade do mundo negocial podem contrapor-se a esse reclamo essencial da individualidade humana. A ordem jurídica que não garanta o instrumental necessário ao pleno desenvolvimento humano torna-se rota por sua própria incoerência." (EBERLE, Simone. *A capacidade entre o fato e o direito*. Porto Alegre: Sérgio Antonio Fabris, 2006. p. 152).

8. Referindo-se à necessidade de reconhecimento da capacidade jurídica da pessoa com deficiência, Joyceane Menezes constata os riscos da incapacidade: "No atual estado da arte, entende-se que: sem a capacidade jurídica plena, a pessoa perde a chance de desenvolver e exercer as suas potencialidades e, com ela, o acesso aos direitos humanos, sobretudo a liberdade de eleição e o direito de realizar seu próprio plano de vida." (MENEZES, Joyceane Bezerra de. A capacidade jurídica pela Convenção sobre os Direitos da Pessoa com Deficiência e a insuficiência dos critérios do status, do resultado da conduta e da funcionalidade. *Pensar*, Fortaleza, v. 23, n. 2, p. 1-13, abr./jun. 2018. Disponível em: http://periodicos.unifor.br/rpen/article/viewFile/7990/pdf. Acesso em: 28 dez. 2018).

justamente porque privava o indivíduo da atuação na vida civil sem considerar as suas potencialidades reais.[9] Nesse contexto, o *status* mais representava um rótulo estigmatizante do que uma forma de proteção das vulnerabilidades.

Com relação à idade, o sistema de incapacidades opera de forma diferente e os estados civis de maioridade e menoridade auxiliam na operabilidade das normas jurídicas, tendo em vista a impraticabilidade de se aferir em cada caso concreto a medida da capacidade de cada criança ou adolescente.

Em termos mais técnicos, a idade é, então, o fato jurídico objetivamente considerado para a formação da *presumptio iuris*[10] ou presunção legal de imaturidade da qual decorre uma política de proteção baseada na aptidão natural mediana dos indivíduos, contingente aos padrões sociológicos esperados em dado contexto histórico-social.[11] Reafirma-se, então, que a incapacidade etária transforma uma realidade quantitativa (idade) em um dado objetivo qualitativo (capaz ou incapaz), que operacionaliza as relações jurídicas mediante uma disciplina abstrata e homogênea.

A fixação da maioridade civil durante a elaboração do Código de 2002 suscitou amplos debates quanto à valoração da idade pelos legisladores brasileiros. No

---

9. Segundo Joyceane Menezes, de acordo com a abordagem do *status*, "o próprio estado da deficiência seria o critério incapacitante. A simples ocorrência de uma deficiência específica (notadamente aquela de ordem psíquica e intelectual) seria suficiente para privar a pessoa da capacidade jurídica, independentemente das suas capacidades concretas e reais." Recorda a autora que "[o] Código Civil de 1916 utilizou o status approach, arrolando entre os absolutamente incapazes 'os loucos de todos os gêneros'" e conclui que "[r]otular a pessoa com a 'incapacidade' pode trazer prejuízos irreparáveis ao seu desenvolvimento e constituir uma profecia 'autorrealizável'. Lançado à condição de incapaz, o sujeito não será estimulado a aprender e a desenvolver determinadas tarefas. Privado do continuado exercício de decidir, ver-se-á confinado à perene passividade." (MENEZES, Joyceane Bezerra de. A capacidade jurídica pela Convenção sobre os Direitos da Pessoa com Deficiência e a insuficiência dos critérios do status, do resultado da conduta e da funcionalidade. *Pensar*, Fortaleza, v. 23, n. 2, p. 1-13, abr./jun. 2018. Disponível em: http://periodicos.unifor.br/rpen/article/viewFile/7990/pdf. Acesso em: 28 dez. 2018).

10. "No que concerne às primeiras (*presumptio iuris*), entretanto, porque abrigadas pela lei, devem ser formuladas em termos abstratos e gerais, aptas, portanto, a produzir seus efeitos em qualquer caso que, pela subsunção do fato à norma encontre guarida na previsão dispositiva. A atitude espiritual de seu formulador é mais ampla e ambiciosa, não se contenta em imaginar o que se passou em um caso qualquer, mas busca uma generalização apta à formulação mesmo de um princípio." (HIRONAKA, Giselda Maria Fernandes Novaes. *Responsabilidade pressuposta*. Belo Horizonte: Del Rey, 2005. p. 268).

11. "*Au demeurant, l'âge légal, âge moyen d'épanouissement dans un pays donné à un moment donné, n'est pas arbitraire. Le législateur, s'éclairant par l'expérience de ce qui arrive au plus grand nombre, a déterminé un âge auquel toute personne est réputée avoir accompli sa croissance et n'avoir plus besoin de protection. Présomption légale tirée du plerumque fit, la capacité civile n'est que le reflet d'une aptitude naturelle moyenne.*" (CORNU, Gérard. L'âge civil. In: *L'art du droit en quête de sagesse*. Paris: Presses Universitaires de France, 1998. p. 51). Tradução livre: "Além disso, a idade legal, a idade média de desenvolvimento em um determinado país em um dado momento, não é arbitrária. O legislador, esclarecido pela experiência do que acontece na maioria dos casos, determinou uma idade na qual todas as pessoas são consideradas como tendo atingido o crescimento e não mais precisam de proteção. Presunção legal derivada do *plerumque fit*, a capacidade civil é apenas o reflexo de uma aptidão natural média."

Projeto original, a maioridade civil atingia-se aos 21 anos. A primeira insurgência partiu do então Deputado Federal Fernando Coelho, que propôs a Emenda 14, visando à redução para os 18 anos de idade. Segundo os dizeres do deputado:

> Não se justifica a orientação adotada pelo Projeto. Se aos dezoito anos o homem já está capacitado para exercer pessoalmente os direitos e obrigações previstos na legislação trabalhista e para exercer o direito do voto, impõe-se que se estabeleça o término da menoridade aos dezoito anos. A medida apenas refletirá a realidade social.[12]

No mesmo sentido foi proposta a Emenda 15, pelo Deputado Jorge Abarge. Contudo, ambas foram rejeitadas no primeiro turno de votação na Câmara dos Deputados. Em parecer final o Deputado Ernani Satyro justifica:

> O problema da maioridade no campo do direito privado é diverso do que ocorre no terreno do direito público. No direito privado, a maioridade deve atingir-se em idade em que – independentemente de formação cultural (para isso, há a emancipação legal, com idade inferior) – a pessoa já possa ter alcançado experiência suficiente para defesa, por si só, dos seus interesses diante da complexidade cada vez maior, no mundo moderno, das relações jurídicas. *Não parece razoável que, num mundo mais complexo e infelizmente mais agressivo se pretenda diminuir o limite que se estabeleceu em época de condições melhores do que as presentes.*[13] (grifou-se)

Outra emenda foi proposta pelo Deputado Tancredo Neves (Emenda 22).[14] Todavia, no primeiro turno de votação na Câmara dos Deputados, todas aquelas que pretendiam a redução da maioridade civil para 18 anos foram rejeitadas. A questão somente retornou ao debate durante a tramitação no Senado Federal, graças à emenda 1 de Galvão Modesto. O senador somou como justificativa "a evolução dos meios de comunicação: a ampliação das oportunidades de ensino,

---

12. PASSOS, Edilenice; LIMA, João Alberto de Oliveira. *Memória legislativa do Código Civil.* Tramitação na Câmara dos Deputados: Primeiro Turno. Brasília: Senado Federal, 2012. p. 12. Disponível em: http://www.senado.leg.br/publicacoes/MLCC/pdf/mlcc_v2_ed1.pdf#ECD23. Acesso em: 16 out. 2018.

13. PASSOS, Edilenice; LIMA, João Alberto de Oliveira. *Memória legislativa do Código Civil.* Tramitação na Câmara dos Deputados: Primeiro Turno. Brasília: Senado Federal, 2012. p. 13. Disponível em: http://www.senado.leg.br/publicacoes/MLCC/pdf/mlcc_v2_ed1.pdf#ECD23. Acesso em: 16 out. 2018.

14. O deputado usou o seguinte argumento: "Em face do notório desenvolvimento da juventude, e do reconhecido amadurecimento dos moços em nosso país, é flagrante e geral o reconhecimento de que não há mister aguardar até os 21 anos para a aquisição da maioridade civil. Toda a orientação legislativa, entre nós, vigora no sentido de se antecipar para os 18 anos esta situação jurídica. Com efeito, nos 18 anos está situada a maioridade política, podendo o cidadão votar e ser votado (salvo nos casos especiais previstos expressamente); nos 18 anos está a aquisição da maioridade trabalhista; nos 18 anos reside a imputabilidade criminal. Não é, portanto, correto que aquele que pode assumir as responsabilidades eleitorais; que pode contratar seu trabalho; que pode ser punido pelas suas faltas, não seja ainda considerado maior." (PASSOS, Edilenice; LIMA, João Alberto de Oliveira. *Memória legislativa do Código Civil.* Tramitação na Câmara dos Deputados: Primeiro Turno. Brasília: Senado Federal, 2012. p. 18. Disponível em: http://www.senado.leg.br/publicacoes/MLCC/pdf/mlcc_v2_ed1.pdf#ECD23. Acesso em: 16 out. 2018).

notadamente de nível superior e o ingresso efetivo do pais (*sic*) na era da eletrônica e da cibernética", que então "amadureceu os nossos jovens, ampliando o seu campo de visão e a sua capacidade de discernimento, incutindo-lhes um notável senso de independência".[15]

Foi então com o parecer favorável de Josaphat Marinho, que a emenda foi acolhida no Senado Federal para a redução da maioridade civil para os 18 anos de idade.

O problema ínsito à fixação da idade legal revelado no dissenso entre os legisladores é que a fixidez da norma se dissocia da dinamicidade da condição evolutiva humana. O amadurecimento do adolescente acontece como o paradoxo do *falacrós*: "não há um momento preciso em que se possa determinar, à vista de um homem que perde o seu cabelo, se ele é ou não calvo",[16] existe, na verdade, uma fase de transição, que não permite identificar a partir de quantos fios de cabelo um homem pode ser considerado calvo.[17]

Assim é que no processo de desenvolvimento humano, o estágio inicial é marcado pela deficiência das faculdades intelectivas e volitivas: não se questiona a ausência de discernimento de um bebê, cujo comportamento é movido pelo instinto de sobrevivência e não por uma vontade livre e consciente. À medida do crescimento, a vulnerabilidade do adolescente se justifica pela inexperiência no manejo dessas faculdades recém adquiridas, mas não na total ausência delas.[18]

---

15. PASSOS, Edilenice; LIMA, João Alberto de Oliveira. *Memória legislativa do Código Civil*. Tramitação no Senado Federal: Primeiro Turno. Brasília: Senado Federal, 2012. Disponível em: http://www.senado.leg.br/publicacoes/MLCC/pdf/mlcc_v3_ed1.pdf#ESF1. Acesso em: 16 out. 2018.
16. MARTINS-COSTA, Judith. *A boa-fé no direito privado*: critérios para a sua aplicação. 2. ed. São Paulo: Saraiva, 2018. p. 148.
17. O exemplo é utilizado por Martins-Costa para representar metaforicamente a vagueza semântica, assim como o paradoxo do *sorites*, que não permite identificar a partir de quantos grãos se tem na mão um "monte" de trigo. (MARTINS-COSTA, Judith. *A boa-fé no direito privado*: critérios para a sua aplicação. 2. ed. São Paulo: Saraiva, 2018. p. 148).
18. "*Efectivamente, una vez que la inteligencia y la voluntad han llegado a un grado suficiente de madurez psicobiológica, le falta todavía al menor para poder desenvolverse por sí solo la experiencia necesaria para hacerlo. De manera que en una primera fase, el menor protegido básicamente por la falta (o limitada presencia) de las facultades intelectivas y volitivas; y en una segunda fase, considerablemente más cercana de la mayoría de edad, la protección deriva de la inexperiencia del menor en el manejo de esas facultades de las que dispone, en relación con su proprio autogobierno.*" (AGUIRRE, Carlos Martínez de. La protección jurídico-civil de la persona por razón de la menor edad. *Anuario de derecho civil*, Madrid, n. 4, p. 1414, 1992). Tradução livre: "De fato, uma vez que a inteligência e a vontade tenham atingido um grau suficiente de maturidade psicobiológica, o menor ainda precisa ser capaz de desenvolver a experiência necessária para atuar sozinho. Assim, numa primeira fase, o menor protegido basicamente pela falta (ou presença limitada) das faculdades intelectivas e volitivas; e numa segunda fase, consideravelmente mais próxima da maioridade, a proteção deriva da inexperiência do menor na gestão daquelas faculdades de que dispõe, em relação ao seu próprio autogoverno."

3 • A EMANCIPAÇÃO VOLUNTÁRIA À LUZ DA TUTELA CONSTITUCIONAL DO ADOLESCENTE

O processo é gradativo, de modo que o termo inicial da conquista do pleno discernimento não é objetivamente aferível – possivelmente sequer se possa dizer que esse momento existe.[19] Da mesma forma que a falta de inexperiência por si só não poderia também prolongar indefinidamente a proteção jurídica decorrente da incapacidade civil, pois todas as pessoas são, em alguma medida, aprendizes de suas próprias experiências.

Por isso, a capacidade natural não é suscetível de um conhecimento pleno e satisfatório e por isso também tantos embates travados entre os legisladores quanto à idade para alcance da capacidade civil plena. A maioridade indica, no máximo, um juízo de probabilidade de que a partir daquela idade, as pessoas estão aptas para o exercício pessoal de seus direitos. Em dadas circunstâncias, esse juízo de probabilidade é afastável,[20] mas em outras, ele impera sobre a capacidade natural.[21]

Para o regime de incapacidades civis, a incapacidade natural legitima[22] a redução da liberdade para atuar de forma independente e deve se fundamentar[23]

---

19. Ao criticar a teoria do menor maduro (cf. capítulo 1), Thaís Sêco afirma: "É preciso ter em conta que a teoria do menor maduro só se mostra coerente no plano abstrato, sendo de pouca instrumentalidade no plano concreto, mormente quando nem mesmo as ciências da saúde se mostram aptas a proceder com avaliação de um objeto intangível como o discernimento." (SÊCO, Thaís Fernanda Tenório. Por uma nova hermenêutica do direito da criança e do adolescente. *Civilistica.com*, Rio de Janeiro, v. 3, n. 2, p. 9, jul./dez. 2014. Disponível em: http://civilistica.com/por-uma-nova-hermeneutica-do-direi-to-da-crianca-e-do-adolescente/. Acesso em: 09 jan. 2019).

20. Com base no ordenamento jurídico lusitano, Ascensão afirma que a lei atende à evolução da capacidade natural e vai reduzindo o âmbito da incapacidade do "menor". Essa redução, segundo ele, se faz por meio da remissão à capacidade natural ou por levantamento de certas limitações logo que atingidas idades determinadas. (ASCENSÃO, José de Oliveira. *Direito civil*: teoria geral. 3. ed. São Paulo: Saraiva, 2010. p. 147).

21. Discorrendo sobre as presunções absolutas no direito, Giselda Hironaka assevera: "Bem por isso, conforme ensina Antonio Palazzo, a sobrevivência das presunções legais absolutas nos ordenamentos civis contemporâneos é algo que deve, necessariamente, passar pelos interesses da pessoa, que representa, nesses mesmos ordenamentos, o centro dos interesses a tutelar. Proteger os interesses da pessoa e permitir a subsistência das presunções absolutas é algo que só poderá desenvolver atendendo-se ao *princípio da igualdade substancial*, em que as presunções dessa estirpe sejam instrumento para a persecução do princípio, tratando da mesma forma os indivíduos que se apresentem na mesma situação fática e de forma desigual os indivíduos que, materialmente, estejam postos em situação desigual." (HIRONAKA, Giselda Maria Fernandes Novaes. *Responsabilidade pressuposta*. Belo Horizonte: Del Rey, 2005. p. 272).

22. Por legitimidade, entenda-se: "A legitimidade do Estado moderno tem que ser vista sobretudo a partir do equilíbrio e harmonia entre valores e princípios jurídicos afirmados por consenso. A aceitação da norma e a obediência ao seu comando, que afinal de contas sintetizam a própria legitimidade, resultam de acordo social a respeito da sua adequação a valores éticos e princípios de direito em permanente interação." (TORRES, Ricardo Lobo. A legitimação dos direitos humanos e os princípios da ponderação e da razoabilidade. In: *A legitimação dos direitos humanos*. Rio de Janeiro: Renovar, 2002. p. 405).

23. "Fundamento é causa, origem ou fonte do ordenamento jurídico e dos direitos. Fundamento do ordenamento jurídico, por conseguinte, é a fonte de onde promanam os princípios e as normas." (TORRES, Ricardo Lobo. A legitimação dos direitos humanos e os princípios da ponderação e da razoabilidade. *A legitimação dos direitos humanos*. Rio de Janeiro: Renovar, 2002. p. 401).

na parametrização principiológica constitucional. Por isso, é importante que a presunção de incapacidade formulada pela lei seja o mais próximo possível da experiência sensível em dado contexto sociojurídico.

Assim, ao viabilizar a aquisição da plena capacidade de fato pela atriz-mirim, antes da maioridade civil, a lei busca aproximar-se da realidade social, permitindo a transição de estado de forma mais consentânea com a individualidade e necessidades de cada um.[24] Trata-se de um resgate dos fatores concretos para a definição da capacidade civil e de uma valorização da capacidade natural para a definição dos lindes da incapacidade.

Tendo isso em vista, conclui-se que a menoridade, enquanto estado individual, faz presumir a incapacidade civil de fato,[25] que, no entanto, pode ser afastada diante das hipóteses de emancipação, ou seja, nos casos em que a lei considera o adolescente habilitado a atuar amplamente na vida civil a despeito da menoridade, gerando outro estado individual: o de adolescente emancipado.[26] Atingida a maioridade a presunção se inverte: a pessoa se torna automaticamente capaz, a menos que alguma causa de incapacidade seja verificada e devidamente comprovada em processo judicial próprio.[27]

Diante do princípio da autonomia progressiva, apontado por Lygia Copi, a incapacidade civil da criança e do adolescente, absoluta ou relativa, pode ser derrotada, ou seja, pode "acomodar exceções sem por isso se tornar inválida".[28] Em harmonia com a pesquisadora, e de acordo com as premissas estabelecidas nesse trabalho, especialmente quanto à compreensão da emancipação civil como um

---

24. Simone Eberle, criticando a rigidez a incapacidade etária disciplina na lei civil, asseverou: "É imprestável o culto cego aos parâmetros etários da capacidade ainda que estes favoreçam e viabilizem o trânsito negocial." (EBERLE, Simone. *A capacidade entre o fato e o direito.* Porto Alegre: Sérgio Antonio Fabris, 2006. p. 154).

25. Com base no Código Civil de 1916, em que a maioridade civil atingia-se aos vinte e um anos, afirmou Sá Freire: "De facto, o Codigo (*sic*) dispõe que aos vinte e um annos a incapacidade proveniente da menoridade (art. 6º, n. 1) termina, ficando o individuo (*sic*) habilitado para todos os actos da vida civil, sómente porque se presume que nessa idade o individuo (*sic*) attinge o gráo de desenvolvimento psychico que o torna capaz de reger sua pessoa e bens." (FREIRE, Milcíades Mario de Sá. *Manual do Código Civil brasileiro*: parte geral, disposição preliminar e das pessoas e dos bens. Rio de Janeiro: Jacintho Ribeiro, 1930. v. 2. p. 134).

26. "*La edad da lugar a la configuración de dos estados civiles: el de mayor y el de menor edad. Dentro de este último debe señalarse otro que es el de menor emancipado. La mayor e la menor edad y la emancipación son estados civiles porque significan una diferente inserción o del estar el individuo en sociedad, un diferente ámbito de poder y responsabilidad.*" (DÍEZ-PICAZO, Luis; GULLÓN, Antonio. *Sistema de derecho civil.* 10. ed. Madrid: Tecnos, 2001. p. 226).

27. Essa conclusão se deduz da constante afirmação em doutrina de que a capacidade civil é a regra e a incapacidade é a exceção. Ne sentido: "Dois grandes princípios regem a matéria da capacidade: o primeiro é o de que a capacidade se destina à prática de atos jurídicos, e não ao fato jurídico. [...] Em segundo lugar, a capacidade é a regra e a incapacidade a exceção." (LOPES, Miguel Maria de Serpa. *Curso de direito civil*: introdução, parte geral e teoria dos negócios jurídicos. Rio de Janeiro: Freitas Bastos, 1989. v. 1. p. 366).

28. COPI, Lygia Maria. *Infâncias, proteção e autonomia.* Belo Horizonte: Fórum, 2022. p. 141.

instrumento para afastar a presunção de incapacidade, entende-se que o respeito à participação da criança e do adolescente deve ser aferido concretamente,[29] ainda que em situações que não comportem a emancipação. A incapacidade civil se flexibilizaria como uma presunção relativa, que permitiria soluções distintas em caso de prova em sentido contrário da incapacidade. Nesses casos, no entanto, o afastamento da incapacidade tem alcance específico para o ato em que se reconhece a aptidão concreta da criança ou do adolescente.

Assim emergem elementos suficientes para delinear o perfil funcional do instituto jurídico da emancipação, entendido não apenas como a mínima unidade e efeitos dela decorrentes como também a sua razão justificadora.[30] A conformação da emancipação na dogmática civil constitucional se associa à sua função de atender às singularidades do desenvolvimento humano concedendo acesso à plena capacidade civil a quem naturalmente é capaz de fato. Essa é a forma como a emancipação opera na promoção[31] da dignidade humana do emancipando.

Por derradeiro, frise-se que não é o interesse de terceiros que deve ser perseguido na emancipação de acordo com o perfil funcional do instituto jurídico, mas sim os interesses concretos do adolescente que se tornou maduro precocemente.

3.2 A PROTEÇÃO DO ADOLESCENTE NA EMANCIPAÇÃO VOLUNTÁRIA

3.2.1 Autoridade parental como fundamento da emancipação voluntária

Especificamente na emancipação voluntária, cabe aos pais, enquanto titulares da autoridade parental, avaliar em concreto o grau de maturidade do filho

---

29. "O princípio da autonomia progressiva funciona, então, como elemento de abertura do sistema jurídico ao fato de que crianças e adolescentes amadurecem de forma gradual e não homogênea e de que a atuação de representantes e assistentes pode violar os seus direitos básicos." (COPI, Lygia Maria. *Infâncias, proteção e autonomia*. Belo Horizonte: Fórum, 2022. p. 143).

30. "A função, com efeito, traduz a justificativa para que o ordenamento permita que determinado fato produza, modifique ou extinga situações jurídicas; é sobre legitimidade dos interesses incutidos naquele fato jurídico que recai o juízo valorativo que determina sua proteção pela norma jurídica." (SOUZA, Eduardo Nunes de. Abuso do direito: novas perspectivas entre a licitude e o merecimento de tutela. *Revista Trimestral de Direito Civil (RTDC)*, Rio de Janeiro, v. 50, p. 65, abr./jun. 2012).

31. A referência à função promocional do direito tem como base as críticas traçadas por Bobbio: "Em poucas palavras, aqueles que se dedicaram à teoria geral do direito se preocuparam muito mais em saber 'como o direito é feito' do que 'para que o direito serve'. A consequência disso foi que a análise estrutural foi levada muito mais a fundo que a análise funcional." (BOBBIO, Norberto. *Da estrutura à função*: novos estudos de teoria do direito. Barueri: Manole, 2007. p. 53-54). Essa análise funcional, segundo a dogmática civil-constitucional, à realização dos valores constitucionais. Ao tratar da função promocional do direito, afirma Perlingieri: "É a confirmação da historicidade da lógica jurídica, e ainda mais da sua função prática, isto é, de um instrumentário de conceitos a serviço do jurista e da sociedade na observância dos interesses e dos valores juridicamente relevantes." (PERLINGIERI, Pietro. *O direito civil na legalidade constitucional*. Trad. Maria Cristina de Cicco. Rio de Janeiro: Renovar, 2008. p. 91).

para exercer pessoalmente os atos da vida civil com responsabilidade, independentemente de assistência de terceiros. Segundo Sá Freire, se para a maioridade se aceita um critério quase arbitrário, para a emancipação o Código Civil exige "a decisão daquelles que devem ter razão para afirmar a existencia (*sic*) de atributos necessarios (*sic*) ao pleno gozo da capacidade civil".[32]

Esse juízo atribuído aos pais fundamenta-se no dever de cuidado, ínsito à autoridade parental e deve balizar-se no princípio do melhor interesse do adolescente. São os pais, portanto, que ao afirmar a capacidade concreta do filho, infirmam a presunção legal de incapacidade etária.[33]

Soma-se a isso o duplo efeito da emancipação, que, de uma só vez, alça o adolescente à plena capacidade (afetando o estado individual) e extingue a autoridade parental (alterando o estado familiar). Assim, a despeito da previsão topográfica na parte geral do Código Civil, deve-se reconhecer as imbricações do ato emancipatório com o direito de família, em particular, com a disciplina jurídica da autoridade parental.

A dignidade humana aliada aos princípios constitucionais da solidariedade social (art. 3º, I, CF) e da igualdade (art. 3º, IV e 5º, I, CF) confluem para a reconstrução das categorias de direito de família em conformidade com a axiologia constitucional,[34] dando subsídios para o reconhecimento do afeto como amálgama da constituição de qualquer modalidade de família.[35]

---

32. FREIRE, Milcíades Mario de Sá. *Manual do Código Civil brasileiro*: parte geral, disposição preliminar e das pessoas e dos bens. Rio de Janeiro: Jacintho Ribeiro, 1930. v. 2. p. 135.

33. Sobre a heteronomia dos pais sobre as situações existenciais dos filhos, assevera Renata Multedo que "[n]o referido âmbito do dever de cuidado e da responsabilidade é que se confia aos pais determinar o que constitui o melhor para seus filhos, atrelando-se a intensidade da intervenção nas escolhas existenciais ao grau de discernimento dos filhos." (MULTEDO, Renata Vilela. *Liberdade e família*: limites para a intervenção do Estado nas relações conjugais e parentais. Rio de Janeiro: Processo, 2017. p. 119).

34. Para Ana Carolina Brochado Teixeira, "[o] direito civil sofreu uma grande transformação em seu eixo hermenêutico, através da qual assumiu o centro do sistema jurídico, fenômeno por nos conhecido como Constitucionalização ou Personalização do Direito Civil. O Direito de Família não poderia ter passado incólume, razão pela qual é imperativo que seus institutos sejam revistos à luz da normativa constitucional. Desta forma, velhos institutos ganharam novo conteúdo, mais aplicável às relações intersubjetivas da contemporaneidade. É sob esse enfoque que os institutos de Direito Civil devem ser interpretados. Assim, a autoridade parental deve ser relida à luz da principiologia constitucional, principalmente sob a ótica dos princípios da dignidade da pessoa humana e da solidariedade, previstos nos arts. 1º, III e 3º, I, da Constituição Federal, respectivamente. O primeiro deles provocou inegável subversão em todo o direito posto, principalmente no Direito Civil, vez que todos os institutos e entidades intermediárias foram funcionalizadas à realização da pessoa humana." (TEIXEIRA, Ana Carolina Brochado. Autoridade parental. In: TEIXEIRA, Ana Carolina Brochado; RIBEIRO, Gustavo Pereira Leite (Coord.). *Manual de direito das famílias e das sucessões*. Rio de Janeiro: Processo, 2017. p. 227).

35. Sobre as transformações no direito de família após a Constituição Federal de 1988, cf. BARBOZA, Heloísa Helena; ALMEIDA, Vitor. Família após a Constituição de 1988: transformações, sentidos e fins. In: EHRHARDT JÚNIOR, Marcos; CORTIANO JUNIOR, Eroulths (coord.). *Transformações*

O princípio da proteção integral da criança e do adolescente irradiou-se na relação paterno-materno-filial, materializada na autoridade parental, uma vez que a tutela prioritária e especial dedicada pelo ordenamento jurídico à infanto-adolescência não mais se restringe aos "menores" delinquentes ou em situação irregular.[36] Diante disso, contemporaneamente, o conteúdo constitucionalizado da autoridade parental transborda os poderes e deveres elencados pelo Código Civil,[37] compreendendo, como núcleo inderrogável, o dever de cuidado imputado aos pais a ser exercido de acordo com o princípio do melhor interesse da criança e do adolescente.[38]

A natureza jurídica da autoridade parental nitidamente afastou-se de qualquer associação com o direito subjetivo,[39-40] entendido este como "poder que

---

no direito privado nos 30 anos da Constituição: estudos em homenagem a Luiz Edson Fachin. Belo Horizonte: Fórum, 2019. p. 609-623.

36. Cf. capítulo 1.

37. Código Civil, art. 1.634: "Compete a ambos os pais, qualquer que seja a sua situação conjugal, o pleno exercício do poder familiar, que consiste em, quanto aos filhos: I – dirigir-lhes a criação e a educação; II – exercer a guarda unilateral ou compartilhada nos termos do art. 1.584; III – conceder-lhes ou negar-lhes consentimento para casarem; IV – conceder-lhes ou negar-lhes consentimento para viajarem ao exterior; V – conceder-lhes ou negar-lhes consentimento para mudarem sua residência permanente para outro Município; VI – nomear-lhes tutor por testamento ou documento autêntico, se o outro dos pais não lhe sobreviver, ou o sobrevivo não puder exercer o poder familiar; VII – representá-los judicial e extrajudicialmente até os 16 (dezesseis) anos, nos atos da vida civil, e assisti-los, após essa idade, nos atos em que forem partes, suprindo-lhes o consentimento; VIII – reclamá-los de quem ilegalmente os detenha; IX – exigir que lhes prestem obediência, respeito e os serviços próprios de sua idade e condição."

38. "No caso da criança e do adolescente, detentores de direitos fundamentais, a autoridade parental exerce um papel essencial para a realização do projeto constitucional, pois que a constituição entendeu serem eles merecedores de tutela especial, o que foi corroborado, também, pelo art. 6º do ECA. Seu melhor interesse, nesse sentido, deve ser promovido e potencializado." (TEIXEIRA, Ana Carolina Brochado. Autoridade parental. In: TEIXEIRA, Ana Carolina Brochado; RIBEIRO, Gustavo Pereira Leite (Coord.). Manual de direito das famílias e das sucessões. Rio de Janeiro: Processo, 2017. p. 228).

39. "Historicamente, o antigo pátrio poder era enquadrado como direito subjetivo sobre o filho, pois este era visto como objeto de direitos, e o poder do pai traduzia um poder de senhorio, embora fosse clara a inexistência de identidade com os direitos reais." (TEIXEIRA, Ana Carolina Brochado. Família, guarda e autoridade parental. 2. ed. Rio de Janeiro: Renovar, 2009. p. 94)

40. Miguel Reale já identificava a desconformidade da classificação da relação jurídica paterno-materno--filial como direito subjetivo: "Em conclusão, sob o prisma jurídico, é, como adverte Santi Romano, mais um poder-dever pois, se há sujeição à autoridade paterna ou administrativa, ela se dá para que a autoridade possa cumprir o seu dever, nos quadros normativos vigentes. O direito subjetivo é, em suma, pertinente ao sujeito, ligando-se a este como uma pretensão sua; o poder resulta da função normativa atribuída a seu titular, sem lhe ser conferida qualquer pretensão para ser exercida em seu benefício. Daí resulta que o titular de um direito subjetivo pode usar ou não do seu direito, enquanto que o titular do poder não pode deixar de praticar as funções de sua competência, pois elas são são disponíveis." (REALE, Miguel. Lições preliminares de direito. 27. ed. São Paulo: Saraiva, 2002. p. 262). Em sentido contrário, aduz Fachin que "Esse é importante elemento, ainda mais nítido no art. 229 da Constituição, fundando um dever de dupla face, pois os pais têm o dever de assistir, criar e educar os filhos menores, e estes têm o dever de ajudar e amparar os pais. Seara própria dos direitos subjetivos de família, sob a titularidade recíproca de pais e filhos, numa visão coordenada bilateral, na qual direitos subjetivos se conectam com deveres jurídicos, e por isso mesmo não há um 'direito-dever' nem

a ordem jurídica confere a alguém de agir e de exigir de outrem determinado comportamento".[41] Afinal, qual o comportamento, ou seja, qual o dever jurídico, que se poderia exigir do filho em contraposição ao suposto direito do pai?[42]

Decerto a lei civil impõe aos filhos o dever de obedecer aos titulares da autoridade parental,[43] mas isso não traduz essa relação na estrutura do direito subjetivo, uma vez que a obediência não se justifica na satisfação de interesses dos pais. A autoridade parental, então constitucionalizada,[44] encontra seu cerne nos deveres de criar, educar e assistir material e moralmente a criança e o adolescente em razão de sua reconhecida vulnerabilidade, com a finalidade de propiciar-lhes o livre desenvolvimento da personalidade e, sobretudo, de fazer cumprir os seus direitos fundamentais.[45] A infiltração de valores constitucionais, somados também ao princípio da paternidade e maternidade responsáveis,[46] fixou no melhor interesse dos filhos o vetor orientador do exercício da autoridade parental, o que, ao mesmo tempo sustenta e limita a atuação dos pais.

Da mesma forma, o poder-sujeição, típico dos direitos potestativos, não mais exprime a posição da criança e do adolescente no seio da família.[47] Como

---

pátrio-dever, menos ainda poderes funcionais." (FACHIN, Luiz Edson. *Direito de família*: elementos críticos à luz do Código Civil brasileiro. Rio de Janeiro: Renovar, 2003. p. 265).

41. AMARAL, Francisco. *Direito civil*: introdução. 9. ed. São Paulo: SaraivaJur, 2017. p. 287.

42. É esse questionamento que é feito por Ana Carolina Brochado Teixeira para afastar a qualificação do poder familiar como direito subjetivo: "O aspecto valorizado pela dogmática civi-constitucional que mais coaduna com os princípios constitucionais e com os direitos fundamentais da criança e do adolescente é a vertente existencial da autoridade parental. É isso que leva a caracterizar o poder familiar como situação subjetiva, cuja função mais importante é a de promoção da personalidade dos filhos e construção da dignidade destes." (TEIXEIRA, Ana Carolina Brochado. *Família, guarda e autoridade parental*. 2. ed. Rio de Janeiro: Renovar, 2009. p. 96).

43. Código Civil, art. 1.634: "Compete a ambos os pais, qualquer que seja a sua situação conjugal, o pleno exercício do poder familiar, que consiste em, quanto aos filhos: [...] IX – exigir que lhes prestem obediência, respeito e os serviços próprios de sua idade e condição."

44. "No caso da criança e do adolescente, detentores de direitos fundamentais, a autoridade parental exerce um papel essencial para a realização do projeto constitucional, pois a constituição entendeu serem eles merecedores de tutela especial, o que foi corroborado, também, pelo art. 6º do ECA. Seu melhor interesse, nesse sentido, deve ser promovido e potencializado." (TEIXEIRA, Ana Carolina Brochado. Autoridade parental. In: TEIXEIRA, Ana Carolina Brochado; RIBEIRO, Gustavo Pereira Leite (Coord.). *Manual de direito das famílias e das sucessões*. Rio de Janeiro: Processo, 2017. p. 228).

45. Perlingieri sintetiza propugnando que "[o] poder familiar assume mais uma função educativa do que propriamente de gestão patrimonial, e é ofício finalizado à promoção das potencialidades criativas dos filhos." (PERLINGIERI, Pietro. *O direito civil na legalidade constitucional*. Trad. Maria Cristina de Cicco. Rio de Janeiro: Renovar, 2008. p. 999).

46. Art. 226, § 7º da Constituição Federal: "§ 7º Fundado nos princípios da dignidade da pessoa humana e da paternidade responsável, o planejamento familiar é livre decisão do casal, competindo ao Estado propiciar recursos educacionais e científicos para o exercício desse direito, vedada qualquer forma coercitiva por parte de instituições oficiais ou privadas."

47. "Este último [o poder familiar], entendido como poder-sujeição, está em crise: em uma concepção igualitária, participativa, democrática da comunidade familiar, a sujeição, tradicionalmente entendida, não pode continuar a exercer o mesmo papel. A relação educativa não é mais entre um sujeito e um

sujeitos ativos de direitos fundamentais, a criança e o adolescente foram elevados à condição de protagonistas do próprio processo educacional.[48]

Contemporaneamente, mostra-se mais adequado afirmar que a autoridade parental se configura como uma situação subjetiva complexa, a qual envolve concomitantemente o exercício de poderes mas também o cumprimento de deveres em favor dos filhos enquanto pessoas em desenvolvimento.[49] O fundamento da atribuição desses poderes aos pais é o dever de exercê-los – não arbitrariamente, conforme seus próprios interesses – mas, sim, repita-se, no interesse do filho.[50]

O caráter existencial da autoridade parental impõe as seguintes conclusões: a) a autoridade parental, embora compreenda também a administração patrimonial dos bens dos filhos com idade inferior a dezoito anos,[51] não se restringe a isso, ao contrário, a sua função precípua é favorecer o livre desenvolvimento da personalidade da criança e do adolescente;[52] b) como consequência dos princípios constitucionais da paternidade e da maternidade responsáveis e da proteção integral da criança e do adolescente, a autoridade parental – ao contrário dos direitos subjetivos patrimoniais – não é juridicamente disponível conforme o interesse de seus titulares.

---

objeto, mas é uma correlação de pessoas, onde não é possível conceber um sujeito subjugado a outro." (PERLINGIERI, Pietro. *O direito civil na legalidade constitucional*. Trad. Maria Cristina de Cicco. Rio de Janeiro: Renovar, 2008. p. 999).

48. "Como os filhos se tornaram o foco da família, por serem pessoas em desenvolvimento, mudou-se o modo de analisar a questão: são eles protagonistas do próprio processo educacional, deste participando juntamente com os pais." (TEIXEIRA, Ana Carolina. *Família, guarda e autoridade parental*. 2 ed. Rio de Janeiro: Renovar, 2009. p. 100).

49. Essa é a posição adotada por Ana Carolina Brochado Teixeira: "[...] a autoridade parental é uma situação subjetiva complexa, pois há atribuição de poderes e deveres a serem exercidos pelo titular do poder, em favor dos filhos menores. Nem por isso, contudo, os filhos configurariam sujeitos passivos da relação jurídica, sendo apenas receptores dos benefícios do poder jurídico." (TEIXEIRA, Ana Carolina Brochado. *Família, guarda e autoridade parental*. 2. ed. Rio de Janeiro: Renovar, 2009. p. 97)

50. Trata-se do conceito de *potestà*, exposto por Perlingieri: "Esta [*potestà*] constitui um verdadeiro ofício, uma situação de direito-dever: como fundamento da atribuição dos poderes existe o dever de exercê-los. O exercício da *potestà* não é livre, arbitrário, mas necessário no interesse de outrem, ou, mais especificamente, no interesse de um terceiro ou de uma coletividade. [...] A potestà é, portanto, uma situação complexa, que atribui não simplesmente poderes, mas deveres que não devem ser exercidos no interesse do titular da *potestà*, o tutor, mas naquele do representado." (PERLINGIERI, Pietro. *O direito civil na legalidade constitucional*. Trad. Maria Cristina de Cicco. Rio de Janeiro: Renovar, 2008. p. 700).

51. Código Civil, art. 1.689: "O pai e a mãe, enquanto no exercício do poder familiar: I – são usufrutuários dos bens dos filhos; II – têm a administração dos bens dos filhos menores sob sua autoridade."

52. "O exercício do poder familiar se concentra exclusivamente no interesse do menor. Interesse existencial, mais que patrimonial, que deve ser individuado em relação às circunstâncias concretas, no respeito à historicidade da família." (PERLINGIERI, Pietro. *O direito civil na legalidade constitucional*. Trad. Maria Cristina de Cicco. Rio de Janeiro: Renovar, 2008. p. 1002).

Pelo poder de disposição, corolário da autonomia privada, defere-se ao titular da situação jurídica patrimonial o poder de regular os seus próprios interesses, impondo efeitos constitutivos, modificativos ou extintivos aos seus direitos, dada a possibilidade de alienação, transmissão ou renúncia da posição jurídica.[53] Por outro lado, as situações existenciais merecem uma disciplina diversa, pois a lógica proprietária não lhes é aplicável.[54]

Desse modo, o fundamento para extinguir a autoridade parental pela via da emancipação voluntária não pode ser visto sob o ângulo da disposição patrimonial.[55] As decisões exercidas no seio da família dirigem-se à realização da personalidade de seus membros. Com vista a isso, Rose Meireles aduz que "na seara do direito de família, esse poder [de disposição] foi atribuído ao particular para autorregular não apenas *interesses próprios*, mas, também, *interesses comuns*".[56]

Apesar de acertadamente a autora identificar os interesses comuns como orientadores das decisões na família, especificamente com relação à emancipação, tem-se verdadeiramente um exercício de heteronomia, uma vez que os princi-

---

53. "O poder de disposição é geralmente associado à disciplina das situações patrimoniais, sobretudo, [...] à concernente ao direito de propriedade. As situações patrimoniais, ou seja, aquelas suscetíveis de avaliação econômica, seriam disponíveis, isto é, alienáveis, transmissíveis e renunciáveis; enquanto que as situações existenciais se submeteriam à disciplina oposta." (MEIRELES, Rose Melo Vencelau. O poder de disposição nas relações familiares e a mediação como meio de assegurar o direito à convivência familiar / The power of disposition in family relationships and the mediation as a means of ensuring the right to family living. *Revista Quaestio Iuris*, v. 11, n. 4, p. 2865, 2018).

54. "Emergiram, assim, o que hoje se denomina situações jurídicas existenciais, às quais a lógica proprietária não se aplica, tendo em vista a dificuldade funcional de se estabelecer um vínculo coerente entre patrimonialidade e subjetividade, razão pela qual se faz necessária a criação de uma sistemática própria para tais situações jurídicas, pois aquela então existente era insuficiente para a tutela oferecida indistintamente ao sujeito de direito, que tinha como fundamentos as liberdades públicas e o direito subjetivo." (TEIXEIRA, Ana Carolina Brochado. Autonomia existencial. *Revista Brasileira de Direito Civil (RBDCivil)*, Belo Horizonte, v. 16, p. 84, abr./jun. 2018. Disponível em: https://rbdcivil.ibdcivil.org.br/rbdc/article/view/232. Acesso em: 15 nov. 2018).

55. Em tempos remotos, o "pátrio poder" era de tal modo considerado um direito subjetivo dos pais que se possibilitava a renúncia, a exemplo do que ocorre com os direitos patrimoniais. Em parecer sobre a legalidade de uma emancipação voluntária concedida por uma mãe a um filho comerciante no regime pré-codificado, Vicente Ferrer assim posicionou-se: "entendo que a escriptura de desistencia do patrio poder e subsequente emancipação feita por D. Euzebia Cardoso Tavares, em favor do seu filho William dos Santos Tavares, não é illegal, nem exorbitante. Tendo as mães, pelo art. 94º do decr. de 24 de janeiro de 1890, patrio poder, que somente perdem nos casos especificados cabendo-lhes os mesmos direitos que aos paes: *é evidente poderem desistir do patrio poder, para operar-se a emancipação do filho de 18 anos. Exercendo um direito, D. Euzebia não praticou ilegalidade, nem exorbitou.*" (grifou-se) (ARAUJO, Vicente Ferrer de Barros. *Resposta a um anonymo parecer sobre a escriptura de desistencia do patrio poder e emancipação de D. Euzebia Cordeiro Tavares em favor de seu filho William dos Santos Tavares.* Lisboa: Imprensa Lucas, 1910. p. 3).

56. MEIRELES, Rose Melo Vencelau. O poder de disposição nas relações familiares e a mediação como meio de assegurar o direito à convivência familiar / The power of disposition in family relationships and the mediation as a means of ensuring the right to family living. *Revista Quaestio Iuris*, v. 11, n. 4, p. 2865, 2018).

3 • A EMANCIPAÇÃO VOLUNTÁRIA À LUZ DA TUTELA CONSTITUCIONAL DO ADOLESCENTE   127

pais efeitos recaem sobrem quem não tem o poder de tomar a decisão sobre si – trata-se de uma providência constitutiva de novo estado civil. Em uma família centrada no afeto, a possibilidade de os pais emanciparem os filhos se justifica "porque as pessoas mais aptas a avaliar a maturidade efetiva de um jovem serão sempre os adultos que estão mais próximos dele (e que os amam e conhecem como ninguém), ou seja, seus pais".[57]

Tanto é assim que na situação do adolescente sob tutela, o legislador não conferiu o mesmo poder ao tutor. Na falta dos pais, a decisão sobre a emancipação é necessariamente heterônoma do Estado, por meio da decisão do juiz, ouvido o tutor.

Com isso percebe-se que o fundamento da emancipação voluntária por concessão dos titulares da autoridade parental não repousa no exercício da autonomia privada,[58] porquanto não se trate de exercício de liberdade em interesse próprio.[59] Reconhecida a intersubjetividade da relação paterno-materno-filial e as repercussões recíprocas na esfera existencial dos pais (pela extinção da autoridade parental) e dos filhos (também pela extinção da autoridade parental mas principalmente pela alteração do estado individual) a discricionariedade de conceder a emancipação deve ser funcionalizada à consecução do melhor interesse do adolescente.[60]

---

57. SÊCO, Thaís Fernanda Tenório. *A autonomia da criança e do adolescente e suas fronteiras*: capacidade, família e direitos da personalidade. 2013. 178 f. Dissertação (Mestrado em Direito) – Faculdade de Direito, UERJ, Rio de Janeiro, 2013. p. 83.

58. Ao conceituar *autonomia privada*, afirmou Perlingieri: "A sua origem histórica e ideológica pode ser reconduzida às doutrinas que, em perspectiva individualista, colocam a vontade do sujeito no centro do ordenamento. A liberdade do sujeito consistiria justamente em reconhecer à sua vontade o poder de regular relações jurídicas especialmente patrimoniais: Ela se torna liberdade econômica que postula a economia de mercado e a livre concorrência." (PERLINGIERI, Pietro. *O direito civil na legalidade constitucional*. Trad. Maria Cristina de Cicco. Rio de Janeiro: Renovar, 2008. p. 339-340).

59. Esclarecedora a afirmação de Thaís Sêco: "[...], o poder que é conferido aos pais é muitas vezes chamado 'autonomia' por confusão com o que, na verdade, significa o reconhecimento da possibilidade de tomar decisões conforme seus padrões *subjetivos* e sua perspectiva particular da questão [...]." (SÊCO, Thaís Fernanda Tenório. Por uma nova hermenêutica do direito da criança e do adolescente. *Civilistica.com*, Rio de Janeiro, v. 3, n. 2, p. 6, jul./dez. 2014. Disponível em: http://civilistica.com/por-uma-nova-hermeneutica-do-direito-da-crianca-e-do-adolescente/. Acesso em: 09 jan. 2019).

60. Sobre o exercício da liberdade na família, afirma Ruzik: "O próprio exercício dessa autoridade parental, sem embargo, pode ser pensado também – mas obviamente, não de modo exclusivo – como um exercício de liberdade. Lamartine Correa de Oliveira e Francisco Muniz ensinam que educar os filhos é, também, um direito subjetivo vinculado ao livre desenvolvimento da personalidade. Se é a pessoa do filho que deve ser compreendida como o destinatário principal da proteção jurídica, não se nega, portanto, a pertinência também para quem educa de uma função da autoridade parental que também para pela liberdade, embora, por evidente, nela não se esgote." (RUZIK, Carlos Eduardo Pianovski. *Liberdade e função*: contribuição crítica para uma nova fundamentação da dimensão funcional do direito civil brasileiro. 2009. 402 f. Tese (Doutorado em Direito) – Faculdade de Direito, UFPR, Curitiba, 2009. p. 354).

3.2.2 Natureza jurídica e participação do adolescente

Quando justificou o ato emancipatório, a atriz Larissa Manoela afirmou que a decisão foi tomada em família. Contudo, a exegese do texto legal da emancipação voluntária (art. 5º, parágrafo único, I, CC) poderia conduzir equivocadamente à conclusão de que o ato emancipatório prescinde de qualquer forma de participação do emancipando, sobretudo quando concedida pelos pais.

Tanto assim que a doutrina tradicional, por vezes, qualifica o ato emancipatório voluntário como direito potestativo dos pais,[61] isto é, como "o poder que a pessoa tem de influir na esfera jurídica de outrem, sem que este possa fazer algo senão sujeitar-se".[62] Como direito potestativo, a emancipação então criaria o estado de sujeição do filho em relação à decisão dos pais, tornando indiferente a sua vontade, ainda que quisesse se opor ao ato.[63] Chega-se a afirmar também que o consentimento ou aceitação do adolescente converteria o ato jurídico em sentido estrito em negócio jurídico, razão por que deveria ser dispensado.[64]

Em um ordenamento civil-constitucional não parece plausível que haja tamanha interferência na esfera jurídica alheia, sem qualquer tipo de participação do principal interessado. Mas então sob qual fundamento legal se poderia exigir a participação do adolescente na emancipação voluntária, se o Código Civil não impôs expressamente essa condição?

Permita-se remeter novamente à capacidade civil da criança e do adolescente, remodelada a partir do momento em que o ordenamento jurídico deixou de considerá-los objeto de tutela para tratá-los como sujeito de direitos fundamentais. Essa virada paradigmática exigiu a releitura dos meios de suprimento do consentimento do incapaz, denunciando as incongruências de sua aplicabilidade aos atos existenciais tal como concebida para os atos patrimoniais.

Isso porque, recorde-se, a cisão entre a capacidade de direito e a capacidade de fato somente se vislumbra possível quando o exercício de determinada situação jurídica é compatível com a transferência a terceiros, o que não ocorre sempre na

---

61. Entende nesse sentido: VENOSA, Silvio de Salvo. *Direito civil*: parte geral. 18. ed. São Paulo: Atlas, 2018. v. 1. p. 152.

62. AMARAL, Francisco. *Direito civil*: introdução. 9. ed. São Paulo: SaraivaJur, 2017. p. 300.

63. "Por sujeição, como já vimos, deve-se entender a situação daquele que, independentemente da sua vontade, ou mesmo contra sua vontade, sofre uma alteração na sua situação jurídica, por força do exercício de um daqueles poderes atribuídos a outra pessoa e que recebem a denominação de direitos potestativos." (AMORIM FILHO, Agnelo. Critério científico para distinguir a prescrição da decadência e para identificar as ações imprescritíveis. *Revista da Faculdade de Direito, Universidade Federal do Ceará*, Fortaleza, v. 12, 2ª fase, p. 310, 1958).

64. "A emancipação é ato dos pais ou, na falta destes, do tutor, quando se conclui pela conveniência da antecipação da capacidade civil plena. Não depende do consentimento ou aceitação do menor, o que converteria o ato em negócio jurídico. Mas depende de realizar o melhor interesse do emancipado." (LÔBO, Paulo. *Direito civil*: parte geral. 7. ed. São Paulo: Saraiva, 2018. p. 128).

seara existencial. Entregar a alguém o exercício desses direitos atinentes ao *ser* implica alhear o sujeito de sua própria existência, o que invariavelmente viola a dignidade ínsita do ser humano.

Mas esse raciocínio não poderia conduzir à (equivocada) conclusão de que a incapacidade civil da criança e do adolescente não subsiste para atos de natureza existencial. O que se tem, ao revés, é uma reconstrução do regime de incapacidades civis, que rompe o raciocínio binário e excludente entre capacidade e incapacidade, baseado na lógica do tudo ou nada, aceitando-se a partir de então a incursão de elementos concretos na avaliação da capacidade.

Assim, o regime jurídico da criança e do adolescente disciplinado no Código Civil deve respeitar os direitos fundamentais à dignidade, à liberdade e ao respeito, enquanto direitos fundamentais garantidos pelo art. 227 da Constituição Federal de 1988 e reforçados no art. 4º do ECA.

Nessa esteira, o artigo 12 da CSDC assegura o direito à livre expressão da opinião de pessoas com idade inferior a dezoito anos, em relação a todos os assuntos a ela concernentes, devendo essa opinião ser levada em consideração, quando estejam capacitadas a formular os seus próprios juízos em função de sua idade e maturidade. O mesmo artigo acrescenta, ainda, o dever do Estado-Parte de proporcionar a oitiva da criança e do adolescente em todo processo judicial ou administrativo que os afete, quer diretamente, quer por intermédio de um representante ou órgão apropriado. Esse artigo, que ganhou centralidade na retomada da incapacidade etária, mostra-se sobremaneira relevante no ato emancipatório.

Observe-se que a capacitação para formular os próprios juízos não é sinônimo de capacidade civil – a qual, aliás, sob o ponto de vista da idade, conduziria à presunção legal de incapacidade. Ao contrário, em atenção ao dispositivo da CSDC, exige-se a verificação em concreto do grau de maturidade da criança, portanto, da capacidade natural.[65]

Eis o ponto de interseção entre a emancipação e a exigência de participação do adolescente, segundo a CSDC: o pressuposto de maturidade. Somente se pode emancipar aquele que, atingidos os dezesseis anos, já esteja em condições de reger-se a si e aos próprios bens, ou seja, que possa ser considerado plenamente capaz para os atos da vida civil. Da mesma forma, pela Convenção, a opinião do adolescente deve ser levada em consideração na medida de sua maturidade.

---

65. Propositalmente menciona-se a capacidade natural e não a autonomia. Isso porque a garantia de participação prevista na CSDC não se restringe às decisões próprias da criança ou do adolescente, isto é, não sustenta apenas a possibilidade de autogoverno para decisões de natureza existencial. A participação deve ser compreendida de forma mais ampla: mesmo quando a decisão sobre a criança ou adolescente é heterônoma (provém dos pais ou do Estado), ela deve ser ouvida de forma compatível com o seu concreto discernimento.

Evidencia-se também que a emancipação por concessão dos pais não deve ser considerada um direito potestativo dos titulares da autoridade parental, uma vez que o estado de sujeição característico do exercício desses direitos é absolutamente incompatível com a disciplina protetiva da criança e do adolescente. A participação nos atos que a eles concernem é direito fundamental garantido expressamente pela CSDC e reforçado pelos direitos ao respeito, à dignidade e à liberdade impostos pela Constituição Federal de 1988 e pelo ECA.

Diante disso, a omissão do Código Civil quanto à necessidade de consentimento do adolescente no ato emancipatório deve ser colmatada pela interpretação sistemática dos demais dispositivos de caráter protetivo, com força cogente, incidentes sobre a disciplina da emancipação civil, como o ECA e a CSDC.

Não se diga, por isso, que o ato concessivo da emancipação converteria a sua natureza de ato jurídico em sentido estrito para negócio jurídico, como já afirmado em doutrina.[66] Nos atos jurídicos em sentido estrito, a autonomia negocial limita-se à possibilidade de celebrá-lo, escapando do autorregramento das partes a definição dos efeitos por ele produzidos, os quais são preestabelecidos pela lei. Em suma, as partes têm liberdade de escolher praticá-los, mas não têm de negociar seus efeitos.

Os *atos jurídicos em sentido estrito* são fatos humanos que exigem do agente a vontade juridicamente qualificada e cujos efeitos são previamente determinados pela lei.[67] Os negócios jurídicos, por sua vez, são fatos humanos nos quais a vontade não apenas se destina à realização do ato material, mas também à criação, modificação ou extinção dos efeitos jurídicos dele decorrentes. A distinção entre negócios jurídicos e atos jurídicos em sentido estrito é elucidativa na lição de Marcos Bernardes de Mello:

> O direito, ao regular os atos humanos, quando não os veda ou os declara vedáveis pela atuação das próprias pessoas, permite-os, mas, (a) ou os recebe em certo sentido, sem possibilidade de escolha de categoria jurídica, e com efeitos preestabelecidos e inalteráveis pela vontade dos interessados, ou (b) diferentemente, outorga liberdade às pessoas para, dentro de certos limites, autorregrar seus interesses, permitindo a escolha de categorias jurídicas, de acordo com suas conveniências e possibilitando a estruturação do conteúdo eficacial das relações jurídicas decorrentes.[68]

---

66. LÔBO, Paulo. *Direito civil*: parte geral. 7. ed. São Paulo: Saraiva, 2018. p. 128.
67. SOUZA, Eduardo Nunes de. *Teoria geral das invalidades do negócio jurídico*: nulidade e anulabilidade no direito civil contemporâneo. São Paulo: Almedina, 2017. p. 90.
68. MELLO, Marcos Bernardes de. Classificação dos fatos jurídicos. In: TEIXEIRA, Ana Carolina Brochado; RIBEIRO, Gustavo Pereira Leite (Coord.) *Manual de teoria geral do direito civil*. Belo Horizonte: Del Rey, 2011. p. 557.

3 • A EMANCIPAÇÃO VOLUNTÁRIA À LUZ DA TUTELA CONSTITUCIONAL DO ADOLESCENTE

No excerto acima, Mello trata dos atos jurídicos lícitos em sentido amplo e a referência no item *a* é à categoria dos atos jurídicos *em sentido estrito*. Os efeitos desses atos são predeterminados pela lei e, assim, a liberdade das partes restringe-se à decisão de praticá-los, sem que possam, contudo, modificar suas consequências legais. No item *b*, Mello faz referência aos negócios jurídicos, esses, sim, conferem às partes a possibilidade de produzir um regramento próprio decorrente do ato, conforme melhor atenda aos seus interesses concretos. Nesses atos, portanto, a margem de autonomia é consideravelmente maior.

Na emancipação, a função do ato concessivo é o regramento de interesses do adolescente. A consequência do ato recai precipuamente sobre o emancipando, que adquire a capacidade plena e se desamarra da autoridade parental. Os pais e o tutor, por via reflexa, se desoneram do múnus que detinham em favor do adolescente, embora, com relação aos primeiros, subsista ainda – e reciprocamente – o dever de solidariedade familiar decorrente do parentesco.

As consequências legais da outorga da emancipação voluntária não podem ser derrogadas pelas partes. Portanto, uma vez praticado, dela decorrem os efeitos previstos em lei, motivo por que se trata de ato jurídico em sentido estrito: a vontade somente é determinante na gênese do ato, e não na atribuição dos efeitos por ele produzidos.

Justamente por isso, a anuência do emancipando não converte a emancipação em negócio jurídico.[69] Somente a determinação dos efeitos do ato seria capaz de elidir a qualificação da emancipação voluntária como ato jurídico em sentido estrito, o que é inviável diante das consequências *ex lege*[70] do instituto.[71]

---

69. Pertinente a lição de Luiz da Cunha Gonçalves: "Os actos unilaterais conservam a sua natureza mesmo quando, para serem praticados por um incapaz, tenham de ser autorizados pela entidade competente, como os actos do menor, do pródigo, do falido, da mulher casada etc. – E, encarados quanto ao número de pessoas que nêle intervêm, dizem-se *simples*, quando praticados por uma só pessoa, e *colectivos*, quando emanam de muitas pessoas tendo os mesmos interêsses, como acontece na votação de dividendos das assembléias de acionistas e em todos os casos em que o mesmo acto unilateral poderia ser feito por um só indivíduo, se o direito ou a obrigação lhe competisse exclusivamente. Na unilateralidade do acto não influi, pois, o número das vontades, nem o das pessoas: basta que estas actuem como se fossem *unidade*." (GONÇALVES, Luiz da Cunha. *Tratado de direito civil*. 2. ed. atual. e aum. São Paulo: Max Limonad, 1955. v. 1. t. 1. p. 372). A passagem parece confirmar a asserção de que o ato jurídico concessivo de emancipação não se converte em negócio jurídico pela manifestação de vontade do emancipando, pois as vontades do emancipando e dos pais concorrem para a consecução do mesmo efeito legal: a aquisição da capacidade plena e a extinção da autoridade parental, em suma.

70. Diz-se *ex lege* das consequências que advêm da lei, o que distingue o ato jurídico em sentido estrito do negócio jurídico. Nesse sentido: "Conclui-se, portanto, que no ato jurídico em senso estrito os efeitos são *ex lege*, enquanto no negócio jurídico, são *ex voluntate*." (AMARAL, Francisco. *Direito civil*: introdução. 9. ed. São Paulo: SaraivaJur, 2017. p. 468).

71. Sobre a distinção entre atos jurídicos em sentido estrito e negócios jurídicos: "Em face de tal distinção, afirma-se que, se os efeitos produzidos decorrem do regulamento definido pelo próprio ato, tem-se negócio jurídico, como na celebração de um contrato de compra e venda. Se, ao reverso, a eficácia

A emancipação civil voluntária consiste então em ato jurídico em sentido estrito fundamentado no exercício de um poder jurídico, que é a autoridade parental. Não se trata de negócio jurídico, instrumento por excelência da autonomia privada, uma vez que a finalidade deste é o autorregramento de interesses próprios,[72] enquanto na emancipação persegue-se, ao revés, o interesse do adolescente.

É, portanto, imperiosa a anuência do emancipando no ato que concede a emancipação. No caso de se tratar de emancipação voluntária por concessão dos pais, o adolescente deverá manifestar o consentimento quando da lavratura da escritura pública, quando se tratar de emancipação judicial, terá ele capacidade processual[73] para pleitear a própria emancipação, assim como deverá ser ouvido no curso do processo.

A participação do adolescente na emancipação voluntária foi objeto do Projeto de Lei 4.082/2008[74] da Câmara dos Deputados, de autoria do Deputado Walter Brito Neto, cujo teor propunha a inclusão do parágrafo segundo ao artigo 5º do Código Civil, *in verbis*: "Na hipótese de emancipação voluntária feita mediante instrumento público, independentemente de homologação judicial (inciso I do § 1º deste artigo), o emancipando deve participar do ato como anuente".[75]

(finalidade) independe do ato do agente, ainda que a escolha do meio empregado lhe seja assegurada, está-se diante de ato lícito em sentido estrito, para qual se exige tão somente consciência de sua prática, não sendo decisivo o papel da vontade – é o que ocorre, por exemplo, na fixação de domicílio ou no reconhecimento de paternidade, cujo exercício deflagra consequências atribuídas por lei, e no pagamento ou na quitação, que importam a incidência das regras fixadas por negócio jurídico antecedente." (TEPEDINO, Gustavo. Esboço de uma classificação funcional dos atos jurídicos. *Revista Brasileira de Direito Civil (RBDCivil)*, Belo Horizonte, v. 1, p. 21, jul./set. 2014. Disponível em: https://rbdcivil. ibdcivil.org.br/rbdc/article/view/129. Acesso em: 10 dez. 2018).

72. "Instrumentos por excelência da autonomia privada, corresponde o negócio jurídico à modalidade de ato lícito que permite ao particular escolher os efeitos a serem produzidos, os quais serão tão somente reconhecidos e tutelados pelo ordenamento na medida em que se mostrarem compatíveis, estrutural e funcionalmente, com os limites da legalidade." (SOUZA, Eduardo Nunes de. *Teoria geral das invalidades do negócio jurídico*: nulidade e anulabilidade no direito civil contemporâneo. São Paulo: Almedina, 2017. p. 95). No mesmo sentido: "Em resumo, a diferença específica entre as duas espécies reside na circunstância de o negócio jurídico ser instrumento de autonomia privada, do que lhe advêm certas peculiaridades quanto à estrutura, função e efeitos." (AMARAL, Francisco. *Direito civil*: introdução. 9. ed. São Paulo: SaraivaJur, 2017. p. 468).

73. Nesse sentido já propugnava Pontes de Miranda, para quem "o menor, para se representar no processo de suplemento de idade, não precisa de assistência do tutor." (MIRANDA, Pontes de. *Comentários ao Código de Processo Civil*. Rio de Janeiro: Revista Forense, 1949. v. 3. t. 2. p. 307).

74. BRASIL. Câmara dos Deputados. *Projeto de Lei ordinária 4082/2008*. Dá nova redação ao art. 5º da Lei 10.406, de 10 de janeiro de 2002, que "Institui o Código Civil". Disponível em: http://www.camara. gov.br/proposicoesWeb/fichadetramitacao?idProposicao=411103. Acesso em 10 jan. 2018.

75. Em Portugal, a redação original do Código Civil previa: Art. 134: "A emancipação por concessão do pai, da mãe ou do conselho de família *só é possível com a aquiescência do menor* e depois de este haver completado dezoito anos de idade." Com a redução da maioridade civil dos 21 para os 18 anos pelo Decreto-Lei 496/1977, a emancipação voluntária foi revogada, pois entenderam os legisladores "não

No entanto, a proposta foi arquivada em 2021 em razão do final da legislatura do proponente.

A corroborar a participação do adolescente na emancipação, invoca-se, por analogia, a exigência do art. 45, § 2º do ECA quanto à concordância do maior de doze anos com a adoção, que, aliás, também configura ato jurídico em sentido estrito,[76] atraindo todas as consequências legais disso decorrentes. Observe-se que nesse caso, a manifestação do adolescente adotando é indispensável à integração do ato, nada obstante a incapacidade civil.

Mas também outro fator deve ser considerado para convalidar a participação do adolescente na emancipação expressa: a idade mínima legal de dezesseis anos. A incapacidade civil nessa faixa etária é relativa, o que significa que o adolescente é incapaz somente para a prática de alguns atos ou para a maneira de os exercer.

Ao abordar a incapacidade relativa, Gabriel Schulman faz importante constatação:

> A redação do Código Civil de 1916, art. 6º, em seu *caput*, definia "São incapazes, relativamente a certos atos (art. 147, n. 1), ou à maneira de os exercer: [...]". A vírgula que separa incapazes e "relativamente" faz desta expressão advérbio e não adjetivo. Não são incapazes relativamente; são incapazes *quanto* a certos atos ou mesmo não são, mas apenas o *modo de exercer* é que deve ser distinto; é o que consta na lei.
>
> Permita-se sublinhar que precisamente a mesma redação foi conservada no Código Civil de 2002 (art. 4º) e subsiste após as últimas alterações legislativas. A incapacidade dessa maneira se refere "a certos atos ou à maneira de os exercer". *A regra é a capacidade, não a incapacidade*. Por muito tempo se tratou o relativamente incapaz mais pelo adjetivo (incapaz), sem levar em conta os "predicados do sujeito".
>
> Uma nova proposta de leitura do texto normativo convida a pensar sobre a diferenciação de atos e a restrição dos atos que, em caráter excepcional, não se pode exercer. Se é relativamente incapaz, é também bastante capaz.[77]

Essa perspectiva atende à concepção de capacidade progressiva prevista na CSDC. O adolescente, relativamente incapaz para certos atos ou para a maneira de os exercer, é também, em princípio, e por definição, bastante capaz, de forma

---

se afigurar razoável atribuir ao menor, abaixo dos dezoito anos, a capacidade de agir que a emancipação envolve." (Disponível em: https://dre.pt/application/conteudo/300030. Acesso em: 10 jan. 2019). Sobre o tema: SOUSA, Antonio Pais de. *Da incapacidade jurídica dos menores interditos e inabilitados no âmbito do Código Civil*. Coimbra: Almedina, 1971. p. 230.

76. A natureza jurídica da adoção por longo tempo desafiou a doutrina jurídica. Sobre as correntes, Cf. CHAVES, Antonio. *Adoção e legitimação adotiva*. São Paulo: Ed. RT, 1966. p. 18-21). Mais contemporaneamente firmou-se a posição no sentido de se tratar de ato jurídico em sentido estrito, aderida nesse trabalho. Por todos, Cf. LÔBO, Paulo. *Direito civil*: famílias. 8. ed. São Paulo: Saraiva, 2018. p. 279.

77. SCHULMAN, Gabriel. *A internação forçada de adultos que fazem uso abusivo de drogas*. 2018. 368 f. Tese (Doutorado em Direito) – Faculdade de Direito, UERJ, Rio de Janeiro, 2018. p. 106.

que a capacidade para consentir com o ato emancipatório está abrangida entre os atos que ele pode praticar pessoalmente. A razão disso reside: a) no direito fundamental à livre expressão quanto aos atos que a ele concernem, sendo maduro o suficiente para participar de seu destino; b) na ausência de estado de sujeição, ante a não configuração de direito potestativo dos pais; c) em atenção aos efeitos existenciais e ao princípio do melhor interesse do adolescente. Aliás, seria deveras contraditório admitir-se a participação em qualquer ato patrimonial de interesse do adolescente (mediante assistência dos pais ou responsáveis), mas exclui-lo justamente do ato que altera seu estado civil.

Mesmo sob a dogmática civil tradicional a necessidade de manifestação do emancipando suscitava discussões. Pontes de Miranda afirmava que a escritura de emancipação não dependia da presença do "menor", por consequência da unilateralidade do ato jurídico praticado pelos pais.[78] Mas é importante considerar que o jurista sustentava também a necessidade de homologação judicial, pois a lei de 1916 não era explícita quanto a isso, omissão que foi suprida no Código Civil de 2002. Assim, a manifestação se daria não na lavratura do ato dos pais, mas no procedimento judicial homologatório: "tem de ser ouvido o menor e a sua recusa há de pesar".[79]

Carvalho Santos corroborava a necessidade de consentimento do menor, seguindo a posição de Pontes, pois "ninguém melhor do que êle [o emancipando] pode saber se está apto ou não para reger sua pessoa e seus bens".[80] Divergiam, contudo, com relação à forma, pois, ainda em razão da falta de clareza do Código de 1916, Carvalho Santos entendia pela desnecessidade de homologação judicial.[81] Por isso, o jurista afirmava que a participação do adolescente se daria no momento do registro da escritura pública, com fundamento no art. 102 do Decreto 18.542/1928, que exigia, nesse momento, assinatura do apresentante. Também já defendia Carvalho Santos que a emancipação deveria ser concedida no interesse do "menor", a quem caberia verificar se a emancipação lhe era conveniente ou se lhe era prejudicial.[82]

---

78. "Não é preciso a presença do menor, porque se trata de ato jurídico *stricto* sensu unilateral; mas, perante o juiz, o menor pode arguir que a concessão tem por fito prejudica-lo, e.g., retirar da defesa de seus interêsses o Ministério Público, em luta com o concedente." (MIRANDA, Pontes de. *Tratado de direito privado*: parte geral. Atualização de Judith Martins-Costa, Gustavo Haical e Jorge Cesar Ferreira da Silva. São Paulo: Ed. RT, 2012. t. 1. p. 197).

79. MIRANDA, Pontes de. *Tratado de direito privado*: parte geral. Atualização de Judith Martins-Costa, Gustavo Haical e Jorge Cesar Ferreira da Silva. São Paulo: Ed. RT, 2012. t. 1.

80. SANTOS, J. M. de Carvalho. *Código Civil interpretado*: introdução e parte geral. 4. ed. Rio de Janeiro: Freitas Bastos, 1950. v. 1. p. 299.

81. SANTOS, J. M. de Carvalho. *Código Civil interpretado*: introdução e parte geral. 4. ed. Rio de Janeiro: Freitas Bastos, 1950. v. 1. p. 299-300.

82. SANTOS, J. M. de Carvalho. *Código Civil interpretado*: introdução e parte geral. 4. ed. Rio de Janeiro: Freitas Bastos, 1950. v. 1. p. 301.

3 • A EMANCIPAÇÃO VOLUNTÁRIA À LUZ DA TUTELA CONSTITUCIONAL DO ADOLESCENTE | 135

Ainda mais curioso é observar que durante a tramitação do projeto de Código Civil de 1916, foi sugerida a seguinte emenda: "se o menor estiver sob o pátrio poder, essa declaração será feita por quem exercer esse poder, consentindo o menor, e julgada por sentença".[83] Contudo, a emenda não foi aceita, de modo que a redação aprovada do art. 9º do Código Beviláqua permaneceu silente quanto à participação do adolescente, silêncio esse que subsiste no Código de 2002.

Contemporaneamente, a importância da participação do adolescente como anuente no ato emancipatório tem sido reconhecida em doutrina, mas sob a justificativa de afastar eventual exercício disfuncional da autoridade parental por parte dos pais.[84] Entretanto, deve-se ter em vista que a razão para se exigir o consentimento do emancipando como *requisito de validade* do ato reside na interpretação sistemática do instituto, invocando-se a aplicabilidade do artigo 12 da CSDC e, por analogia, o artigo 45 § 2º do ECA, a fim de integrar de higidez do ato.

Isso porque não se pode ignorar a função da emancipação no ordenamento civil-constitucional, admitindo-se não apenas a repressão ao exercício disfuncional da posição jurídica dos pais em relação aos filhos, mas também exigindo-se a promoção ao livre desenvolvimento da personalidade do adolescente.

Decerto a competência dos pais se justifica como *fato legitimador positivo*[85] na concessão da emancipação em razão da titularidade e do exercício da autoridade parental.[86] Como se tem insistentemente afirmado, a autoridade parental

---

83. FREIRE, Milcíades Mario de Sá. *Manual do Código Civil brasileiro*: parte geral, disposição preliminar e das pessoas e dos bens. Rio de Janeiro: Jacintho Ribeiro, 1930. v. 2. p. 122.

84. "A norma fala em ato de concessão dos pais, de modo que não exige a intervenção do filho emancipando para o aperfeiçoamento e validade elo ato de emancipação. Contudo, para que não se coloque em dúvida a intenção dos pais, nem se alegue que a emancipação está sendo feita para que os pais se livrem da obrigação de sustento do filho, é conveniente que o filho emancipando participe do ato como anuente." (NERY JR., Nelson; NERY, Rosa Maria de Andrade. *Código Civil comentado*. 12. ed. rev. e atual. São Paulo: Ed. RT, 2017. p. 329).

85. Adota-se a distinção empregada por Menezes Cordeiro: "A legitimidade, enquanto qualidade do sujeito reportada a determinada situação jurídica, deriva de uma ou mais ocorrências ou conjunções: os factos legitimadores. [...] Em abstracto, podemos operar uma distinção entre factos positivos e factos negativos ou, se quiser: factos atributivos de legitimidade e factos privativos da mesma legitimidade. Os factos positivos conferem legitimidade a certos beneficiários (p. ex. a titularidade); os negativos retiram a legitimidade a quem, de outro modo, a teria (p. ex. uma sentença de interdição)." (CORDEIRO, António Menezes. *Tratado de direito civil português*: parte geral. Coimbra: Almedina, 2005. v. 1. t. 4. p. 20).

86. O emprego do termo legitimidade refere-se ao perfil normativo da situação jurídica subjetiva, enquanto atribuição ao sujeito do poder de realizar determinados atos ou atividades no interesse alheio. No caso da autoridade parental, essa atribuição se dá pelo art. 1.630 do Código Civil. Segundo Perlingieri: "Aspecto essencial das situações subjetivas é, enfim, aquele normativo ou regulamentar; é ele que atribui relevância jurídica à situação. A juridicidade traduz-se no poder de realizar ou de exigir que outros realizem (ou que se abstenham de realizar) determinados atos e encontra confirmação em princípios e normas jurídicas. Nesse aspecto, a situação constitui uma norma de conduta que pode significar a atribuição ao sujeito – no interesse próprio e/ou de terceiros, no interesse individual e/ou social – do poder às vezes de realizar, outras de não realizar determinados atos ou atividades." (PERLINGIERI, Pietro. *Perfis do direito civil*: introdução ao direito civil constitucional. 3. ed. Rio de Janeiro: Renovar, 2007. p. 107).

não constitui um direito subjetivo,[87] mas sim uma situação jurídica complexa que envolve poderes jurídicos em prol dos interesses da criança e do adolescente.[88] Fosse direito subjetivo, seria pertinente aos pais buscar a satisfação de interesses próprios, mas como se trata de poder jurídico, a atuação dos titulares não é livre, mas vinculada ao atendimento de interesses alheios.

Contudo, *o interesse do adolescente configura limite finalístico da atuação parental e fator legitimador negativo na emancipação*, ou seja, (embora não elimine) restringe a legitimidade dos pais. Disso decorre, portanto, que o adolescente goza de interesse jurídico material[89] para se manifestar sobre o ato que acarretará a ele drástica mudança de estado civil, tanto individual quanto familiar.

A participação do adolescente na emancipação se dá, portanto, como novo fato legitimador ao qual se soma a legitimidade dos pais para a concessão, com a finalidade de proteção do emancipando e diante da pluralidade de interessados.[90] A heteronomia dos pais é exercida, portanto, com o consentimento do adolescente, cuja natureza é *autorizativa*.[91]

---

87. Segundo Perlingieri, o conceito tradicional de direito subjetivo consiste no "poder reconhecido pelo ordenamento a um sujeito para realização de um interesse próprio do sujeito." O jurista afirma a crise do direito subjetivo porquanto "[e]ste nasceu para exprimir um direito individual e egoísta, enquanto que a noção de situação subjetiva complexa configura a função de solidariedade presente ao nível constitucional." (PERLINGIERI, Pietro. *Perfis do direito civil*: introdução ao direito civil constitucional. 3. ed. Rio de Janeiro: Renovar, 2007. p. 121).

88. "O exercício da *potestà* não é livre, arbitrário, mas necessário no interesse de outrem ou, mais especificamente, no interesse de um terceiro ou de uma coletividade." (PERLINGIERI, Pietro. *Perfis do direito civil*: introdução ao direito civil constitucional. 3. ed. Rio de Janeiro: Renovar, 2007. p. 129).

89. Sobre o interesse legítimo, afirma Perlingieri que ele está presente correlativamente à *potestà* como limite à atuação dos titulares do poder jurídico. Nesse sentido, afirma: "O menor, os credores do falido, os sócios, na hipótese em que os ofícios que lhe dizem respeito não sejam, segundo a própria opinião, exercidos corretamente e com diligência, podem intervir para que o juiz verifique a lealdade e a diligência utilizada no exercício da atividade. Correlativamente à *potestà* se apresenta a situação denominada interesse legítimo." No caso de crianças e adolescentes, o autor traz o seguinte exemplo: "Mais fácil de compreender é o aspecto do interesse existencial do menor. Tome-se como exemplo, o menor que tenha uma relação afetiva com outra pessoa. O tutor poderia, por razões pessoais inspiradas pela própria visão de mundo, obstar a possibilidade de um encontro amigável deles. A jurisprudência [italiana] tem atribuído ao menor o direito de frequentar as amizades que consideram oportunas, desde que não sejam claramente de 'mau exemplo'. Do mesmo modo, no que diz respeito ao tipo de estudo que o menor queira empreender." (PERLINGIERI, Pietro. *Perfis do direito civil*: introdução ao direito civil constitucional. 3. ed. Rio de Janeiro: Renovar, 2007. p. 130-131).

90. De acordo com Menezes Cordeiro, "Havendo titularidade, poderá todavia faltar a legitimidade, mercê da intervenção de um facto negativo. Exige-se, então, novo facto legitimador, a que chamamos autorização. A autorização pode ser necessária: – para a proteção do próprio agente, para a proteção da contraparte ou de terceiros; – perante a pluralidade de interessados." (CORDEIRO, António Menezes. *Tratado de direito civil português*: parte geral. Coimbra: Almedina, 2005. v. 1. t. 4. p. 21).

91. Em tese de doutoramento, Pais de Vasconcelos, afirma que "[a] autorização integrativa é um ato relevante para a obtenção de legitimidade de alguém cuja falta de legitimidade resulta de limitações impostas à autonomia privada, em particular de limitações à liberdade." Embora não se possa propriamente fundamentar a legitimidade dos pais para a concessão da emancipação na autonomia privada, senão no

O comando normativo, que baseia a necessidade de autorização do adolescente como requisito de validade da emancipação voluntária, resulta da análise sistemática do ordenamento jurídico. A ausência de dispositivo expresso na lei civil é colmatada pela imperatividade das normas e valores constitucionais. Isso porque os artigos 5 e 12 da CSDC, que gozam *status* supralegal, segundo o entendimento consolidado do STF, dão concretude ao direito fundamental à dignidade, ao respeito e à liberdade previstos no artigo 227 da Constituição.

Com isso não se pretende transferir a titularidade para a prática do ato emancipatório ao adolescente, à revelia dos titulares da autoridade parental. Ao contrário, *persiste a incumbência exclusiva dos pais para a concessão da emancipação voluntária*, uma vez que são eles a avaliar concretamente se o adolescente está apto à plena capacidade. Por isso afirmou-se que a participação do adolescente, nesse sentido, tem *natureza autorizativa*, e não constitutiva do ato.[92]

Essa afirmação não contradiz o entendimento de que o adolescente tenha legitimidade ativa para, excepcionalmente, pleitear judicialmente a sua própria emancipação ou, ainda excepcionalmente, ser emancipado por sentença quando em situação de risco, após a destituição da autoridade parental dos pais. Nesses casos, não se trata de emancipação voluntária, mas judicial.

Assim, a anuência do adolescente na emancipação voluntária condiciona a legitimidade do ato e, por conseguinte, condiciona também a sua validade,[93] razão pela qual sua concordância deve constar na escritura pública de emancipação.[94] O adolescente que não houver anuído não pode sofrer as consequências do ato emancipatório, sob pena de interferência ilícita em sua esfera existencial.

---

exercício funcional da autoridade parental em prol do livre desenvolvimento dos filhos, a autorização integrativa advém do princípio do superior interesse da criança e do adolescente, cuja obrigatoriedade impõe limitação à atuação dos pais especialmente nessa seara. (VASCONCELOS, Pedro Leitão Pais de. *A autorização*. Coimbra: Coimbra Editora, 2012. p. 233).

92. "A qualificação negativa da autorização integrativa como negócio jurídico resulta de uma exigência de Ordem Pública. Os casos de autorização integrativa são constituídos por situações nas quais o titular sofre uma restrição à sua liberdade. A outorga de uma autorização integrativa provoca uma reposição do nível de liberdade do titular, suficiente para que este possa ter legitimidade para praticar o ato em questão. Mas o autorizante não domina a liberdade do autorizado. [...] Como tal, a autorização integrativa não pode nunca ser um negócio jurídico." (VASCONCELOS, Pedro Leitão Pais de. *A autorização*. Coimbra: Coimbra Editora, 2012. p. 233).

93. A anuência ou autorização como condição de validade do ato tem como fundamento o art. 220 do Código Civil de 2002. "Trata-se, pois, neste dispositivo legal da impossibilidade de alguém praticar determinados atos (especificados em lei), sem um requisito específico, qual seja, a outorga de outrem, como condição de validade do negócio jurídico." (TEPEDINO, Gustavo; BARBOZA, Heloísa Helena; MORAES, Maria Celina Bodin de. *Código Civil interpretado conforme a Constituição da República*. 3. ed. rev. e atual. Rio de Janeiro: Renovar, 2014. v. 1. p. 459).

94. Código Civil, art. 220: "A anuência ou a autorização de outrem, necessária à validade de um ato, provar-se-á do mesmo modo que este, e constará, sempre que se possa, do próprio instrumento."

Mais do que apenas consentir, é importante recordar que o direito fundamental à participação compreende também i) o direito a ser adequadamente informado sobre o ato praticado e de suas consequências; ii) de ser consultado e expressar a sua opinião,[95] o que deve ser observado no momento da lavratura do ato.

3.3 CONTROLE DA MOTIVAÇÃO DA EMANCIPAÇÃO E RESPONSABILIDADE DOS PAIS

3.3.1 Situações de abuso no exercício da autoridade parental

Quando defendeu a dispensa da homologação judicial na emancipação concedida pelos pais, nos idos do século passado, ainda sob a égide de um regime pré-codificado, Vicente Ferrer pontuou:

> Dir-se-á: mas isto abrirá espaço a abusos! Naturalmente! Ha paes, que se aproveitarão de tal direito para prejudicar os filhos! De tudo se abusa! Da religião, da sciencia, das artes. [...] Ha paes maus? Há juizes prevaricadores, que poderiam com decisões despropositadas prejudicar o futuro do menor.[96]

A reflexão do jurista mostra que, apesar da incumbência legal dos pais com relação aos cuidados dos filhos, desde tempos remotos, já havia preocupações quanto ao exercício disfuncional. Como ele bem disse: *De tudo se abusa!*

Segundo Perlingieri, "abuso é o exercício contrário ou de qualquer modo estranho à função da situação subjetiva".[97] O conceito é elucidativo ao se tratar do exercício disfuncional da autoridade parental na emancipação: o abuso[98] ocorrerá quando a emancipação estiver movida por interesses estranhos à função do instituto na promoção dos interesses dos filhos e na concretização dos valores constitucionais.

Quando o pai ou a mãe concede a emancipação, não para atender às necessidades concretas do filho maduro, mas para se beneficiar da sua capacidade plena,

---

95. Sobre o tema, cf. capítulo 1.
96. ARAUJO, Vicente Ferrer de Barros. *Resposta a um anonymo parecer sobre a escriptura de desistencia do patrio poder e emancipação de D. Euzebia Cordeiro Tavares em favor de seu filho William dos Santos Tavares*. Lisboa: Imprensa Lucas, 1910. p. 7.
97. PERLINGIERI, Pietro. *O direito civil na legalidade constitucional*. Trad. Maria Cristina de Cicco. Rio de Janeiro: Renovar, 2008. p. 683.
98. Filia-se ao entendimento de Perlingieri (cf. nota 453), seguido por Souza, no sentido de que não apenas o direito subjetivo, mas qualquer situação jurídica pode ser exercida de forma disfuncional e, portanto, configurando abuso de direito. Como afirmado por Souza, "se há uma função, há a possibilidade de exercício disfuncional." (SOUZA, Eduardo Nunes de. Abuso do direito: novas perspectivas entre a licitude e o merecimento de tutela. *Revista Trimestral de Direito Civil (RTDC)*, Rio de Janeiro, v. 50, p. 63, abr./jun. 2012).

prejudica-se o legítimo interesse do filho em favor de um interesse antijurídico do pai. Essa conduta é desviante do direito e merece ser reprimida.

O abuso na concessão da emancipação pode acontecer, sobretudo, porque da extinção da autoridade parental dimanam inúmeros efeitos secundários mais específicos para a esfera jurídica de cada membro da família, notadamente na responsabilidade dos pais, assim como pode afetar também a esfera jurídica de terceiros. Não menos frequentemente há ainda pais que, em condutas absolutamente desviantes da função da autoridade parental, usurpam a identidade dos filhos para negócios próprios. Assim ocorre com a abertura de empresas e aquisição de empréstimos bancários por intermédio de adolescentes emancipados, os quais, na verdade, figuram apenas como pessoas interpostas para viabilizar a atividade econômica de pais insolventes.

Sem a pretensão de desenvolver o tema, mas apenas a título ilustrativo, a responsabilidade civil dos pais está prevista nos artigos 928 e 942 do Código Civil. O primeiro preceitua a responsabilidade subsidiária dos incapazes, caso os seus responsáveis não tenham obrigação ou recursos suficientes para reparar o dano. O segundo prevê a responsabilidade dos pais pelos filhos menores que estiverem sob a sua companhia e guarda.

A doutrina sempre se ressentiu quanto ao efeito de desonerar os pais dos atos ilícitos dos filhos pela via da emancipação. Tanto assim que na I Jornada de Direito Civil promovida pelo CJF foi aprovado o enunciado 41: "[a] única hipótese em que poderá haver responsabilidade solidária do menor de 18 anos com seus pais é ter sido emancipado nos termos do art. 5º, parágrafo único, inc. I, do novo Código Civil."

O STJ já se firmou também no sentido de não excluir a responsabilidade dos pais quando a causa da emancipação for a outorga voluntária. A justificativa foi a seguinte:

> Tratando-se de atos ilícitos, a emancipação, ao menos a que decorra da vontade dos pais, não terá as mesmas consequências que dela advêm quando se cuide da prática de atos com efeitos jurídicos queridos. A responsabilidade dos pais decorre especialmente do poder de direção que, para os fins em exame, não é afetado. É possível mesmo ter-se a emancipação como ato menos refletido, não necessariamente fraudulento. Observo que a emancipação, por si, não afasta a possibilidade de responsabilizar os pais, o que não exclui possa isso derivar de outras causas que venham a ser apuradas.[99]

Contra esse posicionamento, levantou-se José Fernando Simão, para quem a emancipação voluntária outorgada pelos pais deve ser considerada válida e eficaz,

---

99. BRASIL. Superior Tribunal de Justiça. *REsp 122-573/PR*. Relator: Min. Eduardo Ribeiro. Julgamento: 23.06.1998. Órgão Julgador: Terceira Turma. Publicação: DJU 18.12.1998, p. 223.

até prova em contrário de que foi realizada apenas para elidir a responsabilidade deles, em flagrante fraude a terceiros.[100]

Outra situação de disfunção na concessão da emancipação voluntária é a finalidade de fazer cessar a obrigação alimentar dos pais em relação aos filhos, tendo em vista a extinção do dever de sustento com a extinção da autoridade parental.[101]

Também as facilidades decorrentes de procedimentos extrajudiciais como o divórcio e o inventário, quando os interessados são plenamente capazes, podem constituir o móvel para a emancipação civil do adolescente pelos pais. Nesse sentido, o artigo 12 do Provimento 35 de 2007 do Conselho Nacional de Justiça (CNJ), com as alterações da Resolução 179 de 2013 admite expressamente o inventário e a partilha extrajudiciais quando os interessados forem capazes, inclusive por emancipação. No mesmo sentido decidiu o CNJ em consulta a respeito da realização de divórcio extrajudicial quando houver filhos emancipados.[102]

Não seria impossível, então, vislumbrar situação em que o filho é emancipado tão somente para atender ao interesse dos pais, seja para aproveitamento de sua identidade, para excluir a responsabilidade civil ou de sustento, ou ainda para facilitar procedimentos que deveriam ser feitos judicialmente se os filhos fossem incapazes.

Em todos esses casos, estaria configurado o abuso na concessão da emancipação civil, uma vez que, se (e apenas se) a finalidade desviou-se do atendimento ao interesse do adolescente, a outorga pode ser considerada disfuncional. Essas situações revelam-se patológicas e não podem ser tratadas como regra, tampouco podem impregnar a emancipação voluntária de uma conotação negativa.

A proposta é que essas situações sejam resolvidas pontualmente, como exceções à regra que são.[103] A ponderação de Simão é bastante razoável nesse sentido, pois, segundo ele "o que se verifica é que a doutrina presume como sendo de má-fé toda e qualquer emancipação voluntária",[104] não sendo adequado desconfiar-se da utilidade do instituto em si em razão de circunstâncias anormais e patológicas.

---

100. SIMÃO, José Fernando. *Responsabilidade civil do incapaz*. São Paulo: Atlas, 2008. p. 176.
101. Nesse sentido: CAHALI, Yussef Said. *Dos alimentos*. 8. ed. rev. e atual. São Paulo: Ed. RT, 2013. p. 443.
102. BRASIL. Conselho Nacional de Justiça. *Pedido de Providências 0000409-15.2014.2.00.0000*. Relator: Gustavo Tadeu Alkimin. Ementa: Pedido de providências convertido em consulta. Tratamento uniforme quanto à realização de divórcio e de inventário extrajudiciais quando houver filhos emancipados. Disciplina dos emolumentos de serventias extrajudiciais. Espécie tributária cuja fixação requer lei estrita. 14 jun. 2016.
103. Para Paulo Dourado de Gusmão: "A emancipação é irrevogável. Todavia, se a emancipação resultar de fraude à lei, se for forma de extinção da obrigação de alimentos por parte do pai, o emancipado pode requerer judicialmente a cassação da emancipação." (GUSMÃO, Paulo Dourado de. *Dicionário de direito de família*. Rio de Janeiro: Forense, 1987. p. 538).
104. SIMÃO, José Fernando. *Responsabilidade civil do incapaz*. São Paulo: Atlas, 2008. p. 176.

Não se pode, contudo, afastar a possibilidade de controle judicial do ato emancipatório disfuncional, ante a ilegalidade caracterizada pelo abuso no exercício da autoridade parental, sendo então passível de desconstituição, em razão do interesse do adolescente.

Aliás, em 24 de maio de 2022, foi sancionada a Lei 14.344, a fim de criar mecanismos para a prevenção e o enfrentamento da violência doméstica e familiar contra a criança e o adolescente. Segundo a definição da lei em seu art. 2º, "[c]onfigura violência doméstica e familiar contra a criança e o adolescente qualquer ação ou omissão que lhe cause morte, lesão, sofrimento físico, sexual, psicológico ou dano patrimonial".

A Lei 14.344/2022 também alterou a Lei 13.431/2017 sobre o sistema de garantias de direitos da criança e do adolescente vítima ou testemunha de violência, incluindo a seguinte definição de violência patrimonial ao art. 4º, V: "qualquer conduta que configure retenção, subtração, destruição parcial ou total de seus documentos pessoais, bens, valores e direitos ou recursos econômicos, incluídos os destinados a satisfazer suas necessidades, desde que a medida não se enquadre como educacional".

Portanto, o ato dos pais que cause dano patrimonial à criança e ao adolescente ganhou uma nova qualificação jurídica enquanto violência doméstica e familiar, sujeitando-os às sanções legais e, principalmente, atraindo às vítimas a aplicação das medidas protetivas de urgência em seu favor.

Nesse ponto, retoma-se o caso da atriz-mirim emancipada aos dezesseis anos,[105] pois seis anos após a emancipação, já adulta e aos 22 anos de idade, acenderam-se suspeitas a respeito da administração patrimonial realizada por seus pais desde a sua menoridade.[106] Tamanha a repercussão midiática do caso que em pouquíssimo tempo já tramitam ao menos seis projetos de lei na Câmara dos Deputados[107] com o objetivo de enrijecer a tutela patrimonial de crianças e adolescentes, sobretudo aquelas empenhadas em atividades artísticas, culturais e esportivas.

---

105. REDAÇÃO NT. Aos 16 anos, Larissa Manoela curte balada na madrugada e explica: está emancipada. *Na Telinha*, 25 out. 2017. Disponível em: https://natelinha.uol.com.br/celebridades/2017/10/25/aos-16-anos-larissa-manoela-curte-balada-na-madrugada-e-explica-esta-emancipada-111637.php. Acesso em: 30 ago. 2023.

106. FANTÁSTICO. Larissa Manoela passa o patrimônio a limpo: 'Eu estava sem plano de saúde, foi cortado'. *G1*, 19 ago. 2023. Disponível em: https://g1.globo.com/fantastico/noticia/2023/08/19/exclusivo-larissa-manoela-passa-o-patrimonio-a-limpo-eu-estava-sem-plano-de-saude-foi-cortado.ghtml. Acesso em: 29 ago. 2023.

107. Projetos de Lei: 3914/2023, apresentado por Sylvie Alves, em 15.08.2023; 3916/2023, de autoria de Ricardo Ayres, apresentado em 15.08.2023; 3917/2023, de autoria conjunta de Pedro Campos e Duarte Jr., apresentado em 16.08.2023; 3919/2023, de autoria de Marcelo Queiroz, apresentado em 15.08.2023; 3938/2023, de autoria de Yandra Mourão, apresentado em 16.08.2023; 3960/2023, apresentado por Albuquerque em 16.08.2023.

A emancipação civil da jovem, no entanto, parece ter sido ignorada. Esse fato corrobora a necessidade de se avaliar a motivação dos pais para a concessão da emancipação voluntária em prol do melhor interesse do adolescente, a fim de se evitar que o ato sirva apenas para desonerar os titulares da autoridade parental, sem o reconhecimento concreto da autonomia patrimonial do emancipado, ou seja, situações completamente destoantes da função da emancipação civil.

Ademais, a emancipação concedida em benefício próprio pode configurar violência na qualidade de ato causador de dano patrimonial ao adolescente. São exemplos desses casos não apenas a dilapidação dos bens ou o desvio de recursos em prejuízo do filho, pois configuram subtração de bens, valores ou recursos econômicos, mas também o seu superendividamento, que configura subtração de seu direito ao crédito, quando a emancipação meramente formal for utilizada para contrair obrigações em nome do adolescente.[108]

Nesses casos haverá necessidade de se comprovar que a emancipação civil não se operou de fato, subsistindo aos pais o controle direto ou indireto sobre a pessoa e/ou o patrimônio do filho. Importante observar que a proteção contra a violência doméstica e familiar prevista na Lei 14.344/2022 é destinada às crianças e aos adolescentes, independentemente da aquisição da capacidade civil, adotando-se apenas o critério etário para o amparo legal. Portanto, trata-se de mais um exemplo de que a emancipação não afasta o sistema de garantias previsto às pessoas com menos de dezoito anos, mas age tão somente no estatuto individual especificamente quanto à aptidão para a prática de atos da vida civil.

Materialmente, tem-se então que a motivação desviante dos pais na concessão da emancipação civil pode caracterizar violência patrimonial contra o adolescente, ensejando pretensão reparatória nos termos do art. 927 do Código Civil, sem prejuízo de eventuais sanções penais e da aplicação de medidas protetivas imediatas em favor da criança e do adolescente.

Além disso, a emancipação civil concedida em desatendimento ao melhor interesse do adolescente pode ser considerada nula por efeito do art. 166, III do Código Civil, ao proclamar a invalidade nos casos em que o motivo determinante a ambas as partes for ilícito.

Isso porque o motivo da emancipação nesses casos é ilícito ao visar à obtenção de benefícios próprios em detrimento do adolescente. A ilicitude decorre da disfunção da autoridade parental, que contraria a axiologia constitucional protetiva dos interesses dos filhos adolescentes (art. 227, CF). A violência patrimonial, se configurada, pode

---

108. O Código de Defesa do Consumidor reconhece que o superendividamento acarreta a exclusão social do consumidor ao adotar como política nacional das relações de consumo a sua prevenção (art. 4º, X, incluído pela Lei 14.181/2021).

corroborar a ilicitude do motivo dos pais, mas não se mostra como condição *sine qua non* da nulidade, uma vez que a invalidade decorre do móvel, ou seja, da razão intencional comum das partes,[109] não da obtenção de um prejuízo concreto.

3.3.2 O dissenso entre os pais sobre a concessão da emancipação e possibilidade de ação judicial

De acordo com o Código Civil de 1916, a emancipação competia exclusivamente ao pai. À mãe cabia emancipar o filho somente se o pai fosse morto, disposição que denunciava, entre tantas outras,[110] a assimetria de tratamento jurídico em razão do gênero.

Desde a Constituição Federal de 1988, que consagrou o princípio da igualdade de gêneros de forma geral no artigo 5º, inciso I e de forma específica nas relações familiares no artigo 226, § 5º, já se poderia compreender pela desconformidade dessa disposição legal.[111] Mas o diploma civil de 2002, de forma expressa e se contrapondo à orientação da lei anterior, condicionou a emancipação voluntária à concordância de ambos ou todos[112] os titulares da autoridade parental, adequando-se o texto legal ao mandamento constitucional.

---

109. MELLO, Marcos Bernardes de. *Teoria do fato jurídico*: plano da validade. 15. ed. São Paulo: Saraiva: 2019. p. 166.

110. Assim, somente a título ilustrativo, incumbia-se ao marido a chefia da sociedade conjugal (art. 233), o exercício do então "pátrio poder" incumbia ao homem (art. 380), o deforamento da mulher configurava erro sobre a pessoa para efeito de invalidade do casamento (art. 219, IV) e competia ao marido autorizar o exercício de profissão pela mulher (art. 233, IV). Sobre o tema, confira-se: MATOS, Ana Carla Harmatiuk; FERST, Marklea da Cunha. A reconfiguração do papel da mulher nas relações familiares à luz da Constituição Federal. In: CONRADO, Marcelo; PINHEIRO, Rosalice Fidalgo (Org.). *Direito privado e Constituição*. Curitiba: Juruá, 2009. p. 375-386.

111. "No âmbito do Direito Privado, com a 'constitucionalização do direito civil', o modelo codificado das relações de família abriu espaço para um modelo principiológico e caracterizado pela tutela dos indivíduos envolvidos nas relações sociais. O texto constitucional, assim, conferiu novos preceitos e características à noção jurídica de família, adotando um conceito aberto, abrangente e de inclusão das diversas entidades familiares. A Carta Magna ainda estabeleceu a igualdade jurídica entre os (*sic*) mulheres e homens, tanto na vida social quanto na vida familiar (art. 5º, I, e art. 226, § 3º), permitindo uma releitura dos institutos civis." (MATOS, Ana Carla Harmatiuk; HÜMMELGEN, Isabela. Notas sobre as relações de gênero no planejamento sucessório. In: TEIXEIRA, Daniele Chaves (Coord.). *Arquitetura do planejamento sucessório*. Belo Horizonte: Fórum, 2019. p. 57-70. p. 60).

112. Diz-se "todos" porque, segundo entendimento do Supremo Tribunal Federal, consolidado no julgamento com repercussão geral do Recurso Extraordinário 898.060, passou a ser admitida a multiparentalidade, com base em filiação socioafetiva. A tese 622 ficou assim fixada: "A paternidade socioafetiva, declarada ou não em registro público, não impede o reconhecimento do vínculo de filiação concomitante baseado na origem biológica, com os efeitos jurídicos próprios." Veja-se, também, o Provimento 68 do Conselho Nacional de Justiça (CNJ). Portanto, considerando o princípio da igualdade e a vedação à distinção de origem do vínculo paterno-materno-filial, nessa hipótese, todos os pais e mães devem concordar com a concessão da emancipação, desde que todos estejam no pleno exercício do poder familiar.

De acordo com o texto do artigo 5º do Código Civil, a presença de todos os titulares da autoridade parental é dispensada apenas na falta de algum deles, sem que haja previsão expressa de uma solução para o caso de discordância. Não havendo prevalência *a priori* da decisão do pai ou da mãe, indaga-se: a controvérsia deve ser solucionada judicialmente, com fundamento no artigo 1.631, parágrafo único do Código Civil,[113] e no artigo 21 do ECA[114] ou o dissenso dos pais inviabiliza essa forma de emancipação?

A doutrina não é unânime: Caio Mário da Silva Pereira afirma que a vontade dos pais é insuprível,[115] posição seguida hodiernamente também por Gagliano e Pamplona, para quem a decisão judicial não poderia se sobrepor à recusa expressa de qualquer dos progenitores.[116] Por outro lado, Venosa defende a possibilidade de propositura de ação judicial para suprimento do consentimento do pai ou da mãe recalcitrante,[117] embora reconheça o risco de ineficácia da medida diante da possível demora no trâmite processual.

A questão merece análise mais detida. Observa-se que as divergências residem na possibilidade de heteronomia estatal sobre a avaliação da motivação da emancipação civil no caso concreto, isto é, no controle judicial do ato dos pais no exercício da autoridade parental. Para o desate da questão, permita-se novamente a digressão às bases axiológicas nas quais assenta a dogmática civil contemporânea[118] e que, além das alterações substanciais sobre a normativa das

---

113. Código Civil, art. 1.631: "Durante o casamento e a união estável, compete o poder familiar aos pais; na falta ou impedimento de um deles, o outro o exercerá com exclusividade.

    Parágrafo único. Divergindo os pais quanto ao exercício do poder familiar, é assegurado a qualquer deles recorrer ao juiz para solução do desacordo."

114. ECA, art. 21: "O poder familiar será exercido, em igualdade de condições, pelo pai e pela mãe, na forma do que dispuser a legislação civil, assegurado a qualquer deles o direito de, em caso de discordância, recorrer à autoridade judiciária competente para a solução da divergência."

115. Caio Mário da Silva Pereira entende que a emancipação voluntária é ato de vontade insuprível judicialmente, embora reconheça que pode ser concedida por um só na falta de outro (PEREIRA, Caio Mário da Silva. *Instituições de direito civil*. 29. ed. Rio de Janeiro: Forense, 2016. v. 1. p. 245).

116. "A esse respeito, sempre defendemos, mesmo durante a vigência do Código de 1916, que o ato de emancipação deveria conjugar a anuência de ambos os pais, somente admitido o suprimento judicial para hipóteses de impossibilidade material de sua manifestação (por exemplo, um dos pais está em coma), mas nunca, em nosso sentir, se sobrepondo à eventual recusa expressa de um deles." (GAGLIANO, Pablo Stolze; PAMPLONA FILHO, Rodolfo. *Novo curso de direito civil*: parte geral. 18. ed. São Paulo: Saraiva, 2016. p. 163).

117. "No sistema do corrente Código, bem como no que se aplica após a Constituição, se os pais não estiverem concordes a respeito da emancipação do filho, há possibilidade de o consentimento do recalcitrante ser suprido por sentença, embora, na prática, o lapso temporal de um procedimento judicial possa tornar inócua a medida." (VENOSA, Silvio de Salvo. *Direito civil*: parte geral. 18. ed. São Paulo: Atlas, 2018. v. 1. p. 152).

118. Reafirma-se a adoção da metodologia civil-constitucional adotada no presente trabalho, eleita como referencial teórico a obra: PERLINGIERI, Pietro, *O direito civil na legalidade constitucional*. Trad. Maria Cristina de Cicco. Rio de Janeiro: Renovar, 2008.

3 • A EMANCIPAÇÃO VOLUNTÁRIA À LUZ DA TUTELA CONSTITUCIONAL DO ADOLESCENTE   145

relações familiares, repercutiu também sobre a própria noção de legalidade no ordenamento jurídico brasileiro.

A divergência entre os pais quanto à concessão da emancipação representa também um desacordo quanto ao que seja melhor para o adolescente. Dada a função promocional da autoridade parental,[119] em igualdade de condições entre os seus titulares, embora a instância jurisdicional não seja desejável, a questão não pode ser excluída da apreciação judicial, uma vez que não há propriamente um direito de qualquer dos progenitores de se opor à emancipação arbitrariamente, sobretudo porque, repita-se à exaustão, é imperativa a observância do princípio do melhor interesse do filho.

Reforça-se esse argumento pela constatação de que a qualquer dos pais garante-se a via judicial para suprir o consentimento do outro na autorização para o casamento, segundo o artigo 1.517 parágrafo único do Código Civil. A analogia é pertinente porquanto em ambos os casos – na emancipação voluntária e no casamento – tem-se a independência dos filhos em relação aos pais, com a extinção da autoridade parental. Inclusive, dispõe o Código Civil que o casamento produz a emancipação (art. 5º, parágrafo único, II) e, portanto, a aquisição da capacidade plena pelo nubente que não tenha atingido a maioridade.

Ao decidir sobre a emancipação, embora haja repercussões na esfera jurídica dos pais, os efeitos principais e imediatos recaem sobre o adolescente, que passa a ser plenamente capaz para os atos da vida civil, além de arcar com as responsabilidades decorrentes da extinção da autoridade parental. A intervenção estatal na relação familiar, materializada na decisão judicial, justifica-se então no limite da atuação parental determinada pela observância ao princípio do melhor interesse do adolescente.[120] Colacionando-se a lição de Fachin, "intervir é necessário quando verificada a potencialidade lesiva à constituição da perso-

---

119. "De fato, dispõe o legislador brasileiro que cabe aos pais o exercício do poder familiar. São eles os responsáveis pelos filhos podendo exigir-lhes obediência e respeito e, até mesmo, restringir-lhes a liberdade, com a finalidade de atender ao princípio do melhor interesse, o que se justifica pela função promocional da autoridade parental de acordo com os ditames instaurados pela Constituição de 1988." (MULTEDO, Renata Vilela. *Liberdade e família*: limites para a intervenção do Estado nas relações conjugais e parentais. Rio de Janeiro: Processo, 2017. p. 120).

120. Assim, sempre que os direitos da criança e do adolescente forem violados ou estiverem sob ameaça de violação normativa ou principiológica (*melhor interesse da criança e do adolescente*), faz-se necessária a pronta intervenção estatal para protege-lo, assegurando que este sujeito em desenvolvimento venha a ter, em um futuro breve, a possibilidade concreta, a *liberdade positiva*, de construir a sua personalidade pelas suas próprias escolhas. (FACHIN, Luiz Edson. Famílias: entre o público e o privado – problematizando espacialidades à luz da fenomenologia paralática, *Revista Brasileira de Direito das Famílias e Sucessões*, v. 13, n. 23, p. 11, ago./set. 2011).

nalidade de um sujeito, jurídica ou faticamente, mais *vulnerável*, devido às suas condições pessoais".[121]

Ademais, afastar da apreciação judicial o dissenso entre os pais sobre a emancipação voluntária, uma vez que a legitimidade para a concessão se justifica no exercício da autoridade parental, implica atribuir um "poder de veto" a qualquer dos progenitores sem submeter essa decisão à apreciação de eventual abuso do direito ou, ao menos avaliar o juízo de merecimento de tutela do ato.[122]

Apesar de ser difícil a identificação concreta dos limites do exercício da autoridade parental,[123] uma vez que isso implica necessariamente um juízo valorativo sobre o ato, o ECA (art. 98, II), assim como a já mencionada Lei 14.344/2022 (art. 21) asseguram a aplicação de medidas de proteção à criança e ao adolescente nos casos de abuso dos pais ou responsável, reforçando a ilicitude do exercício disfuncional da autoridade parental e fundamentando o recurso judicial à solução da dissidência.

Portanto, a divergência entre os titulares da autoridade parental, apesar de inviabilizar a via extrajudicial, pode ensejar a avaliação judicial da motivação do ato emancipatório e de sua negativa, a fim de assegurar o melhor interesse

---

121. FACHIN, Luiz Edson. Famílias: entre o público e o privado – problematizando espacialidades à luz da fenomenologia paralática, *Revista Brasileira de Direito das Famílias e Sucessões*, v. 13, n. 23, p. 11, ago./set. 2011.

122. O juízo de merecimento de tutela é um mecanismo de controle do ato jurídico que transborda o critério da legalidade, para aferir também se o ato promove os valores juridicamente relevantes do ordenamento jurídico. Cunhada por Perlingieri, nos dizeres do autor, "[o] ato negocial é válido não tanto porque desejado, mas, e apenas se, destinado a realizar, segundo o ordenamento fundado no personalismo e no solidarismo, um interesse merecedor de tutela." (PERLINGIERI, Pietro. *O direito civil na legalidade constitucional.* Trad. Maria Cristina de Cicco. Rio de Janeiro: Renovar, 2008. p. 371). De forma elucidativa, Nunes de Souza ensina: "A atual definição de legalidade como merecimento de tutela, portanto, sugere uma nova evolução conceitual, que vá além da vedação ao ilícito e ao abuso. Essa evolução parece ser justamente aquela que acrescentou à função repressiva do direito uma função promocional. Em outras palavras, afirmar que a legalidade corresponde, hoje, ao merecimento de tutela indica que não se preveem apenas limites à autonomia privada na forma de vedações ou restrições, mas também se conferem preferências aos atos de autonomia que promovam especialmente valores juridicamente relevantes – eis aí o *mérito*, maior que a simples *conformidade* ao direito, que pode apresentar o ato negocial." (SOUZA, Eduardo Nunes de. *Teoria geral das invalidades do negócio jurídico*: nulidade e anulabilidade no direito civil contemporâneo. São Paulo: Almedina, 2017. p. 47).

123. Importante a observação de Marcos Alves da Silva: "Não é possível definir com precisão a margem de discricionariedade outorgada aos pais, no exercício da autoridade parental, mesmo porque se houvesse tal definição, não se trataria mais de discricionariedade. E é nessa órbita que o abuso de direito encontra terreno propício para a sua manifestação, especialmente, por ser o tipo de relação jurídica em que a sujeição de uma das partes em relação a outra é notória." (SILVA, Marcos Alves da. *Do pátrio poder à autoridade parental.* Rio de Janeiro: Renovar, 2002. p. 120).

3 • A EMANCIPAÇÃO VOLUNTÁRIA À LUZ DA TUTELA CONSTITUCIONAL DO ADOLESCENTE | 147

do emancipando, com fundamento legal nos artigos 1.631 parágrafo único do Código Civil e 21 do ECA, por meio de ação de suprimento de consentimento.[124]

Em conclusão: caso a emancipação seja negada por um dos titulares da autoridade parental de forma imotivada, caberá o recurso à via judicial para a solução da controvérsia, submetendo-se à análise o mérito da denegação. Se, ao contrário, os pais convergirem na emancipação e, no entanto, a concederem em desvio de sua função, estarão sujeitos à responsabilidade civil, bem como ao reconhecimento da nulidade do ato.

3.4 EFEITOS DA EMANCIPAÇÃO CIVIL E PROTEÇÃO DO ADOLESCENTE EMANCIPADO

Segundo Clóvis Beviláqua, a emancipação é a aquisição da capacidade plena antes da idade legal.[125] Assim ficou preceituado pela lei no artigo 5º, parágrafo único do Código Civil brasileiro.

Com a emancipação, cessa o domicílio necessário previsto no art. 76 do Código Civil, podendo o adolescente fixar sua residência própria. Poderá também contrair obrigações e, consequentemente, responsabilizar-se pessoalmente por elas, independentemente de assistência, assim como poderá extingui-las por meio do pagamento. Também não haverá exigência de assistência para a celebração de contrato de trabalho ou para sua rescisão.

O adolescente emancipado perde a qualificação de dependente para efeitos previdenciários, conforme determina o art. 16 da Lei 8.213/1991. Nesse aspecto, importante considerar que o art. 12 do Provimento 35 do Conselho Nacional de Justiça, autoriza a elaboração de inventários e partilhas extrajudiciais quando os interessados forem plenamente capazes, inclusive por emancipação, se os demais requisitos legais forem atendidos, tais como a inexistência de litígio e de nascituro. Com isso, não raras vezes noticiam-se casos em que um adolescente é emancipado pelo pai ou mãe para que seja possível elaborar o inventário ou partilha administrativos, o que, no entanto, coloca em risco o recebimento de benefício

---

124. Reitera-se a lição de Pontes de Miranda, aqui pertinente por se tratar do suprimento de consentimento por denegação injustificada: "As ações de suprimento de consentimento, tôdas ações constitutivas, podem ser a) por indevida denegação ou b) por falta. Não são as mesmas. Ali, a tutela dos interesses fica em reexame, de modo que a ação é para destruir a eficácia da declaração de vontade de quem deveria consentir, ou não; aqui, a lei atribui ao juiz, diretamente, essa tutela. Ali, há sempre contenciosidade; aqui, não há, pelo menos na primeira instância, pois só discordância eventual, ou o recurso, e. g., pelo órgão do Ministério Público, cria a contenção. Não se pense, portanto, que, nos casos b), a jurisdição seja, sempre, voluntária." (MIRANDA, Pontes de. *Tratado das ações*. Atualização de Nelson Nery Júnior e Georges Abboud. São Paulo: Ed. RT, 2016. t. 3. p. 86).

125. Sobre o conceito de emancipação, cf. capítulo 2.1.

previdenciário por parte do adolescente.[126] Portanto, deve-se ter máxima cautela com relação aos efeitos gerais da emancipação dada a irrevogabilidade do ato.

Outros países, entretanto, adotam modelos diversos. De acordo com o ordenamento jurídico argentino, no qual a emancipação restringe-se à hipótese de casamento antes da maioridade, o emancipado não fica habilitado à prática de todo e qualquer ato da vida civil. O Código Civil daquele país preceitua que a pessoa emancipada goza de plena capacidade de exercício, mas com certas limitações derivadas da lei, as quais podem significar desde uma restrição à prática de determinados atos dependentes de autorização judicial, até a total vedação.[127] Assim, o emancipado não pode, nem mesmo com autorização judicial, aprovar as contas e dar quitação aos tutores, doar bens recebidos a título gratuito e prestar garantia de obrigações.[128] Somente com autorização judicial pode ele dispor de bens recebidos a título gratuito em casos de comprovada necessidade ou vantagem do ato de disposição.[129]

---

126. A título exemplificativo: Declaratória de inexistência de capacidade civil para emancipação c/c anulação de escritura pública de emancipação com efeito "ex tunc". Emancipação voluntária. Não se verifica causa a anular o ato de emancipação. Tanto o Autor como o seu genitor tinham ciência do que praticavam e assinaram o ato espontaneamente. Desconhecimento das consequências do ato que praticaram que não justifica sua anulação. Caracterizado mero arrependimento. Sentença de improcedência mantida. Sem majoração da verba honorária, porque não ofertadas contrarrazões. Recurso não provido. (SÃO PAULO. Tribunal de Justiça. *AC 1004432-79.2020.8.26.0152.* Relator: Des. João Pazine Neto. Julgamento: 16.05.2022. Órgão Julgador: 3ª Câmara de Direito Público. Publicação: 16.05.2022).

127. *Código Civil argentino (Ley 26.994), artículo 27, Emancipación: La celebración del matrimonio antes de los dieciocho años emancipa a la persona menor de edad. La persona emancipada goza de plena capacidad de ejercicio con las limitaciones previstas en este Código. La emancipación es irrevocable. La nulidad del matrimonio no deja sin efecto la emancipación, excepto respecto del cónyuge de mala fe para quien cesa a partir del día en que la sentencia pasa en autoridad de cosa juzgada. Si algo es debido a la persona menor de edad con cláusula de no poder percibirlo hasta la mayoría de edad, la emancipación no altera la obligación ni el tiempo de su exigibilidad.* (Disponível em: http://servicios.infoleg.gob.ar/ infolegInternet/anexos/235000-239999/235975/norma.htm#6. Acesso em: 03 jan. 2019). Tradução livre: "Código Civil argentino, artigo 27: Emancipação. A celebração do casamento antes dos dezoito anos emancipa a pessoa menor de idade. A pessoa emancipada goza de plena capacidade de exercício com as limitações previstas neste Código. A emancipação é irrevogável. A nulidade do casamento não deixa sem efeito a emancipação, exceto em relação ao cônjuge de má-fé para quem cessa a partir do dia em que a sentença transita em julgado. Se algo é devido à pessoa menor de idade com cláusula de não poder recebê-lo até a maioridade, a emancipação não altera a obrigação nem o tempo de sua exigibilidade."

128. *Código Civil argentino, artículo 28, Actos prohibidos a la persona emancipada: La persona emancipada no puede, ni con autorización judicial: a) aprobar las cuentas de sus tutores y darles finiquito; b) hacer donación de bienes que hubiese recibido a título gratuito; c) afianzar obligaciones.* (Disponível em: http:// servicios.infoleg.gob.ar/infolegInternet/anexos/235000-239999/235975/norma.htm#6. Acesso em: 03 jan. 2019). Tradução livre: "Código Civil argentino, artigo 28: Atos proibidos à pessoa emancipada. A pessoa emancipada não pode, nem com autorização judicial: a) aprovar as contas de seus tutores e dar-lhes quitação; b) doar bens que tenha recebido a título gratuito; c) garantir obrigações."

129. *Código Civil argentino, artículo 29, Actos sujetos a autorización judicial. El emancipado requiere autorización judicial para disponer de los bienes recibidos a título gratuito. La autorización debe ser otorgada cuando el acto sea de toda necesidad o de ventaja evidente.* (Disponível em: http://servicios.infoleg.gob.

De forma semelhante, o direito francês atribui ao adolescente a capacidade para os atos da vida civil, mas excetua a adoção e o casamento ao determinar que, especificamente para esses atos, eles permanecem incapazes.[130] No sistema espanhol, igualmente, a prática de alguns atos pela pessoa emancipada é limitada. Sem o consentimento de seus pais ou de curador, não se defere ao emancipado tomar empréstimos, alienar bens imóveis, estabelecimentos mercantis ou industriais ou, ainda, objetos de extraordinário valor.[131] O sistema italiano restringe ainda mais o alcance da emancipação, limitando a capacidade do adolescente tão somente aos *atos de mera administração*.[132] A emancipação, nesse ordenamento, reflete mais sobre a pessoa do emancipado do que sobre a capacidade para atos patrimoniais, uma vez que, com o estabelecimento de domicilio próprio passa a reger-se, mas com relação ao patrimônio, ainda é considerado relativamente incapaz.[133]

---

ar/infolegInternet/anexos/235000-239999/235975/norma.htm#6. Acesso em: 03 jan. 2019). Tradução livre: "Atos sujeitos a autorização judicial. O emancipado requer autorização para dispor dos bens recebidos a título gratuito. A autorização deve ser outorgada quando o ato seja de toda necessidade ou de evidente vantagem."

130. Code Civil français, article 413-6: Le mineur émancipé est capable, comme un majeur, de tous les actes de la vie civile. Il doit néanmoins, pour se marier ou se donner en adoption, observer les mêmes règles que s'il n'était point émancipé. (Disponível em: https://www.legifrance.gouv.fr/affichCode.do;jsessionid=5CEFACC43603DE6048FEA928F65FB442.tplgfr22s_3?idSectionTA=LEGISCTA000031345336&cidTexte=LEGITEXT000006070721&dateTexte=20190103. Acesso em: 03 jan. 2019). Tradução livre: "O menor emancipado é capaz, como um maior, a todos os atos da vida civil. No entanto, ele deve, para se casar ou adotar, observar as mesmas regras como se ele não fosse emancipado."

131. *Código Civil español, artículo 323: La emancipación habilita al menor para regir su persona y bienes como si fuera mayor; pero hasta que llegue a la mayor edad no podrá el emancipado tomar dinero a préstamo, gravar o enajenar bienes inmuebles y establecimientos mercantiles o industriales u objetos de extraordinario valor sin consentimiento de sus padres y, a falta de ambos, sin el de su curador.* (Disponível em: https://www.boe.es/buscar/act.php?id=BOE-A-1889-4763. Acesso em: 25 out. 2023). Tradução livre: "A emancipação habilita o menor a reger sua pessoa e bens como se fosse maior; mas até que chegue a maioridade não poderá o emancipado tomar empréstimos, gravar ou alienar bens imóveis e estabelecimentos mercantis ou industriais ou objetos de extraordinário valor sem consentimento de seus pais e, a falta de ambos, sem o de seu curador."

132. *"Il minore però può essere emancipato, e quindi divenire capace a compiere alcuni atti della vita civile, ossia i meno importanti, che possono meno facilmente compromettere il suo patrimonio, gli atti cioè di semplice amministrazione. Quanto alla semplice gestione il minore è considerato maggiore, e gli atti da lui compiuti non possono essere impugnati per il motivo dell'età."* (EMANCIPAZIONE. In: SCIALOJA, Vittorio; BONFANTE, Pietro. *Dizionario pratico del diritto privato*. Milano: Casa Editrice Dottor Francesco Vallardi, 1923. v. 2. p. 794). Tradução livre: "O menor, no entanto, pode ser emancipado e, portanto, tornar-se capaz de realizar certos atos da vida civil, ou seja, aqueles menos importantes, que pode menos facilmente comprometer seu patrimônio, ou seja, atos de simples administração. Quanto à simples gestão, o menor é considerado maior, e os atos que ele realizou não podem ser contestados com base na idade."

133. *"Mediante l'emancipazione il figlio acquista, con indipendenza della sua persona, anche un proprio domicilio, essendo egli liberato dai vincoli derivanti dalla patria potestà. Quanto poi al patrimonio, l'emancipazione (dichiara l'art. 317) conferisce al minore la capacità di fare da sè solo tutti gli atti che non eccedano la semplice amministrazione."* (EMANCIPAZIONE. In: SCIALOJA, Vittorio; BONFANTE, Pietro. *Dizionario pratico del diritto privato*. Milano: Casa Editrice Dottor Francesco Vallardi, 1923. v. 2. p. 800). Tradução livre: "Por meio da emancipação, o filho adquire, com independência de sua

Observa-se que esses ordenamentos jurídicos de tradição romano-germânica optaram por manter de forma inderrogável certa proteção na esfera civil à pessoa que ainda não atingiu a maioridade, a despeito da emancipação. Essa, todavia, não parece ter sido a escolha do legislador brasileiro, pois não há exceções à capacidade plena do adolescente emancipado. Naqueles ordenamentos, tem-se, em vez disso, um sistema de capacidade intermediária, em que a emancipação mais se assemelha a um estágio preparatório para a plena capacidade.

Nesse ponto, algumas distinções são exigidas. A primeira se relaciona com a coerência interna no direito privado: de acordo com a reconstrução do regime das incapacidades civis e, principalmente, com a legalidade constitucional, quais os atos que são alcançados pela emancipação civil?

A segunda gama de efeitos concerne às eventuais repercussões da emancipação civil em outras esferas normativas, ou seja, a harmonização sistemática das normas dirigidas à infanto-adolescência diante da unidade sistemática do ordenamento jurídico. Será que o reconhecimento de plena capacidade ao adolescente emancipado prejudica a incidência de outras normas destinadas aos menores de dezoito anos? Será que o ordenamento, ao permitir que o Código Civil retirasse totalmente do adolescente emancipado a proteção imbuída no regime de incapacidades, deduz que cessa também a vulnerabilidade e assim não mais persistiria proteção de nenhuma ordem?

A premissa que se deve ter em vista para o desenvolvimento dessas questões é que o mesmo fato jurídico, a idade, repercute em distintos âmbitos jurídicos de proteção. Presume-se a vulnerabilidade da criança e do adolescente na Constituição, daí decorrendo inúmeros dispositivos de tutela que devem ser harmonizados conforme a tábua axiológica constitucionalmente projetada nas normas infraconstitucionais.

No direito privado, a menoridade acarreta a tutela pela via do regime de incapacidades e pela autoridade parental, institutos orientados agora pelas normas e valores constitucionais, com incidência imediata no regime protetivo do ECA.

Diante disso, a emancipação civil, ao sustar a incapacidade do adolescente, atua sobre os atos em que ainda predomina a heteronomia dos pais. Por essa razão, conforme exposto no início do capítulo, a *práxis* mostra uma ampla utilização da emancipação por pais de adolescentes que exercem atividades artísticas com a finalidade de que os filhos deem conta pessoalmente de seus assuntos profissionais.

---

pessoa, também seu próprio domicílio, sendo libertado dos vínculos derivados da autoridade parental. Quanto ao patrimônio, a emancipação (declara o artigo 317) confere ao menor a capacidade de realizar sozinho todos os atos que não excedam a simples administração."

3 • A EMANCIPAÇÃO VOLUNTÁRIA À LUZ DA TUTELA CONSTITUCIONAL DO ADOLESCENTE

Na decisão sobre a emancipação civil, é importante também considerar os efeitos reflexos da capacidade civil plena. Para além, por exemplo, da capacidade para assinar escritura pública de inventário ou partilha extrajudicial, por exemplo, conforme expressamente permite o art. 12 da Resolução 35 do CNJ, a emancipação civil também encerra a condição de dependente para fins previdenciários, nos termos do art. 16, I da Lei 8.213/1991. Portanto, antes de escolher emancipar o filho apenas para gozar da facilidade de ingressar com inventário extrajudicial, convém analisar: primeiro e logicamente se o filho tem condições de arcar com as responsabilidades decorrentes da capacidade plena e, segundo, se não haverá perda de benefício previdenciário com essa medida.

Quanto ao aspecto existencial, certamente a emancipação também confere maior autonomia ao adolescente, por efeito reflexo à extinção da autoridade parental. Embora persista a solidariedade familiar, que é uma das notas características da família democratizada, os filhos emancipados passam a ser considerados autossuficientes para decidir os rumos de suas vidas, sem a participação dos seus até então responsáveis legais. Cessa, então, a vigilância sobre a liberdade do emancipado.

Já para a resposta da segunda gama de indagações, não é demais recordar que a idade civil é um predicado da pessoa que, embora, transitório, a qualifica juridicamente como capaz ou incapaz, conforme se esteja na maioridade ou na menoridade, respectivamente. A emancipação, por sua vez, incidente necessariamente durante a menoridade, prevalece sobre a idade quanto à definição da plena capacidade civil.

Formam-se, portanto, estados civis distintos: o do adolescente na menoridade (que seria simplesmente designado "menor", se fosse desprezada a carga valorativa negativa do termo) cujo critério para qualificação é a idade; e o adolescente emancipado (ou "menor emancipado"), cujo critério é a maturidade antes da idade legal. A menoridade persiste, mesmo ao adolescente emancipado, pois se tratam de estados individuais independentes. Tem-se a pessoa na maioridade (capaz ou incapaz), a pessoa na menoridade não emancipada (incapaz), e a pessoa na menoridade emancipada (capaz).

Além de repercutir sobre a capacidade jurídica, a menoridade enseja outra importante consequência: a qualificação jurídica como criança ou adolescente, nos termos do ECA, atraindo a proteção prioritária e especial prevista na Constituição Federal. Cabe indagar então se a emancipação equipara o adolescente ao maior de idade para todos os fins, ou se os efeitos se circunscrevem ao âmbito das relações interprivadas, reguladas pelo direito civil.

Sobre o tema, Cury, Garrido e Marçura afirmam categoricamente que o ECA "adotou o critério cronológico absoluto, ou seja, a proteção integral da criança e do adolescente é devida em razão da sua faixa etária, pouco importando se, por qualquer outro motivo, adquiriu a capacidade civil".[134] Na mesma linha de raciocínio, Farias e Rosenvald aduzem que "o menor emancipado não perde a proteção integral e a prioridade absoluta", eis que "decorrem de critério fundamentalmente etário e absoluto, consubstanciando uma garantia constitucional que não pode ser afastada pela iniciativa privada".[135]

Em sentido contrário, poder-se-ia argumentar que a CSDC, em seu artigo 1º, determina que é "criança todo ser humano com menos de dezoito anos de idade, *a não ser que, em conformidade com a lei aplicável à criança, a maioridade seja alcançada antes*". A Convenção está assim permitindo que os sistemas jurídicos que a adotem fixem a maioridade civil em idade inferior e, consequentemente, os assim considerados maiores, frise-se, mesmo que ainda não atingidos os dezoito anos, estariam excluídos do âmbito de proteção da norma.

Com efeito, a CSDC realmente permite a adoção de idade legal inferior aos dezoito anos para o alcance da maioridade, contudo, o instituto jurídico da emancipação, apesar de afetar a capacidade do adolescente para os atos da vida civil, não tem o condão de mudar a sua idade: mantém-se a menoridade, mas cessa a incapacidade.

Tem-se, assim, que a emancipação somente faz cessar algumas das consequências da menoridade, que é a incapacidade e a autoridade parental, mas não equipara o emancipado ao maior de idade para todos os efeitos. E mais: a menoridade não apenas mantém a aplicabilidade de normas de caráter protetivo à criança e ao adolescente, como também daquelas que fazem referência a uma idade mínima específica para o exercício de determinados direitos. A compreensão de Paulo Lôbo é elucidativa nesse sentido:

> A emancipação, apesar de equivalente, não é igual à maioridade. Sempre que o legislador fizer alusão expressa à maioridade para a aquisição ou extinção de direitos e deveres, não se estenderá a regra aos emancipados. Na dúvida ou quando a alusão for à capacidade civil plena, então os emancipados estarão incluídos.[136]

Assim é que, quando a lei especificar a idade a partir da qual se pode gozar determinado direito, a emancipação não dispensa tal exigência; mas, por outro lado, se a lei impuser não uma idade, mas sim a capacidade de fato como condição, o menor emancipado poderá exercê-lo.

---

134. CURY, Munir; GARRIDO, Paulo Afonso; MARÇURA, Jurandir Norberto. *Estatuto da Criança e do Adolescente anotado*. São Paulo: Ed. RT, 2002. p. 22.

135. FARIAS, Cristiano Chaves de; NELSON, Rosenvald. *Curso de direito civil*: parte geral e LINDB. 14. ed. Salvador: JusPodivm, 2016. p. 369.

136. Nesse sentido: LÔBO, Paulo. *Direito civil*: parte geral. 7. ed. São Paulo: Saraiva, 2018. p. 129; SCHREIBER, Anderson. *Manual de direito civil contemporâneo*. São Paulo: Saraiva, 2018. p. 111.

De forma ilustrativa, o ECA determinou a idade mínima de dezoito anos para que se possa adotar.[137] O critério legal é a idade, e não a plena capacidade civil, logo, o adolescente, mesmo emancipado, não poderá vencer a exigência da lei antes de completado o mínimo etário estabelecido.

Por outro lado, como a validade de negócio jurídico é condicionada à plena capacidade do agente (art. 104, CC), o emancipado poderá praticá-lo pessoalmente sem que sua idade possa comprometer a higidez do ato.

Mas é importante perceber que, a possibilidade de praticar atos de autonomia privada negocial não implica a validade de negócios jurídicos proibidos em razão da proteção especial recebida pelo adolescente e que persiste, a despeito da emancipação.

Em qualquer hipótese, reforça-se a incidência das normas protetivas destinadas às pessoas menores de dezoito anos, sendo imperiosa a observância ao princípio do melhor interesse da criança e do adolescente na prática desses atos. Esse foi o entendimento firmado no Enunciado 530 da VI Jornada de Direito Civil promovida pelo Conselho da Justiça Federal, segundo o qual "[a] emancipação, por si só, não elide a incidência do Estatuto da Criança e do Adolescente", sob a seguinte justificativa:

> A emancipação, em que pese assegurar a possibilidade de realizar pessoalmente os atos da vida civil por aqueles que não alcançaram a maioridade civil, não tem o condão, isoladamente considerada, de afastar as normas especiais de caráter protetivo, notadamente o Estatuto da Criança e do Adolescente. O Estatuto da Criança e do Adolescente insere-se em um contexto personalista, garantindo tutela jurídica diferenciada em razão da vulnerabilidade decorrente do grau de discernimento incompleto. Assim, a antecipação da aquisição da capacidade de fato pelo adolescente não significa que ele tenha alcançado necessariamente o desenvolvimento para afastar as regras especiais.

Diante disso, Larissa Manoela, a atriz mirim que vangloriou sua responsabilidade por não consumir bebidas alcoólicas, mesmo emancipada não poderia consumi-las, pois a vedação do Estatuto da Criança e do Adolescente sobre esse ato subsiste, ainda que tenha havido emancipação. A informação veiculada na mídia, portanto, padece de incorreção, não sendo lícito ao menor de dezoito anos, independentemente da capacidade, praticar atos vedados pelo Estatuto.

Da mesma forma, beira a irresponsabilidade a reportagem que afirmava o direito da adolescente emancipada de frequentar eventos destinados a maiores de idade. A emancipação afeta tão somente a capacidade civil, sem derrogar as normas protetivas destinadas à infanto-adolescência, pois a presunção de

---

137. ECA, art. 42: "Podem adotar os maiores de 18 (dezoito) anos, independentemente do estado civil."

vulnerabilidade da criança e do adolescente firmada pela Constituição Federal é absoluta. A vulnerabilidade, contudo, não implica necessariamente incapacidade. São inúmeros os grupos reconhecidos como vulneráveis pelas disposições constitucionais sem com isso haver qualquer redução de sua capacidade. Assim ocorre, exemplificativamente, com o idoso e com a pessoa com deficiência.

Por fim, questão mais complexa se mostra no caso de Malu Rodrigues, pois envolve a prática de ato existencial de conteúdo artístico, mas que poderia (ao menos como entendeu o Ministério Público paulista) afrontar a principiologia constitucional e estatutária.

A princípio, a adolescente pode autodeterminar-se com relação aos interesses patrimoniais e existenciais que lhe concernem, pois sua maturidade concreta foi reconhecida pelos seus pais por meio da emancipação. Apesar da proteção inafastável das normas constitucionais e estatutárias, as situações limítrofes, quando pertencem à zona nebulosa do fim da menoridade e início da maioridade, permitem o recurso à capacidade progressiva para a análise concreta da tutela dos interesses da adolescente. Não se poderia então desconsiderar que a apresentação tinha conteúdo educativo tendo como público-alvo justamente os adolescentes. A pretexto de se concretizar a tutela da adolescente emancipada, não convém o distanciamento com relação à realidade dos jovens e das características que essa fase envolve, inclusive com a intensificação dos relacionamentos afetivos.

CONCLUSÃO

A incapacidade civil tem sido colocada à prova. Baseada em um paradigma paternalista que propugna a intervenção heterônoma para assegurar o bem à pessoa que tem seu discernimento comprometido, foi responsável pelo apagamento da subjetividade de grupos vulneráveis.

Com a emergência de uma nova ordem internacional pautada no reconhecimento de direitos humanos, os novos ideais de proteção rompem a concepção paternalista para legitimar a participação ativa daqueles que, até então, haviam sido marginalizados pela sociedade.

Assim, a Convenção Internacional sobre os Direitos da Pessoa com Deficiência, com *status* constitucional no ordenamento jurídico brasileiro, reconhece capacidade legal às pessoas com deficiência, o que forçou a mudança do regime de incapacidades civis por via do Estatuto da Pessoa com Deficiência. A partir de então, a deficiência deixa de ser causa determinante da incapacidade civil, restando apenas como hipótese de incapacidade relativa a situação da pessoa que não consegue se exprimir (art. 4º, CC).

A incapacidade civil etária, por outro lado, permaneceu intocada. A única hipótese remanescente de incapacidade absoluta é a idade inferior a dezesseis anos. Entre dezesseis e dezoito anos de idade, a pessoa é considerada relativamente incapaz. Contudo, desde 1990 a Convenção sobre os Direitos da Criança prevê (art. 12) o direito à *participação*, ao lado dos demais direitos básicos que devem ser assegurados às crianças quanto à *provisão* de suas necessidades e à *proteção* contra abusos e violências. O texto legal, no entanto, não acompanhou a modificação em sede internacional, ainda prevendo instrumentos vetustos como a representação e a assistência para a validade de atos negociais em que pessoas com menos de dezoito anos sejam partes.

No entanto, diante das peculiaridades do desenvolvimento humano que sustentam a condição evolutiva da criança, é necessário buscar no ordenamento jurídico instrumentos adequados para garantir a participação efetiva das pessoas menores de dezoito anos, de forma compatível com sua maturidade concreta. O desafio consiste em garantir a participação sem renunciar a proteção.

Reconhecendo-se um sistema aberto e flexível quanto à incapacidade civil, propõe-se que a suposta inaptidão que justifica a heteronomia para a prática de atos da vida civil em relação a crianças e a adolescentes seja considerada presunção relativa, de modo a permitir que seja elidida, conferindo-se juridicidade às suas manifestações quando se demonstrarem aptos para tanto. Nesse aspecto, a emancipação civil pode se tornar instrumento efetivo para a adequação do *status* individual do adolescente à sua concreta capacidade e, nessa medida, assumir caráter protetivo de seus melhores interesses.

Deve-se reconhecer que as causas de emancipação civil segundo a lei não parecem representar bem as dinâmicas sociais contemporâneas, o que contribui para o escamoteamento do instituto. Uma futura revisão legislativa deverá avaliar quais os critérios que se desejam contemplar para aquisição da capacidade plena. Considerando-se o estudo empreendido propõe-se os seguintes *a)* a avaliação dos pais; *b)* proteção dos interesses do adolescente.

A emancipação voluntária é deflagrada pelos titulares da autoridade parental que, em comum acordo, deferem a cessação da incapacidade por ato extrajudicial. A emancipação judicial, por outro lado, não deve se restringir aos casos de adolescente sob tutela, sendo possível recorrer ao poder jurisdicional quando for inviável a concessão voluntária, seja pela falta não comprovada de um dos pais, pela impossibilidade de arcar com as despesas da elaboração da escritura pública ou pelo dissenso dos pais.

A emancipação pode ainda ser adotada como medida de proteção quando o adolescente se mostrar apto para o exercício autônomo de seus direitos e estiver sob risco por ação ou omissão do Estado e/ou falta, omissão ou abuso de seus pais (art. 98, ECA).

O levantamento da incapacidade como forma de proteção pressupõe que os adolescentes possam ter melhores condições de se cuidarem do que se estiverem sob a autoridade parental ou a tutela, sem com isso afastar a eventual responsabilidade civil dos pais, tutores ou guardiões pelo descumprimento do dever de cuidado em situações patológicas.

A emancipação, quando voluntária, caracteriza ato jurídico em sentido estrito. No entanto, quando tácita, decorre de fatos jurídicos. Judicialmente, a emancipação pode ser decretada mediante sentença desconstitutiva (da qualidade de incapaz) com efeitos *ex tunc* sempre que *i)* a causa de pedir residir na impossibilidade de concessão voluntária, ou *ii)* quando houver tutela, ou, ainda, *iii)* quando se revelar medida de proteção.

Nos casos previstos nos incisos II a V do art. 5º do CC, tem-se a emancipação pode ocorrer como consequência de fatos jurídicos. Nesses casos, o interessado poderá propor ação declaratória para o reconhecimento da capacidade civil, definindo o juízo o momento a partir do qual houve a aquisição da plena capacidade civil.

CONCLUSÃO **157**

Os efeitos da emancipação são apenas civis. O adolescente passa a gozar de plena capacidade negocial, sobretudo para celebração de atos patrimoniais. Passa também a responder diretamente pelas suas dívidas pessoais e por ilícitos que eventualmente cometa, ressalvados os casos de emancipação voluntária disfuncional, em que os pais pretendem tão-somente se eximir da responsabilidade conjunta.

Quanto aos atos de natureza existencial, deve-se notar que a incompatibilidade da cisão entre titularidade e exercício exige a releitura funcional dos meios de suprimento da incapacidade, de modo que, mesmo aos não emancipados, deve ser assegurada a participação na medida de sua maturidade nos processos decisórios que se relacionem com seus aspectos existenciais.

A proteção estatutária subsiste ao adolescente emancipado, de modo que as proscrições legais não são levantadas com a emancipação. Persistem, portanto, a proibição de frequentar determinados lugares, ingerir bebida alcoólica, manusear armas. Do mesmo modo, não há repercussões da emancipação civil para a responsabilidade penal e, consequentemente, para o direito de dirigir.

Sendo assim, a emancipação civil deve ser entendida como um dispositivo a mais no sistema jurídico para conferir proteção ao adolescente, uma vez que a concepção de proteção deve transcender o ideal paternalista em volta do qual parece ter gravitado a legislação sobre a capacidade civil. A emancipação civil não é para todos os adolescentes, mas para aqueles que puderem arcar com a responsabilidade inerente à autonomia juridicamente reconhecida.

Ademais, o direito à participação contemplado nos documentos internacionais de direitos humanos exige mais do que reflexões acerca da capacidade civil, alcançando medidas efetivas para propiciar um ambiente favorável à participação e, principalmente, para contribuir com a construção da autonomia responsável de crianças e adolescentes.

Defende-se, assim, que pessoas menores de dezoito anos recebam uma melhor preparação para lidar com seu patrimônio, superando-se o modelo substitutivo de suprimento da incapacidade civil. Mesmo aos relativamente incapazes, que, em tese, são apenas assistidos nos atos da vida civil, deve-se compreender a assistência como forma de apoio ao exercício da capacidade de forma emancipatória, ou seja, voltada à educação para a autonomia. A assistência, portanto, não deve significar apenas a aposição de uma assinatura conjunta em um documento, mas deve vir acompanhada de informações e conscientização sobre os atos praticados.

A responsabilidade com a criança e com o adolescente é de toda a sociedade, embora os pais sejam os responsáveis primários. Portanto, a compreensão sobre o tráfego negocial, sobre os direitos patrimoniais e não patrimoniais dos quais crianças e adolescentes são titulares, bem como a sua administração atravessam também questões de políticas públicas, que devem contemplar a proteção integral com vistas ao pleno exercício da cidadania.

Naqueles casos em que o adolescente demonstrar aptidão para exercer diretamente os atos da vida civil, que a emancipação seja utilizada para favorecer a sua atuação. Mas importante: defender a emancipação como mecanismo de abertura da incapacidade civil etária não implica defender a adultização de adolescentes. Com a questão inaugural deste trabalho *emancipação para quem?* o objetivo é esclarecer as hipóteses em que a aquisição da capacidade plena pode ser considerada adequadamente, como recurso protetivo dos interesses do adolescente. Não se trata de uma defesa irrestrita da emancipação. Trata-se, ao contrário, de um convite à reflexão sobre a função da (in)capacidade etária e uma crítica a sua persistência rígida, sem contemplar as características concretas das pessoas com idade inferior aos dezoito anos.

REFERÊNCIAS

AGUIRRE, Carlos Martínez de. La protección jurídico-civil de la persona por razón de la menor edad. *Anuario de derecho civil*, Madrid, n. 4, p. 1391-1498, 1992.

ALMEIDA, Vitor. *A capacidade civil das pessoas com deficiência e os perfis da curatela*. Belo Horizonte: Fórum, 2019.

ALVES, José Carlos Moreira. *Direito romano*. 16. ed. Rio de Janeiro: GEN, 2014.

AMARAL, Cláudio do Prado. *Curso de direito da infância e da adolescência*. São Paulo: EdUsp, 2020.

AMARAL, Francisco. *Direito civil*: introdução. 9. ed. São Paulo: SaraivaJur, 2017.

AMAZONAS. Tribunal de Justiça. Processo 0689058-71.2023.8.04.0001. Juizado da infância e Juventude – Cível. Juíza de Direito Scarlet Braga Barbosa Viana. Manaus, AM, 01 jan. 2024.

AMORIM FILHO, Agnelo. Critério científico para distinguir a prescrição da decadência e para identificar as ações imprescritíveis. *Revista da Faculdade de Direito, Universidade Federal do Ceará*, Fortaleza, v. 12, 2ª fase, p. 301-351, 1958.

ARAUJO, Vicente Ferrer de Barros. *Resposta a um anonymo parecer sobre a escriptura de desistencia do patrio poder e emancipação de D. Euzebia Cordeiro Tavares em favor de seu filho William dos Santos Tavares*. Lisboa: Imprensa Lucas, 1910.

ARGENTINA. *Ley 26.994, de Octubre 1 de 2014*. Codigo Civil y Comercial de La Nacion. Disponível em: http://servicios.infoleg.gob.ar/infolegInternet/anexos/235000-239999/235975/norma.htm#6. Acesso em: 03 jan. 2019.

ARIÈS, Phillipe. *História social da criança e da família*. Trad. Dora Flaksman. 2. ed. Rio de Janeiro: LTC, 2015.

ASCARELLI, Tulio. *Problemas das sociedades anônimas*. 2. ed. São Paulo: Saraiva, 1969.

ASCENSÃO, José de Oliveira. *Direito civil*: teoria geral. 3. ed. São Paulo: Saraiva, 2010.

AZEVEDO, Álvaro Villaça; NICOLAU, Gustavo Rene. *Código Civil comentado*: das pessoas e dos bens. São Paulo: Atlas, 2007. v. 1.

AZEVEDO, Antônio Junqueira. *Negócio jurídico*: existência, validade e eficácia. 4. ed. São Paulo: Saraiva, 2017.

BAHIA. Tribunal de Justiça. *Processo 050292-67.2017.8.05.0141*. 1ª Vara Cível. Juiz de Direito Luciano Ribeiro Guimarães Filho. Jequié, BA, 16 out. 2018.

BARBOZA, Heloísa Helena. O Estatuto da Criança e do Adolescente e a disciplina da filiação no Código Civil. In: PEREIRA, Tânia da Silva. *O melhor interesse da criança*: um debate interdisciplinar. Rio de Janeiro: Renovar, 2000. p. 103-135.

BARBOZA, Heloísa Helena. O princípio do melhor interesse da criança e do adolescente. Congresso Brasileiro de Direito De Família – A família na travessia do milênio, 2., 2000, Belo Horizonte. *Anais...* Belo Horizonte: Del Rey, 2000. v. 1.

BARBOZA, Heloísa Helena; ALMEIDA, Vitor. A capacidade civil à luz do Estatuto da Pessoa com Deficiência. In: MENEZES, Joyceane Bezerra de (Org.). *Direito das pessoas com deficiência psíquica e intelectual nas relações privadas.* Rio de Janeiro: Processo, 2016.

BARBOZA, Heloísa Helena; ALMEIDA, Vitor. A tutela das vulnerabilidades na legalidade constitucional. In: TEPEDINO, Gustavo; TEIXEIRA, Ana Carolina Brochado; ALMEIDA, Vitor (Coord.). *Da dogmática à efetividade do direito civil*: anais do Congresso Internacional de Direito Civil Constitucional – IV Congresso do IBDCivil. Belo Horizonte: Fórum, 2017.

BARBOZA, Heloísa Helena; ALMEIDA, Vitor. Família após a Constituição de 1988: transformações, sentidos e fins. In: EHRHARDT JÚNIOR, Marcos; CORTIANO JUNIOR, Eroulths (Coord.). *Transformações no direito privado nos 30 anos da Constituição*: estudos em homenagem a Luiz Edson Fachin. Belo Horizonte: Fórum, 2019.

BETTI, Emilio. *Teoria geral do negócio jurídico.* Trad. Fernando de Miranda. Coimbra: Coimbra Editora, 1969. t. 2.

BEVILAQUA, Clovis. *Teoria geral do direito civil.* 7. ed. Atualização de Achhiles Bevilaqua e Isaias Bevilaqua. Rio de Janeiro: Livraria Francisco Alves, 1955.

BEVILÁQUA, Clóvis. *Teoria geral do direito civil.* Campinas: RED Livros, 2001.

BLÁZQUEZ, Francisco Oliva. El menor maduro ante el derecho. *Revista EIDON*, Madrid, n. 41, p. 28-52, jun. 2014. Disponível em: http://www.revistaeidon.es/public/journals/pdfs/2014/41_junio.pdf. Acesso em: 07 jan. 2019.

BOBBIO, Norberto. *Da estrutura à função*: novos estudos de teoria do direito. Barueri: Manole, 2007.

BRASIL. Câmara dos Deputados. *Projeto de Lei ordinária 4082/2008.* Dá nova redação ao art. 5º da Lei 10.406, de 10 de janeiro de 2002, que "Institui o Código Civil". Disponível em: http://www.camara.gov.br/proposicoesWeb/fichadetramitacao?idProposicao=411103. Acesso em 10 jan. 2018.

BRASIL. Câmara dos Deputados. *PL 3914/2023.* Acrescenta o artigo 244-C à Lei 8.069, de 13 de julho de 1990, que dispõe sobre o Estatuto da Criança e do Adolescente, para instituir o crime de violência patrimonial contra a criança e o adolescente. Autora: Silvye Alves - UNIÃO/GO. Disponível em: https://www.camara.leg.br/proposicoesWeb/fichadetramitacao?idProposicao=2379209. Acesso em: 29 ago. 2023.

BRASIL. Câmara dos Deputados. *PL 3916/2023.* Estabelece diretrizes para a proteção patrimonial de crianças e adolescentes que desenvolvam trabalho cultural, artístico ou esportivo. Autor: Ricardo Ayres - REPUBLIC/TO. Disponível em: https://www.camara.leg.br/proposicoesWeb/fichadetramitacao?idProposicao=2379223. Acesso em: 29 ago. 2023.

BRASIL. Câmara dos Deputados. *PL 3917/2023.* Altera a Lei 10.406, de 10 de janeiro de 2002 (Código Civil) para tratar da administração de bens dos filhos menores. Autor: Pedro Campos - PSB/PE, Duarte Jr. - PSB/MA. Disponível em: https://www.camara.leg.br/proposicoesWeb/fichadetramitacao?idProposicao=2379237. Acesso em: 29 ago. 2023.

BRASIL. Câmara dos Deputados. *PL 3919/2023*. Cria a "Lei Larissa Manoela" para regulamentar a gestão do patrimônio de menores que exerçam atividade artística. Autor: Marcelo Queiroz - PP/RJ. Disponível em: https://www.camara.leg.br/proposicoesWeb/fichadetramitacao?idProposicao=2379382Acesso em: 29 ago. 2023.

BRASIL. Câmara dos Deputados. *PL 3938/2023*. Altera a Lei 10.406, de 10 de janeiro de 2002 (Código Civil), visando a Preservação do Patrimônio dos Menores de Idade (LEI LARISSA MANOELA) Autora: Yandra Moura – UNIÃO/SE. Disponível em: https://www.camara.leg.br/proposicoesWeb/fichadetramitacao?idProposicao=2379949. Acesso em: 29 ago. 2023.

BRASIL. Câmara dos Deputados. *PL 3960/2023*. Altera a Lei 10.406, de 10 de janeiro de 2002 (Código Civil) objetivando regulamentar percentual máximo relativo à administração do patrimônio dos filhos menores. Autor: Albuquerque – REPUBLIC/RR. Disponível em: https://www.camara.leg.br/proposicoesWeb/fichadetramitacao?idProposicao=2380252. Acesso em: 29 ago. 2023.

BRASIL. Conselho Nacional de Justiça. *Pedido de Providências 0000409-15.2014.2.00.0000*. Relator: Gustavo Tadeu Alkimin. Ementa: Pedido de providências convertido em consulta. Tratamento uniforme quanto à realização de divórcio e de inventário extrajudiciais quando houver filhos emancipados. Disciplina dos emolumentos de serventias extrajudiciais. Espécie tributária cuja fixação requer lei estrita. 14 jun. 2016.

BRASIL. Conselho Nacional de Justiça (CNJ). *Provimento 100, de 26 de maio de 2020*. Dispõe sobre a prática de atos notariais eletrônicos utilizando o sistema e-Notariado, cria a Matrícula Notarial Eletrônica-MNE e dá outras providências. Disponível em: https://atos.cnj.jus.br/files/original222651202006025ed6d22b74c75.pdf. Acesso em 22 jun. 2023.

BRASIL. *Constituição Política do Imperio do Brazil (de 25 de março de 1824)*. Disponível em: https://www.planalto.gov.br/ccivil_03/Constituicao/Constituicao24.htm. Acesso em: 07 ago. 2023.

BRASIL. *Constituição da República Federativa do Brasil de 1988*. Disponível em: http://www.planalto.gov.br. Acesso em: 04 nov. 2023.

BRASIL. *Decreto de 31 de outubro de 1831*. Marca a idade de vinte e um annos completos para os actos da vida civil. Disponível em: https://www2.camara.leg.br/legin/fed/decret_sn/1824-1899/decreto-37648-31-outubro-1831-564741-publicacaooriginal-88677-pl.html. Acesso em: 07 ago. 2023.

BRASIL. Decreto 4.377, de 13 de setembro de 2002. Promulga a Convenção sobre a Eliminação de Todas as Formas de Discriminação contra a Mulher, de 1979, e revoga o Decreto 89.460, de 20 de março de 1984. Disponível em: https://www.planalto.gov.br/ccivil_03/decreto/2002/D4377.htm. Acesso em: 05 fev. 2024.

BRASIL. *Decreto 20.330, de 27 de agosto de 1931*. Introduz em parágrafo ao art. 9º do Código Civil. Disponível em: https://www.planalto.gov.br/ccivil_03/decreto/1930-1949/d20330.htm. Acesso em: 04 nov. 2023.

BRASIL. Decreto-Lei 659, de 30 de junho de 1969. Aprova a Convenção das Nações Unidas sobre Consentimento para casamento, Idade Mínima para casamento e Registro de casamento. Disponível em: https://www.planalto.gov.br/ccivil_03/decreto-lei/1965-1988/del0659.htm. Acesso em: 05 fev. 2024.

BRASIL. *Decreto-Lei 1.608, de 18 de setembro de 1939*. Código de Processo Civil. Disponível em: https://www.planalto.gov.br/ccivil_03/decreto-lei/1937-1946/del1608.htm. Acesso em: 04 nov. 2023.

BRASIL. *Decreto-Lei 9.500, de 23 de julho de 1946*. Lei do Serviço Militar. Disponível em: https://www.planalto.gov.br/ccivil_03/decreto-lei/1937-1946/del9500.htm. Acesso em: 04 nov. 2023.

BRASIL. *Decreto 99.710, de 21 de novembro de 1990*. Promulga a Convenção sobre os Direitos da Criança. Disponível em: https://www.planalto.gov.br/ccivil_03/decreto/1990-1994/d99710.htm. Acesso em: 29 ago. 2023.

BRASIL. *Decreto 6.949, de 25 de agosto de 2009*. Promulga a Convenção Internacional sobre os Direitos das Pessoas com Deficiência e seu Protocolo Facultativo, assinados em Nova York, em 30 de março de 2007. Disponível em: https://www.planalto.gov.br/ccivil_03/_ato2007-2010/2009/decreto/d6949.htm. Acesso em: 04 nov. 2023.

BRASIL. *Decreto 5.452, de 1º de maio de 1943*. Aprova a Consolidação das Leis do Trabalho. Disponível em: https://www.planalto.gov.br/ccivil_03/decreto-lei/del5452.htm. Acesso em: 04 nov. 2023.

BRASIL. *Lei 556, de 25 de junho de 1850*. Código Comercial. Disponível em: https://www.planalto.gov.br/ccivil_03/leis/lim/lim556.htm. Acesso em: 04 nov. 2023.

BRASIL. *Lei 3.071, de 1º de janeiro de 1916*. Código Civil dos Estados Unidos do Brasil. Disponível em: https://www.planalto.gov.br/ccivil_03/leis/l3071.htm. Acesso em: 29 ago. 2023.

BRASIL. *Lei 5.869, de 11 de janeiro de 1973*. Institui o Código de Processo Civil. Disponível em: https://www.planalto.gov.br/ccivil_03/leis/l5869.htm. Acesso em: 04 nov. 2023.

BRASIL. *Lei 6.015, de 31 de dezembro de 1973*. Dispõe sobre os registros públicos, e dá outras providências. Disponível em: https://www.planalto.gov.br/ccivil_03/leis/l6015original.htm. Acesso em: 04 nov. 2023.

BRASIL. *Lei 8.069, de 13 de julho 1990*. Dispõe sobre o Estatuto da Criança e do Adolescente e dá outras providências. Disponível em: https://www.planalto.gov.br/ccivil_03/leis/l8069.htm. Acesso em: 29 ago. 2023.

BRASIL. *Lei 8.078, de 11 de setembro de 1990*. Dispõe sobre a proteção do consumidor e dá outras providências. Disponível em: https://www.planalto.gov.br/ccivil_03/Leis/L8078compilado.htm. Acesso em: 08 set. 2023.

BRASIL. *Lei 9.263, de 12 de janeiro de 1996*. Regula o § 7º do art. 226 da Constituição Federal, que trata do planejamento familiar, estabelece penalidades e dá outras providências. Disponível em: https://www.planalto.gov.br/ccivil_03/leis/l9263.htm. Acesso em: 04 nov. 2023.

BRASIL. *Lei 9.394, de 20 de dezembro de 1996*. Estabelece as diretrizes e bases da educação nacional. Disponível em: https://www.planalto.gov.br/ccivil_03/leis/l9394.htm. Acesso em: 04 nov. 2023.

BRASIL. *Lei 10.406 de 10 de janeiro de 2002*. Institui o Código Civil. Disponível em: https://www.planalto.gov.br/ccivil_03/leis/2002/l10406compilada.htm. Acesso em: 29 ago. 2023.

BRASIL. *Lei 10.741, de 1º de outubro de 2003*. Dispõe sobre o Estatuto da Pessoa Idosa e dá outras providências. Disponível em: http://www.planalto.gov.br/ccivil_03/leis/2003/l10.741.htm. Acesso em: 29 ago. 2023.

REFERÊNCIAS 163

BRASIL. *Lei 13.105, de 16 de março de 2015.* Institui o Código de Processo Civil. Disponível em: https://www.planalto.gov.br/ccivil_03/_ato2015-2018/2015/lei/l13105.htm. Acesso em: 15 ago. 2023.

BRASIL. *Lei 13.146, de 06 de julho de 2015.* Institui a Lei Brasileira de Inclusão da Pessoa com Deficiência (Estatuto da Pessoa com Deficiência). Disponível em: https://www.planalto. gov.br/ccivil_03/_ato2015-2018/2015/lei/l13146.htm. Acesso em: 04 nov. 2023.

BRASIL. *Lei 13.431, de 04 de abril de 2017.* Estabelece o sistema de garantia de direitos da criança e do adolescente vítima ou testemunha de violência e altera a Lei 8.069, de 13 de julho de 1990 (Estatuto da Criança e do Adolescente). Disponível em: https://www.planalto.gov. br/ccivil_03/Leis/L8078compilado.htm. Acesso em: 08 set. 2023.

BRASIL. *Lei 14.344, de 24 de maio de 2022.* Cria mecanismos para a prevenção e o enfrentamento da violência doméstica e familiar contra a criança e o adolescente, nos termos do § 8º do art. 226 e do § 4º do art. 227 da Constituição Federal e das disposições específicas previstas em tratados, convenções ou acordos internacionais de que o Brasil seja parte; altera o Decreto-Lei 2.848, de 7 de dezembro de 1940 (Código Penal), e as Leis 7.210, de 11 de julho de 1984 (Lei de Execução Penal), 8.069, de 13 de julho de 1990 (Estatuto da Criança e do Adolescente), 8.072, de 25 de julho de 1990 (Lei de Crimes Hediondos), e 13.431, de 4 de abril de 2017, que estabelece o sistema de garantia de direitos da criança e do adolescente vítima ou testemunha de violência; e dá outras providências. Disponível em: https://www.planalto.gov.br/ccivil_03/_ato2019-2022/2022/lei/l14344.htm. Acesso em: 29 ago. 2023.

BRASIL. Superior Tribunal de Justiça. *REsp 122-573/PR.* Relator: Min. Eduardo Ribeiro. Julgamento: 23/06/1998. Órgão Julgador: Terceira Turma. Publicação: DJU 18.12.1998.

BRASIL. Superior Tribunal de Justiça. *REsp 1298963/SP.* Relator: Min. Paulo de Tarso Sanseverino. Julgamento: 26.11.2013. Órgão Julgador: Terceira Turma. Publicação: DJe 25.02.2014.

BRASIL. Superior Tribunal de Justiça. *REsp 1016023/DF.* Relator: Min. Nancy Andrighi. Julgamento: 27.05.2008. Órgão Julgador: Terceira Turma. Publicação: 20.06.2008).

BRASIL. Superior Tribunal de Justiça. *REsp 1462659/RS.* Relator: Min. Herman Benjamin. Julgamento: 1º.12.2015. Órgão Julgador: Terceira Turma. Publicação: DJe 04.02.2016.

BRASIL. Superior Tribunal de Justiça. *REsp 1.623.098/MG.* Relator: Min. Marco Aurélio Bellizze. Julgamento: 13.03.2018. Órgão Julgador: Terceira Turma. Publicação: DJe 23.03.2018.

BRASIL. Superior Tribunal de Justiça. *REsp 1.872.102/SP.* Relator: Min. Marco Aurélio Bellizze. Julgamento: 02/03/2021. Órgão Julgador: Terceira Turma. Publicação: DJe 11.03.2021 RSTJ v. 261 p. 692.

BRASIL. Supremo Tribunal Federal. *RE 176.479.* Relator: Min. Moreira Alves. Julgamento: 26/11/1996. Órgão Julgador: Primeira Turma. Publicação: DJ 05.09.1997.

BRASIL. Supremo Tribunal Federal. *RE 573.552-4/SC.* Relator: Min. Eros Grau. Julgamento: 29.04.2008. Órgão Julgador: Segunda Turma. Publicação: 23.05.2008.

BRASIL. Supremo Tribunal Federal. *RE 425760.* Relator: Min. Roberto Barroso. Julgamento: 29.10.2013. Órgão Julgador: Primeira Turma. Publicação: 20.02.2014.

BRASIL. Supremo Tribunal Federal. *Súmula 683:* O limite de idade para a inscrição em concurso público só se legitima em face do art. 7º, XXX, da Constituição, quando possa ser justificado pela natureza das atribuições do cargo a ser preenchido. Disponível em: https://portal.stf.jus.br/jurisprudencia/sumariosumulas.asp?base=30&sumula=2413. Acesso em: 04 nov. 2023.

BRASIL. Tribunal Regional do Trabalho da 9ª Região. *AgPet 0000302-31.2017.5.09.0657*. Relator: Archimedes Castro Campos Júnior Julgamento: 20.07.2021. Órgão Julgador: Seção Especializada. Publicação: DEJT 19.05.2021.

BUENO, Francisco de Silveira. *Grande dicionário etimológico-prosódico da língua portuguêsa.* São Paulo: Saraiva, 1965. v. 4.

CAHALI, Yussef Said. *Dos alimentos.* 8. ed. rev. e atual. São Paulo: Ed. RT, 2013.

CÂMARA DOS DEPUTADOS. *Lei de 20 de outubro de 1823.* Declara em vigor a legislação pela qual se regia o Brazil até 25 de Abril de 1821 e bem assim as leis promulgadas pelo Senhor D. Pedro, como Regente e Imperador daquella data em diante, e os decretos das Cortes Portuguezas que são especificados. Disponível em: https://www2.camara.leg.br/legin/fed/lei_sn/anterioresa1824/lei-40951-20-outubro-1823-574564-publicacaooriginal-97677-pe.html. Acesso em: 22 jun. 2023.

CANARIS, Claus-Wilhelm. *Pensamento sistemático e conceito de sistema na ciência do direito.* 2. ed. Lisboa: Calouste Gulbenkian, 1996.

CARDOSO, Andressa Souza; VALÉRIO, Inaê Dutra; RAMOS, Camila Irigonhé; MACHADO, Karla Pereira. Casamento infantil no Brasil: uma análise da Pesquisa Nacional de Saúde. *Ciência & Saúde Coletiva,* v. 27, n. 2, dez. 2020. Disponível em: http://cienciaesaudecoletiva. com.br/artigos/casamento-infantil-no-brasil-uma-analise-da-pesquisa-nacional-de-saude/17899?id=17899. Acesso em: 09 jul. 2023.

CARNEIRO, Manuel Borges. *Direito civil de Portugal*: contendo três livros, I das pessoas, II das cousas, III das obrigações e acções. Lisboa: Typ. Maria da Madre de Deus, 1858. Livro I.

CARVALHO, Francisco Pereira de Bulhões. *Incapacidade civil e restrições de direito.* Rio de Janeiro: Borsoi, 1957. t. 2.

CASTRO Y BRAVO, Federico de. *Derecho Civil de España.* Navarra: Thomson Civitas, 2008. v. 2.

CASTRO, Thamis Dalsenter Viveiros de. *Bons costumes no direito civil brasileiro.* São Paulo: Almedina, 2017.

CAVALIERI, Alyrio. Direito do menor: um direito novo. *Revista da Faculdade de Direito da Universidade Federal de Minas Gerais,* v. 27, n. 21, p. 384-399, maio 1979.

CHAVES, Antonio. *Adoção e legitimação adotiva.* São Paulo: Ed. RT, 1966.

CHAVES, Antonio. *Tratado de direito civil*: parte geral. 3. ed. São Paulo: Ed. RT, 1982. v. 1. t. 1.

CHIOVENDA, José. *Principios de derecho procesal civil.* Tradução espanhola da terceira edição italiana por Jose Casais e Santaló. Madrid: Editorial Reus, 1922. t. 1.

COELHO, Fábio Ulhôa. *Curso de direito civil*: parte geral. 8. ed. São Paulo: Ed. RT, 2016.

COMEL, Denise Damo. *Do poder familiar.* São Paulo: Ed. RT, 2003.

COMITÊ DE MINISTROS DOS ESTADOS-MEMBROS (União Europeia). Conselho da Europa. Sobre a participação de crianças e jovens abaixo de 18 anos. *Recomendação*

2/2012, [S.l.], 28 mar. 2012. Disponível em: https://search.coe.int/cm/Pages/result_details. aspx?ObjectID=09000016805cb0ca. Acesso em: 02 ago. 2023.

CONSELHO DA JUSTIÇA FEDERAL. I Jornada de Direito Civil. *Enunciado 41*: a única hipótese em que poderá haver responsabilidade solidária do menor de 18 anos com seus pais é ter sido emancipado nos termos do art. 5º, parágrafo único, inc. I, do novo Código Civil. Disponível em: https://www.cjf.jus.br/enunciados/enunciado/710. Acesso em: 04 nov. 2023.

CONSELHO DA JUSTIÇA FEDERAL. III Jornadas de Direito Civil. *Enunciado 138*: a vontade dos absolutamente incapazes, na hipótese do inc. I do artigo 3º é juridicamente relevante na concretização de situações existenciais a eles concernentes, desde que demonstrem discernimento bastante para tanto. Disponível em: https://www.cjf.jus.br/enunciados/enunciado/215. Acesso em: 04 nov. 2023.

CONSELHO DA JUSTIÇA FEDERAL. IV Jornadas de Direito Civil. *Enunciado 286*: Os direitos da personalidade são direitos inerentes e essenciais à pessoa humana, decorrentes de sua dignidade, não sendo as pessoas jurídicas titulares de tais direitos. Disponível em: https://www.cjf.jus.br/enunciados/enunciado/256. Acesso em: 04 nov. 2023.

CONSELHO DA JUSTIÇA FEDERAL. VI Jornadas de Direito Civil. *Enunciado 530*: a emancipação, por si só, não elide a incidência do Estatuto da Criança e do Adolescente. Disponível em: https://www.cjf.jus.br/enunciados/enunciado/141. Acesso em: 04 nov. 2023.

COPI, Lygia Maria. *Infâncias, proteção e autonomia*. Belo Horizonte: Fórum, 2022.

CORDEIRO, António Menezes. *Tratado de direito civil português*: parte geral. Coimbra: Almedina, 2005. v. 1. t. 4.

CORNU, Gérard. L'âge civil. *L'art du droit en quête de sagesse*. Paris: Presses Universitaires de France, 1998.

CORREIA, Alexandre; SCIASCIA, Gaetano. *Manual de direito romano*: e textos em correspondência com os artigos do Código Civil brasileiro. 2. ed. São Paulo: Saraiva, 1953. v. 1.

CRUZ, Elisa Costa. *Guarda parental*: releitura a partir do cuidado. Rio de Janeiro: Processo, 2021.

CRUZ, Elisa. Nenhum casamento infantil deve ser reconhecido. *Folha de S. Paulo*, 1º maio 2023. Disponível em: https://www1.folha.uol.com.br/opiniao/2023/05/nenhum-casamento-infantil-deve-ser-reconhecido.shtml. Acesso em: 05 jul. 2023.

CURY, Munir; GARRIDO, Paulo Afonso; MARÇURA, Jurandir Norberto. *Estatuto da Criança e do Adolescente anotado*. São Paulo: Ed. RT, 2002.

DANTAS, F. C. San Tiago; Direito privado brasileiro. Aspectos gerais de sua evolução nos últimos cinqüenta anos. *Civilistica.com*, Rio de Janeiro, v. 4, n. 2, 2015. Disponível em: http://civilistica.com/direito-privado-brasileiro-aspectos-gerais-de-sua-evolucao/. Acesso em: 06 ago. 2023.

DANTAS, San Tiago. *Programa de direito civil*. Rio de Janeiro: Rio, 1977. v. 1.

DÍEZ-PICAZO, Luis; GULLÓN, Antonio. *Instituciones de derecho civil*. 2. ed. Madrid: Tecnos, 2000.

DÍEZ-PICAZO, Luis; GULLÓN, Antonio. *Sistema de derecho civil*. 10. ed. Madrid: Tecnos, 2001.

DINIZ, Maria Helena. *Curso de direito civil brasileiro*: teoria geral do direito civil. 32. ed. São Paulo: Saraiva, 2015.

EBERLE, Simone. *A capacidade entre o fato e o direito*. Porto Alegre: Sérgio Antonio Fabris, 2006.

ENNECERUS, Ludwig. *Derecho Civil*: Parte General. Trad. Blas Pérez González e José Alguer. Barcelona: Bosch, 1935. v. 2.

ESPÍNOLA, Eduardo. *Systema do direito civil brasileiro*. 3. ed. Rio de Janeiro: Livraria Francisco Alves, 1938. v. 1.

FACHIN, Luiz Edson. *Direito de família*: elementos críticos à luz do Código Civil brasileiro. Rio de Janeiro: Renovar, 2003.

FACHIN, Luiz Edson. Do *pater familias* à autoridade parental. *Revista do Advogado*, v. 31, n. 112, p. 99-103, jul. 2011.

FACHIN, Luiz Edson. Famílias: entre o público e o privado – problematizando espacialidades à luz da fenomenologia paralática, *Revista Brasileira de Direito das Famílias e Sucessões*, v. 13, n. 23, p. 5-14, ago./set. 2011.

FACHIN, Luiz Edson. *Teoria crítica do direito civil*. 3. ed. Rio de Janeiro: Renovar, 2012.

FACHIN, Luiz Edson; GODOY, Miguel Gualano de; MACHADO FILHO, Roberto Dalledone; FORTES, Luiz Henrique Krassuski. O caráter materialmente constitucional dos tratados e convenções internacionais sobre direitos humanos. In: NOVELINO, Marcelo; FELLET, André (Coord.). *Separação de poderes*: aspectos contemporâneos da relação entre executivo, legislativo e judiciário. Salvador: Juspodivm, 2018.

FANTÁSTICO. Larissa Manoela passa o patrimônio a limpo: 'Eu estava sem plano de saúde, foi cortado'. *G1*, 19 ago. 2023. Disponível em: https://g1.globo.com/fantastico/noticia/2023/08/19/exclusivo-larissa-manoela-passa-o-patrimonio-a-limpo-eu-estava-sem--plano-de-saude-foi-cortado.ghtml. Acesso em: 29 ago. 2023.

FARIAS, Cristiano Chaves de; NELSON, Rosenvald. *Curso de direito civil*: parte geral e LINDB. 14. ed. Salvador: JusPodivm, 2016.

FAUSTO, Boris. *História do Brasil*. 2. ed. São Paulo: Editora da Universidade de São Paulo, 1995.

FERREIRA, Waldemar Martins. *Tratado de direito mercantil brasileiro*: o comerciante. Rio de Janeiro: Freitas Bastos, 1939. v. 2.

FRANÇA, R. Limongi. *Manual de direito civil*. São Paulo: RT, 1966. v. 1.

FREIRE, Milcíades Mario de Sá. *Manual do Código Civil brasileiro*: parte geral, disposição preliminar e das pessoas e dos bens. Rio de Janeiro: Jacintho Ribeiro, 1930. v. 2.

FREITAS, Augusto Teixeira de. *Nova apostila à censura do senhor Alberto de Moraes Carvalho ao Projeto de Codigo Civil Portuguez*. Rio de Janeiro: Laemmert, 1859.

FREITAS, Augusto Teixeira de. *Consolidação das leis civis*. Brasília: Senado Federal, 2003. v. 1. Disponível em: http://www2.senado.leg.br/bdsf/handle/id/496206. Acesso em: 22 jun. 2023.

GAGLIANO, Pablo Stolze; PAMPLONA FILHO, Rodolfo. *Novo curso de direito civil*: parte geral. 18. ed. São Paulo: Saraiva, 2016.

GAIUS. *Institutas do jurisconsulto Gaio*. Trad. J. Cretella e Agnes Cretella. São Paulo: Ed. RT, 2004.

REFERÊNCIAS **167**

GOBIERNO DE ESPAÑA. *Real Decreto de 24 de julio de 1889 por el que se publica el Código Civil*. Disponível em: https://www.boe.es/buscar/act.php?id=BOE-A-1889-4763. Acesso em: 25 out. 2023.

GODINHO, Robson R.; BONNDIOLI, Luís Guilherme A.; FONSECA, João Francisco Naves da *et al. Comentários ao Código de Processo Civil*: arts. 719-770: dos procedimentos de jurisdição voluntária. São Paulo: Saraiva, 2018. v. 14.

GOMES, Orlando. *Introdução ao direito civil*. 10. ed. Rio de Janeiro: Forense, 1988.

GOMES, Orlando. *Direito de família*. 12. ed. Rio de Janeiro: Forense, 2000.

GONÇALVES, Carlos Roberto. *Direito civil brasileiro*: parte geral. 14. ed. São Paulo: Saraiva, 2016.

GONÇALVES, Luiz da Cunha. *Tratado de direito civil*. 2. ed. atual. e aum. São Paulo: Max Limonad, 1955. v. 1. t. 1.

GROENINGA, Giselle Câmara. *Direito à convivência entre pais e filhos*: análise interdisciplinar com vistas à eficácia e sensibilização de suas relações no poder judiciário. 2011. 260 f. Tese (Doutorado em Direito) – Faculdade de Direito, USP. São Paulo, 2011.

GUSMÃO, Paulo Dourado de. *Dicionário de direito de família*. Rio de Janeiro: Forense, 1987.

HESPANHA, António Manuel. *Cultura Jurídica Europeia*: síntese de um milénio. Coimbra: Almedina, 2017.

HIRONAKA, Giselda Maria Fernandes Novaes. *Responsabilidade pressuposta*. Belo Horizonte: Del Rey, 2005.

HUSSONMOREL, Rodolfo. La libre opinión del niño. In: WEINBERG, Inés M. *Convención sobre los derechos de los niños*. Buenos Aires: Rubinzal-Culzoni, 2002.

INSTITUTO BRASILEIRO DE GEOGRAFIA E ESTATÍSTICA (IBGE). *Censo Demográfico 2010*: famílias e domicílios. Rio de Janeiro: IBGE, 2012. Disponível em: https://biblioteca. ibge.gov.br/visualizacao/periodicos/97/cd_2010_familias_domicilios_amostra.pdf. Acesso em: 03 jan. 2019.

ISKANDARIAN, Carolina; BONADIO, Luciana. Emancipação 'facilita a vida', dizem modelos menores de 18 anos. *G1*, São Paulo, 05 maio 2010. Disponível em: http://g1.globo.com/sao-paulo/noticia/2010/05/emancipacao-facilita-vida-dizem-modelos-menores-de--18-anos.html. Acesso em: 07 jul. 2018.

JAMES, Allison. Conceitos de infância, criança e agência. *O Social em Questão*, v. 1, n. 20, p. 31-44, 2009.

KONDER, Carlos Nelson. Apontamentos iniciais sobre a contingencialidade dos institutos de direito civil. In: MORAES, Carlos Eduardo Guerra de, RIBEIRO, Ricardo Lodi (coord.). *Direito civil*. Rio de Janeiro: Freitas Bastos, 2015. (Direito UERJ).

LARENZ, Karl. O estabelecimento de relações obrigacionais por meio do comportamento social típico. *Revista Direito GV*, v. 2, n. 1, p. 56-64, jan./jun. 2006.

LE GENDRE, Henry. *De l´émancipation*: en droit romain et en droit français. Poitiers: Imprimerie de A. Dupré, 1872.

LEITE, J. F. Marques; JORDÃO, A. J. Novaes. *Dicionário latino vernáculo*. Rio de Janeiro: Labor Vincit, 1944.

LEMOULAND, Jean-Jacques. L'assistence du mineur, une voie possible entre l'autonomie et la représentation. *Revue Trimestrielle de Droit Civil*, v. 96, n. 1, p. 1-24, jan./mar. 1997.

LÔBO, Paulo. *Direito civil*: famílias. 8. ed. São Paulo: Saraiva, 2018.

LÔBO, Paulo. *Direito civil*: parte geral. 7. ed. São Paulo: Saraiva, 2018.

LOPES, Miguel Maria de Serpa. *Curso de direito civil*: introdução, parte geral e teoria dos negócios jurídicos. Rio de Janeiro: Freitas Bastos, 1989. v. 1.

LOPES, Miguel Maria de Serpa. *Tratado dos registros públicos*: em comentário ao Decreto 4.857, de 9 de novembro de 1939 com as alterações introduzidas pelo Decreto 5.318, de 29 de novembro de 1940 e legislação posterior em conexão com o direito privado brasileiro. 6. ed. rev. e atual. por José Serpa de Santa Maria. Brasília: Livraria e Editora Brasília Jurídica, 1995. v. 1.

LOUREIRO, Lourenço Trigo de. *Instituições de direito civil brasileiro*. 2. ed. Recife: Tipografia Universal, 1857.

MACIEL, Kátia Regina Ferreira Lobo Andrade. *Curso de direito da criança e do adolescente*: aspectos teóricos e práticos. 11. ed. São Paulo: Saraiva, 2018.

MAGALHÃES, Barbosa de. *Do estabelecimento comercial*: estudo de direito privado. Lisboa: Ática, 1951.

MAMEDE, Gladston. *Direito empresarial brasileiro*: empresa e atuação empresarial. São Paulo: Atlas, 2004. v. 1.

MARINONI, Luiz Guilherme; ARENHART, Sérgio Cruz; MITIDIERO, Daniel. *Novo curso de processo civil*: tutela dos direitos mediante procedimento comum. São Paulo: Ed. RT, 2015.

MARTINS-COSTA, Judith. Capacidade para consentir e esterilização de mulheres tornadas incapazes pelo uso de drogas: notas para uma aproximação entre a técnica jurídica e a reflexão bioética. In: MARTINS-COSTA, Judith; MOLLER, Letícia Ludwig (Org.). *Bioética e responsabilidade*. Rio de Janeiro: Forense, 2009.

MARTINS-COSTA, Judith. *A boa-fé no direito privado*: critérios para a sua aplicação. 2. ed. São Paulo: Saraiva, 2018.

MARTORELL, Gabriela; PAPALIA, Diane E.; FELDMAN, Ruth Duskin. *O mundo da criança*: da infância à adolescência. Trad. M. Pinho. 13. ed. Porto Alegre: AMGH, 2020.

MATOS, Ana Carla Harmatiuk; FERST, Marklea da Cunha. A reconfiguração do papel da mulher nas relações familiares à luz da Constituição Federal. In: CONRADO, Marcelo; PINHEIRO, Rosalice Fidalgo (Org.). *Direito privado e Constituição*. Curitiba: Juruá, 2009.

MATOS, Ana Carla Harmatiuk; HÜMMELGEN, Isabela. Notas sobre as relações de gênero no planejamento sucessório. In: TEIXEIRA, Daniele Chaves (Coord.). *Arquitetura do planejamento sucessório*. Belo Horizonte: Fórum, 2019.

MEIRELES, Rose Melo Vencelau. O poder de disposição nas relações familiares e a mediação como meio de assegurar o direito à convivência familiar / The power of disposition in family relationships and the mediation as a means of ensuring the right to family living. *Revista Quaestio Iuris*, v. 11, n. 4, p. 2861-2875, 2018.

MEIRELES, Rose Melo Vencelau. Ação de exigir contas pelo exercício do usufruto legal e administração dos bens dos filhos: análise da decisão proferida pelo STJ no RESP 1.623.098/MG. *Revista Brasileira de Direito Civil (RBDCIVIL)*, Belo Horizonte, v. 17, p. 155-167, jul./set. 2018. Disponível em: https://rbdcivil.ibdcivil.org.br/rbdc/article/view/276. Acesso em: 10 jan. 2019.

MELLO, Marcos Bernardes de. Classificação dos fatos jurídicos. In: TEIXEIRA, Ana Carolina Brochado; RIBEIRO, Gustavo Pereira Leite (Coord.) *Manual de teoria geral do direito civil.* Belo Horizonte: Del Rey, 2011.

MELLO, Marcos Bernardes de. Notas sobre a adequação da categoria negócio jurídico ao mundo atual. In: EHRHARDT JÚNIOR, Marcos; CORTIANO JÚNIOR, Eroulths (Coord.). *Transformações no direito privado nos 30 anos da Constituição*: estudos em homenagem a Luiz Edson Fachin. Belo Horizonte: Fórum, 2019.

MELLO, Marcos Bernardes de. *Teoria do fato jurídico*: plano da validade. 15. ed. São Paulo: Saraiva: 2019.

MENEZES, Joyceane Bezerra de. O direito protetivo no Brasil após a convenção sobre a proteção da pessoa com deficiência: impactos do novo CPC e do estatuto da pessoa com deficiência. *Civilistica.com*, Rio de Janeiro, v. 4, n. 1, jan./jun. 2015. Disponível em: http://civilistica.com/o-direito-protetivo-no-brasil/. Acesso em: 16 nov. 2018.

MENEZES, Joyceane Bezerra de. A capacidade jurídica pela Convenção sobre os Direitos da Pessoa com Deficiência e a insuficiência dos critérios do status, do resultado da conduta e da funcionalidade. *Pensar*, Fortaleza, v. 23, n. 2, p. 1-13, abr./jun. 2018. Disponível em: http://periodicos.unifor.br/rpen/article/viewFile/7990/pdf. Acesso em: 28 dez. 2018.

MENEZES, Joyceane Bezerra de; TEIXEIRA, Ana Carolina Brochado. Desvendando o conteúdo da capacidade civil a partir do Estatuto da Pessoa com Deficiência. *Pensar*, Fortaleza, v. 21, n. 2, p. 568-599, maio/ago. 2016.

MIGUEL, Luis Felipe. Autonomia, paternalismo e dominação na formação das preferências. *Opinião Pública*, Campinas, v. 21, n. 3, p. 601-625, dez. 2015.

MIRANDA JÚNIOR, Darcy Arruda. *Curso de direito comercial*: parte geral. 3. ed. São Paulo: Bushatsky, 1974. v. 1.

MIRANDA, Pontes de. *Comentários ao Código de Processo Civil*. Rio de Janeiro: Revista Forense, 1949. v. 3. t. 2.

MIRANDA, Pontes de. *Tratado de direito privado*: parte geral. Atualização de Judith Martins-Costa, Gustavo Haical e Jorge Cesar Ferreira da Silva. São Paulo: Ed. RT, 2012. t. 1.

MIRANDA, Pontes de. *Tratado das ações*. Atualização de Nelson Nery Júnior e Georges Abboud. São Paulo: Revista dos Tribunais, 2016. t. 3.

MONACO, Gustavo Ferraz de Campos. *A declaração universal dos direitos da criança e seus sucedâneos internacionais*. Coimbra: Coimbra Editora, 2004.

MONTEIRO, Washington de Barros; PINTO, Ana Cristina de Barros Monteiro França. *Curso de direito civil*: parte geral. 45. ed. São Paulo: Saraiva, 2016.

MORAES, Maria Celina Bodin de. *Danos à pessoa humana*: uma leitura civil-constitucional dos danos morais. Rio de Janeiro: Renovar, 2009.

MORAES, Maria Celina Bodin. A família democrática. *Na medida da pessoa humana*. Rio de Janeiro: Renovar, 2010.

MORAES, Maria Celina Bodin de. Danos morais em família? Conjugalidade, parentalidade e responsabilidade civil. *Na medida da pessoa humana*. Rio de Janeiro: Renovar, 2010.

MORAES, Maria Celina Bodin de. Uma aplicação do princípio da liberdade. *Na medida da pessoa humana*: estudos de direito civil-constitucional. Rio de Janeiro: Renovar, 2010.

MORAES, Maria Celina Bodin de. A nova família, de novo: estruturas e função das famílias contemporâneas. *Pensar*, Fortaleza, v. 18, n. 2, p. 587-628, maio/ago. 2013. Disponível em: http:// http://periodicos.unifor.br/rpen/article/view/2705. Acesso em: 23 out. 2018.

MULTEDO, Renata Vilela. *Liberdade e família*: limites para a intervenção do Estado nas relações conjugais e parentais. Rio de Janeiro: Processo, 2017.

MUNARI, Francesca Menegazzi. L'abassamento della maggiore età nelle più recenti riforme dei paesi membri del Consiglio d''Europa. In: CRISTOFARO, Marcello de; BELVEDERE, Andrea (Coord.). *L'autonomia dei minori tra famiglia e società*. Milano: Giuffrè, 1980.

NAÇÕES UNIDAS BRASIL. Taxa de gravidez adolescente no Brasil está acima da média latino-americana e caribenha. *Organização das Nações Unidas,* 28 fev. 2018. Disponível em: https://nacoesunidas.org/taxa-de-gravidez-adolescente-no-brasil-esta-acima-da--media-latino-americana-e-caribenha/. Acesso em: 27 jan. 2019.

NERY JR., Nelson; NERY, Rosa Maria de Andrade. *Código Civil comentado.* 12. ed. rev. e atual. São Paulo: Ed. RT, 2017.

NERY JR., Nelson; NERY, Rosa Maria de Andrade. *Código de Processo Civil comentado.* 18. ed. São Paulo: Ed. RT, 2019.

PALHARES, Isabela. De risco, gravidez até 14 anos persiste no País. *Estadão,* 08 jan. 2018. Disponível em: https://brasil.estadao.com.br/noticias/geral,de-risco-gravidez-ate-14-a-nos-persiste-no-pais,70002142242. Acesso em: 27 jan. 2019.

PASSOS, Edilenice; LIMA, João Alberto de Oliveira. *Memória legislativa do Código Civil.* Tramitação na Câmara dos Deputados: Primeiro Turno. Brasília: Senado Federal, 2012. Disponível em: http://www.senado.leg.br/publicacoes/MLCC/pdf/mlcc_v2_ed1.pdf#E-CD23. Acesso em: 16 out. 2018.

PASSOS, Edilenice; LIMA, João Alberto de Oliveira. *Memória legislativa do Código Civil.* Tramitação no Senado Federal: Primeiro Turno. Brasília: Senado Federal, 2012. Disponível em: http://www.senado.leg.br/publicacoes/MLCC/pdf/mlcc_v3_ed1.pdf#ESF1. Acesso em: 16 out. 2018.

PEREIRA, Caio Mário da Silva. *Instituições de direito civil.* 29. ed. Rio de Janeiro: Forense, 2016. v. 1.

PEREIRA, Caio Mário da Silva. *Instituições de direito civil*: introdução ao direito civil - teoria geral de direito civil. São Paulo: Grupo GEN, 2022. v. 1. E-book. Disponível em: https:// integrada.minhabiblioteca.com.br/#/books/9786559644469/. Acesso em: 26 set. 2023.

PEREIRA, Lafayette Rodrigues. *Direitos de família.* 5. ed. Rio de Janeiro: Freitas Bastos, 1956.

PEREIRA, Tânia da Silva. *Direito da criança e do adolescente*: uma proposta interdisciplinar. 2. ed. rev. e atual. Rio de Janeiro: Renovar, 2008.

REFERÊNCIAS **171**

PEREIRA, Tânia da Silva. O reconhecimento dos direitos fundamentais da criança e adolescente no sistema jurídico brasileiro. In: MATOS, Ana Carla Harmatiuk (Org.). *A construção dos novos direitos*. Porto Alegre: Nuria Fabris, 2008.

PERLINGIERI, Pietro. *Perfis do direito civil*: introdução ao direito civil constitucional. 3. ed. Rio de Janeiro: Renovar, 2007.

PERLINGIERI, Pietro. *O direito civil na legalidade constitucional*. Trad. Maria Cristina de Cicco. Rio de Janeiro: Renovar, 2008.

PETIT, Eugène. *Tratado elementar de derecho romano*. Trad. José Ferrandéz González. Madrid: Saturnino Calleja, 1900.

PORTUGAL. *Decreto-Lei 496, de 25 de novembro de 1977*. Introduz alterações ao Código Civil. Disponível em: https://dre.pt/application/conteudo/300030. Acesso em: 10 jan. 2019.

RAMOS, André de Carvalho. *Curso de direitos humanos*. 4. ed. São Paulo: Saraiva, 2017.

RÁO, Vicente. *O direito e a vida dos direitos*. São Paulo: Max Limonad, 1952. v. 2.

REALE, Miguel. *Lições preliminares de direito*. 27. ed. São Paulo: Saraiva, 2002.

REDAÇÃO NT. Aos 16 anos, Larissa Manoela curte balada na madrugada e explica: está emancipada. *Na Telinha*, 25 out. 2017. Disponível em: https://natelinha.uol.com.br/celebridades/2017/10/25/aos-16-anos-larissa-manoela-curte-balada-na-madrugada--e-explica-esta-emancipada-111637.php. Acesso em: 30 ago. 2023.

RÉPUBLIQUE FRANÇAISE. *Code civil*. Disponível em: https://www.legifrance.gouv.fr/affichCode.do;jsessionid=5CEFACC43603DE6048FEA928F65FB442.tplgfr22s_3?id-SectionTA=LEGISCTA000031345336&cidTexte=LEGITEXT000006070721&dateTexte=20190103. Acesso em: 03 jan. 2019.

RODOTÀ, Stefano. *Dal soggetto alla persona*. Napoli: Editoriale Scientifica, 2007.

RODOTÀ, Stefano. *El derecho a tener derechos*. Madrid: Editorial Trotta, 2014.

RODRIGUES, Silvio. *Direito civil*: direito de família. 27. ed. São Paulo: Saraiva, 2002.

RODRIGUES, Silvio. *Direito civil*: parte geral. 33. ed. São Paulo: Saraiva, 2003.

RODRIGUES, Silvio. *Direito civil*: parte geral. 34. ed. São Paulo: Saraiva, 2007.

RUGGIERO, Roberto de. *Instituições de direito civil*. São Paulo: Saraiva, 1957. v. 1.

RUZIK, Carlos Eduardo Pianovski. *Liberdade e função*: contribuição crítica para uma nova fundamentação da dimensão funcional do direito civil brasileiro. 2009. 402 f. Tese (Doutorado em Direito) – Faculdade de Direito, UFPR, Curitiba, 2009.

SANTOS JUSTO, A. *Direito privado romano I*: parte geral. Introdução, relação jurídica, defesa dos direitos. 4. ed. Coimbra: Coimbra Editora, 2008.

SANTOS, J. M. de Carvalho. *Repertório enciclopédico do direito brasileiro*. Rio de Janeiro: Borsoi, 1947. v. 6.

SANTOS, J. M. de Carvalho. *Repertório enciclopédico do direito brasileiro*. Rio de Janeiro: Borsoi, 1947. v. 20.

SANTOS, J. M. de Carvalho. *Código Civil interpretado*: introdução e parte geral. 4. ed. Rio de Janeiro: Freitas Bastos, 1950. v. 1.

SÃO PAULO. Tribunal de Justiça. *AC 96.914-0/9*. Relator: Des. Luiz Tâmbara. Julgamento: 28.11.2002. Órgão Julgador: Conselho Superior da Magistratura. Publicação: DJE 18.12.2002.

SÃO PAULO. Tribunal de Justiça. *AC 0122208-11.2008.8.26.0000*. Relator: Des. Vito Guglielmi. Julgamento: 24.04.2008. Órgão Julgador: 6ª Câmara de Direito Privado. Publicação: 26.06.2008.

SÃO PAULO. Tribunal de Justiça. *AC 4000399-28.2012.8.26.0361*. Relator: Des. Paulo Galizia. Julgamento: 25.08.2014. Órgão Julgador: 10ª Câmara de Direito Público. Publicação: 27.08.2014.

SÃO PAULO. Tribunal de Justiça. *AC 0001996-66.2012.8.26.0146*. Relator: Des. Eduardo Azuma Nishi. Julgamento: 09.10.2015. Órgão Julgador: 27ª Câmara de Direito Privado. Publicação: 09.10.2015.

SÃO PAULO. Tribunal de Justiça. *AC 0000977-95.2015.8.26.0315*. Relator(a): Des. Maria Laura de Assis Moura Tavares. Julgamento: 25.07.2016. Órgão Julgador: 5ª Câmara de Direito Público. Publicação: 25.07.2016.

SÃO PAULO. Tribunal de Justiça. *AC 1001478-17.2019.8.26.0210*. Relator: Des. Augusto Rezende. Julgamento: 18.03.2020. Órgão Julgador: 1ª Câmara de Direito Privado. Publicação: 18.03.2020.

SÃO PAULO. Tribunal de Justiça. *AC 1004432-79.2020.8.26.0152*. Relator: Des. João Pazine Neto. Julgamento: 16.05.2022. Órgão Julgador: 3ª Câmara de Direito Público. Publicação: 16.05.2022.

SÃO PAULO. Tribunal de Justiça. *AC 1013646-96.2022.8.26.0161*. Relator: Des. Francisco Bruno. Julgamento: 18.04.2023. Órgão Julgador: Câmara Especial. Publicação: 18.04.2023.

SARLET, Ingo Wolfgang. Considerações a respeito das relações entre a Constituição Federal de 1988 e os tratados internacionais de direitos humanos. *Revista do TST*, Brasília, v. 77, n. 4, p. 162-185, out./dez. 2011.

SARMENTO, Manuel Jacintho. Sociologia da infância: correntes e confluências. In: SARMENTO, Manuel Jacintho; GOUVEA, Maria Cristina Soares de (Org.). *Estudos da infância*: educação e práticas sociais. Rio de Janeiro: Vozes, 2008.

SARMENTO, Manuel Jacinto; PINTO, Manuel. As crianças e a financia: definindo conceitos delimitando o campo. In: PINTO, M.; SARMENTO, M. (Coord.). *As crianças*: contextos e identidades. Braga: Centro de Estudos da Criança da Universidade de Minho, 1997.

SCHREIBER, Anderson. *Manual de direito civil contemporâneo*. São Paulo: Saraiva, 2018.

SCHULMAN, Gabriel. *A internação forçada de adultos que fazem uso abusivo de drogas*. 2018. 368 f. Tese (Doutorado em Direito) – Faculdade de Direito, UERJ, Rio de Janeiro, 2018.

SCIALOJA, Vittorio; BONFANTE, Pietro. *Dizionario pratico del diritto privato*. Milano: Casa Editrice Dottor Francesco Vallardi, 1923. v. 2.

SÊCO, Thaís Fernanda Tenório. *A autonomia da criança e do adolescente e suas fronteiras*: capacidade, família e direitos da personalidade. 2013. 178 f. Dissertação (Mestrado em Direito) – Faculdade de Direito, UERJ, Rio de Janeiro, 2013.

SÊCO, Thaís Fernanda Tenório. Por uma nova hermenêutica do direito da criança e do adolescente. *Civilistica.com*, Rio de Janeiro, v. 3, n. 2, p. 1-26, jul./dez. 2014. Disponível em: http://civilistica.com/por-uma-nova-hermeneutica-do-direito-da-crianca-e-do-adolescente/. Acesso em: 09 jan. 2019.

SENADO FEDERAL. *Codigo Philippino, ou, Ordenações e leis do Reino de Portugal*: recopiladas por mandado d'El-Rey D. Philippe I. Disponível em: https://www2.senado.leg.br/bdsf/handle/id/242733. Acesso em: 22 jun. 2023.

SIDOU, J. M. Othon. O ingresso na maioridade (à luz do Código Civil e do Direito Comparado). *Revista da Academia Brasileira de Letras Jurídicas*, Rio de Janeiro, v. 20, n. 26, p. 125-131, jul./dez. 2004. Disponível em: http://www.ablj.org.br/revistas/revista26.asp. Acesso em: 07 ago. 2023.

SILVA, Marcos Alves da. *Do pátrio poder à autoridade parental*. Rio de Janeiro: Renovar, 2002.

SIMÃO, José Fernando. *Responsabilidade civil do incapaz*. São Paulo: Atlas, 2008.

SOARES, Natália Fernandes. *Infância e direitos*: participação das crianças nos contextos de vida – representações, práticas e poderes. 2005. 492 f. Tese (Doutoramento em estudos da criança) – Universidade do Minho – Minho, 2005.

SOUSA, Antonio Pais de. *Da incapacidade jurídica dos menores interditos e inabilitados no âmbito do Código Civil*. Coimbra: Almedina, 1971.

SOUZA, Eduardo Nunes de. Abuso do direito: novas perspectivas entre a licitude e o merecimento de tutela. *Revista Trimestral de Direito Civil (RTDC)*. Rio de Janeiro, v. 50, p. 35-91, abr./jun. 2012.

SOUZA, Eduardo Nunes de. *Teoria geral das invalidades do negócio jurídico*: nulidade e anulabilidade no direito civil contemporâneo. São Paulo: Almedina, 2017.

STANZIONE, Pasquale. *Capacità e minore età nella problematica della persona umana*. Camerino: Jovene, 1975.

STANZIONE, Pasquale. Scelte esistenziale e autonomia del minore. In: AUTORINO, Gabriella; STANZIONE, Pasquale. *Diritto civile e situazione esistenziale*. Torino: G. Giappichelli, 1997.

TEIXEIRA, Ana Carolina Brochado. *Família, guarda e autoridade parental*. 2. ed. Rio de Janeiro: Renovar, 2009.

TEIXEIRA, Ana Carolina Brochado. *Saúde, corpo e autonomia privada*. Rio de Janeiro: Renovar, 2010.

TEIXEIRA, Ana Carolina Brochado. Autoridade parental. In: TEIXEIRA, Ana Carolina Brochado; RIBEIRO, Gustavo Pereira Leite (Coord.). *Manual de direito das famílias e das sucessões*. Rio de Janeiro: Processo, 2017.

TEIXEIRA, Ana Carolina Brochado. Autonomia existencial. *Revista Brasileira de Direito Civil (RBDCivil)*, Belo Horizonte, v. 16, p. 75-104, abr./jun. 2018. Disponível em: https://rbdcivil.ibdcivil.org.br/rbdc/article/view/232. Acesso em: 15 nov. 2018.

TEIXEIRA, Ana Carolina Brochado; KONDER, Carlos Nelson. Situações jurídicas dúplices: controvérsias na nebulosa fronteira entre patrimonialidade e extrapatrimonialidade. In: TEPEDINO, Gustavo; FACHIN, Luiz Edson. *Diálogos sobre direito civil*. Rio de Janeiro: Renovar, 2012. v. 3.

TEIXEIRA, Ana Carolina Brochado; NEVARES, Ana Luiza Maia; VALADARES, Maria Goreth Macedo; MEIRELES, Rose Melo Vencelau. O cuidado com o menor de idade na observância da sua vontade. In: PEREIRA, Tânia da Silva; OLIVEIRA, Guilherme de. *O cuidado como valor jurídico*. Rio de Janeiro: Forense, 2008.

TEIXEIRA, Ana Carolina Brochado; VIEIRA, Marcelo de Mello. Construindo o direito à convivência familiar de crianças e adolescentes no Brasil: um diálogo entre as normas constitucionais e a Lei 8.069/1990. *Civilistica.com*, Rio de Janeiro, v. 4, n. 2, 2015. Disponível em: http://civilistica.com/construindo-o-direito-a-convivencia-familiar/. Acesso em: 23 out. 2018.

TEPEDINO, Gustavo. A disciplina jurídica da filiação na perspectiva civil-constitucional. In: PEREIRA, Rodrigo da Cunha (Org.). *Direito de família contemporâneo*. Belo Horizonte: Del Rey, 1997.

TEPEDINO, Gustavo. A tutela constitucional da criança e do adolescente: projeções civis e estatutárias. In: SARMENTO, Daniel; IKAWA, Daniela; PIOVESAN, Flávia. *Igualdade, diferença e direitos humanos*. Rio de Janeiro: Lumen Juris, 2008.

TEPEDINO, Gustavo. A tutela da personalidade no ordenamento civil-constitucional. *Temas de direito civil*. Rio de Janeiro: Renovar, 2008.

TEPEDINO, Gustavo. A tutela constitucional da criança e do adolescente: projeções civis e estatutárias. In: CHINELLATO, Silmara Juny de Abreu; SIMÃO, José Fernando; FUJITA, Jorge Shiguemitsu; ZUCCHI, Maria Cristina (Coord.). *Direito de Família no novo milênio: estudos em homenagem ao professor Álvaro Villaça Azevedo*. São Paulo: Atlas, 2010.

TEPEDINO, Gustavo. Esboço de uma classificação funcional dos atos jurídicos. *Revista Brasileira de Direito Civil (RBDCivil)*, Belo Horizonte, v. 1, p. 8-37, jul./set. 2014. Disponível em: https://rbdcivil.ibdcivil.org.br/rbdc/article/view/129. Acesso em: 10 dez. 2018.

TEPEDINO, Gustavo; BARBOZA, Heloísa Helena; MORAES, Maria Celina Bodin de. *Código Civil interpretado conforme a Constituição da República*. 3. ed. rev. e atual. Rio de Janeiro: Renovar, 2014. v. 1.

TEPEDINO, Gustavo; OLIVA, Milena Donato. Personalidade e capacidade na legalidade constitucional. In: MENEZES, Joyceane Bezerra de. *O direito das pessoas com deficiência psíquica e intelectual nas relações privadas*. Rio de Janeiro: Processo, 2016.

TOMASEVICIUS FILHO, Eduardo. Capacidade de agir e o direito do trabalho da pessoa com deficiência: análise da Lei 13.146/2015 e o relato de uma experiência alemã sobre o tema. In: PEREIRA, Fábio Queiroz; MORAIS, Luísa Cristina de Carvalho; LARA, Mariana Alves (Org.) *A teoria das incapacidades e o Estatuto da Pessoa com Deficiência*. Belo Horizonte: D'Plácido, 2016.

TOMAZ, Kleber. Justiça proíbe garota de 16 anos de exibir seio em peça de teatro em SP. *G1*, São Paulo, 08 jul. 2010. Disponível em: http://g1.globo.com/sao-paulo/noticia/2010/07/justica-proibe-garota-de-16-anos-de-exibir-seio-em-peca-de-teatro-em-sp.html. Acesso em: 07 jul. 2018.

TORRES, Ricardo Lobo. A legitimação dos direitos humanos e os princípios da ponderação e da razoabilidade. *A legitimação dos direitos humanos*. Rio de Janeiro: Renovar, 2002..

TRAPOTE, Jorge Castro. *La edad legal como presunción iuris tantum de capacidad em sentido técnico*. 2018. Tese (Doutorado) – Universidad de Zaragoza, Zaragoza, 2018. Disponível em: http://zaguan.unizar.es. Acesso em: 07 ago. 2018.

UNIÃO EUROPEIA. *Convenção sobre o Exercício dos Direitos da Criança*. Disponível em: http://www.ciespi.org.br/media/Base%20Legis/ConvEurExercDirCri.pdf. Acesso em: 09 jan. 2019.

UNICEF. *História dos direitos da criança*. Disponível em: https://www.unicef.org/brazil/historia-dos-direitos-da-crianca. Acesso em: 05 jul. 2023.

UNICEF. Total de casamentos envolvendo crianças e adolescentes abaixo de 18 anos. Disponível em: https://dash-service.azurewebsites.net/?prj=brazil&page=protection&lang=pt#-child_marriage. Acesso em: 05 fev. 2024.

UNICEF. 10 milhões de meninas a mais em risco de casamento infantil devido à Covid-19. 08 mar 2021. Disponível em: https://www.unicef.org/brazil/comunicados-de-imprensa/10-milhoes-de-meninas-a-mais-em-risco-de-casamento-infantil-devido=-a-covid19-#:~:text-Meninas%20que%20se%20casam%20na%20inf%C3%A2ncia%20ou%20adolesc%-C3%AAncia,vez%2C%20o%20risco%20de%20complica%C3%A7%C3%B5es%20e%20mortalidade%20maternas. Acesso em: 05 fev. 2024.

VASCONCELLOS, Manoel da Cunha Lopes et al. *Digesto ou pandectas do Imperador Justiniano*. São Paulo: YK, 2017. v. 1.

VASCONCELOS, Pedro Leitão Pais de. *A autorização*. Coimbra: Coimbra Editora, 2012.

VECCHIO, Giorgio del. Igualdade e desigualdade perante a justiça. *Revista da Faculdade de Direito da Universidade de São Paulo*, v. 61, p. 26-44, 1966.

VENOSA, Silvio de Salvo. *Direito civil*: parte geral. 18. ed. São Paulo: Atlas, 2018. v. 1.

VIANA, Marco Aurélio S. *Curso de direito civil*: parte geral. Rio de Janeiro: Forense, 2004.

VILLELA, João Baptista. *Liberdade e família*. Belo Horizonte: Edição da Faculdade de Direito da UFMG, 1980.